2010 JPI 정책포럼 시리즈

동아시아
평화와 협력을 위한 구상 I

2010 JPI 정책포럼 시리즈

동아시아
평화와 협력을 위한 구상 I

제주평화연구원 편

한국학술정보㈜

발간사

　천안함 폭침과 연평도 포격 사건은 한반도에, 안보에 대한 북한의 직접적 위협이 상존하고 있다는 점을 재인식하는 계기가 되었습니다. 동아시아 지역은 북한의 군사적 도발, 중국과 일본 사이에 군비경쟁, 동아시아에서 미국의 역할과 같은 국제정치의 불안정 요인이 상존하고 있는 지역이기 때문에 역내 국가들 사이의 평화와 협력의 중요성이 증가하고 있습니다. 이러한 현실에 비추어 볼 때 평화연구와 다자협력에 대한 관심도 증가하고 있습니다.

　한반도 평화정착과 동아시아의 협력을 통한 공동번영을 추구하는 데 기여하고자 설립된 제주평화연구원은 역내 평화정착과 다자협력의 확대와 제도화에 중점을 두고 이론적 논의와 정책대안의 개발을 위해 노력해 왔습니다. 이러한 노력의 일환으로 제주평화연구원은 학자와 정책 전문가들을 모셔 현재 동아시아의 주요한 현안에 대하여 이론에 기초한 분석적 정책대안의 제시를 위해 심도 깊은 논의를 전개하고 이를 결과물로 출판하는 'JPI 정책포럼'을 개최 및 운영해 왔습니다.

　2010년에는 글로벌 협력, 동아시아의 협력, 그리고 한반도 평화라는 세 가지 주제를 근간으로 하여 동아시아는 물론 전세계에 걸쳐 전통적 안보 및 평화문제에 중점을 두고 비전통안보 영역에 해당하는 식량문제, 환경문제, 인권문제 등 다양한 주제를 다루었습니다. 이렇게 모은 글들을 『동아시아 평화와 협력을 위한 구상 I, II』라는 제목 아래 두 권의 단행본으로 출판하는 것은 전문가들의 지혜를 한곳에 모음으로써 2010년의 주요 정책의제를 종합한다는 의미가 있습니다. 지난 한 해 저희 제주평화연구원에 많은 관심과 애정을 가지고 참여해 주신 학자 및 전문가들에게 감사드리며 앞으로 더 많은 성원과 관심을 부탁드립니다. 특별히 출판을 위해 노력해 주신 한국학술정보(주)의 편집진 여러분께 감사드립니다.

2010년 12월
제주평화연구원장
한태규

머리말

　다자주의(multilateralism)에 대한 관심은 동아시아에 현재 부상하는 연구주제가 아니라 21세기 국제관계를 특징짓는 화두라고 생각될 만큼 세계적인 차원에서 학술 논문은 물론 신문과 뉴스의 대중 미디어에 자주 등장하고 있다. 탈냉전 이후 상당기간 지속되어 오던 미국중심의 단극체제가 다극체제로 재편되는 과정에서 다자주의적 접근은 국제관계의 새로운 질서와 규범으로 부상하고 있다. 다자주의적 접근에 대한 이러한 학문적 및 대중적 인기의 원인으로는 현실적인 역학관계와 규범적 측면의 두 측면에서 논의할 수 있다. 첫째, 현실적 측면에 21세기를 지나면서 미국의 절대적 힘의 우위가 감소하여 국제질서에 다수의 국가들이 목소리를 내고자 하는 경향이 강화되었다는 현실적 역학관계의 반영이라 할 수 있다. 둘째, 국제사회의 중요한 규범을 결정하는 과정에서 국제의회주의와 국가평등주의의 가치에 기초한 다자주의는 운영과 절차상의 비효율에도 불구하고 규범적으로 다수국가의 지지를 얻을 수 있는 장점이 있다. 세계적 차원의 역학관계의 변화와 이에 따른 규범에 대한 변화요구의 질서변화는 상대적으로 다자주의의 역사와 경험이 풍부하지 않은 동아시아에도 새로운 대안으로 떠올랐다. 전통적으로 동아시아는 다자주의보다는 미국을 중심으로 하는 양자주의의 중복에 의한 질서형성이 주를 이루었지만, 시대의 변화는 동아시아에서 다자주의의 적용가능성에 대한 논의를 제기하였고 다양한 정책적 시도가 이루어지고 있다. 동아시아에서 다자주의의 논의와 시도는 동아시아 평화와 협력을 달성하는 데 중요한 국제정치

정책 수단으로 간주되어야 한다.

한반도 평화정착과 동아시아 지역협력을 위한 학술연구와 정책대안의 개발을 목적으로 설립된 제주평화연구원은 설립 초기부터 "동아시아의 다자협력"에 대한 연구를 지속적으로 추진해 왔다. 연구원 개원 초기, 연구실이 진용을 갖추기 이전 단계에서 다자협력 연구에 관심을 기울여 2008년 당시 기획조정실이 중심이 되어『제주프로세스 구현방안 기초조사 및 로드맵』이라는 제목의 연구사업 보고서를 출간하였다. 당시 제4회 제주평화포럼을 성공적으로 마치면서 당시 주제였던 다자협력에서 유럽의 경험을 집중적으로 분석하였다. CSCE와 OSCE로 탄생·발전하는 유럽의 다자안보협의체를 구성했던 헬싱키 프로세스를 통해 동아시아에서 다자협력의 과정의 개념정리와 정체성 확립을 시도하였다. 동아시아에서 다자안보의 구체적 실천 과정을 제주프로세스로 명명하여 '세계평화의 섬' 제주가 동아시아 다자대화의 중심무대로 역할을 수행한다는 계획을 천명하였다.

동아시아 다자협력의 개념정리와 정체성 확립에 노력을 기울인 다음 다자협력 논의 과정을 심층적으로 분석하여 2009년에는 제주평화연구원 연구총서 시리즈로『제주프로세스와 동북아 평화번영』이라는 단행본을 출간하였다. 이 단행본에서는 OSCE의 교훈을 논의하고 다자 협력을 안보분야에 국한하지 않고 군축, 비핵화, 인권 레짐의 형성, 경제협력의 다양한 분야로 확대하여 이론을 적용하는 시도를 하였다. 연구총서에서 다룬 새로운 시도는 "제주프로세스"

라는 동아시아 다자협력 과정에 제주도의 역할에 대한 논의를 포함하였다.

2010년의 동아시아 다자협력연구는 제도화 가능성에 대한 고찰에 중점을 두었다. 신욱희 교수는 동아시아 다자협력에 대한 제도적 디자인의 방향성에 대한 이론적 논의를 통해 ASEAN 중심, 아태협력체 중심, 그리고 한·중·일 중심의 가능성과 적합성을 모색하였다. 진행남 박사는 동아시아 다자협력을 구체화하는 데 가장 큰 장애물로 인식되는 한반도 평화구조를 어떻게 확보하고 다자주의를 구체화할 수 있는지에 대한 이론적 논의를 전개하였다. 박병광 박사는 동아시아 협력에서 주요한 행위자로 부상한 중국의 다자협력에 대한 정책적 입장에 대해서 분석하였다. 한인택 박사는 동아시아 다자협력에 가장 큰 장애물로 평가되는 북한의 핵 문제를 해결할 수 있는 다자협력의 방안으로 비핵지대조약의 가능성에 대해서 이론적 고찰을 수행하였다. 이성우 박사는 두만강 개발에 대한 분석은 동아시아에서 다자협력을 통한 지역발전이라는 명확한 목표를 염두에 두고 진행되어 왔던 두만강 개발 사례를 분석하여 향후 동아시아에서 다자협력을 추진하는 과정에 극복해야 할 장애물을 논의하였다.

동아시아의 다자주의에 대한 논의를 제주평화연구원이 다년간 주요 연구과제로 다루어 결과를 학계에 출판하고 있다. 이러한 학문적 관심에 대한 배경에 대해 간략하게 설명하면서 동아시아 다자협력의 연구에 대한 소개를 마치고자 한다. 제주도는 2005년 1월 세계평화의 섬으로 지정·선포되는 과정에서 동아시아의 교류와 협력을 통해 평화를 확대하는 거점으로서 역할을 수행하고자 하는 전략적 목표를 설정하였다. 역사적으로 미묘한 관계를 형성해 온 동아시아의 한국, 중국, 일본이 다자협력의 새로운 질서를 모색하는 과정에 제주가 협력의 장으로 역할을 수행하는 것이 우선 고려되었다. 제주가 동아시아의 평화와 협력에 기여하는 과정에 한국의 국제정치적 위상을 제고하고 국내적으로는 제주가 지역균형발전 전략 차원에서 관광지로서의 인프라를 활용하여 국제교류와 협력 그리고 연수의 장으로 발전하는 전기가 될 것이다.

제주평화연구원은 동아시아 다자협력을 통한 평화와 번영이라는 목표를 설정하고 이에 대한 국제관계 차원, 지역정치 차원, 국내정치 차원에서 다양한 변수를 고려하는 연구를 지속적으로 수행하여 궁극적으로 동아시아의 다자협력체가 구성되고 이를 통해 지역 내의 평화와 번영을 달성할 수 있는 대안을 모색하고자 한다. 2010년의 연구에 기초하여 2011년에는 다자협력에 당사자로 참여하는 유관국가들의 정책적 이해관계와 상호역학관계에 대한 분석을 수행하고자 한다. 본 연구가 제시하는 논의에 대해 많은 전문가들의 제언과 충고를 기대하며 연구 결과물을 출판하고자 한다.

2010년 12월
제주평화연구원 편집부

|C|O|N|T|E|N|T|S

1부

글로벌 협력

일본의 군사전략과 군사력 증강 추세

송화섭(한국국방연구원 연구위원)

 탈냉전 이후 일본은 냉전시대의 방위정책인 기반적 방위력 개념에 입각한 '방위계획의 대강'('76대강)을 1995년('95대강) 및 2004년('04대강)에 두 차례에 걸쳐 개정하고 올해 말을 목표로 새로운 방위계획 대강 수립을 앞두고 있다.

 군사전략의 의미를 '전쟁이 발생하는 것을 억지·저지하기 위하여, 또는 전쟁이 발발하였을 경우 그 전쟁의 목적을 달성하기 위하여, 국가의 군사력과 그 밖의 요소를 준비·계획·운용하는 방책'으로 이해한다면, 일본은 전수방위전략과 미일동맹의 활용이라는 두 개의 축을 중심으로 군사전략을 견지해 오고 있다고 볼 수 있다.

 이러한 기본전략은 1956년에 발표된 '국방의 기본방침'에서 제시된 것으로 볼 수 있는데, 최근 국방의 기본방침의 개정 필요성이 논의되기도 하였으나 여전히 유지되고 있다는 점에서, 지난 50여 년간 일본 군사전략의 큰 틀의 변화는 없었다고도 볼 수 있다.

 그러나 새로운 방위계획 대강의 책정을 앞두고 논의되고 있는 적기지 공격능력, 남서방면 중시, 미일동맹 역할분담의 유연성 등을 검토해 보면 전수방위전략에서 보복적 억지전략, 선제공격 전략으로 군사전략의 변화를 읽어낼 수 있으며, 미일동맹에 있어서도 단순한 후방지원 역할에서 작전을 보완해 주는 역할로 발전되어 나갈 것으로 추측할 수 있다.

 따라서 2000년대까지의 동북아 군비경쟁이 군사력 현대화를 계기로 전개되어 왔다면, 2010년대의 동북아 군비경쟁은 본격화되는 중국의 군사적 부상과 일본의 새로운 군사전략의 채택이 중요한 계기가 될 것으로 생각된다.

 한국의 입장에서는 동북아지역에 형성될 새로운 성격의 군비경쟁 구도의 본질을 정확히 이해하고, 각국이 느끼게 될 안보딜레마를 평가하면서 동북아지역의 안보협력대화의 계기로 활용해 나가는 지혜를 발휘할 필요가 있을 것이다.

1. 일본의 방위정책과 군사전략

○ 탈냉전 이후 일본은 냉전시대의 방위정책인 기반적 방위력[1] 개념에 입각
한 '방위계획의 대강('76대강)'을 1995년('95대강) 및 2004년('04대강)에 두
차례에 걸쳐 개정하고 올해 말을 목표로 새로운 방위계획 대강 수립을 앞
두고 있음.

- 일본의 방위계획 작성체계에 따르면 통합 막료장은, 정보본부의 '통합 장
기 정보전망'과 기술연구본부의 '중장기 기술전망'에 입각하여 '통합 장기
방위전략'[2]을 작성하고, 이 문서와 정보본부의 '통합 중기 정보 전망'을
바탕으로 '통합 중기 방위 구상'[3]을 작성하도록 되어 있음.

- 통합 중기 방위구상에 따라 육·해·공 자위대의 막료장은 각 자위대의
'중기 능력 전망'을 작성하고 통합 막료장은 '통합 중기 능력 전망'을 작성
하게 되는데, 이러한 문서들을 바탕으로 정부 계획인 방위계획의 대강과
중기방위력 정비계획(약칭 중기방)이 작성됨.

- 1986년부터 시작된 중기방은 86중기방, 91중기방, 96중기방, 01중기방을
거쳐 다섯 번째 05중기방[4]이 완료된 상태이며, 2010년에 발표될 대강에
따라 11중기방이 작성될 예정임.

○ 일본의 방위계획 문서 중에서 방위계획 대강과 중기방 만이 일반에게 공
개되므로 일본의 군사전략 분석은 이들 문서에 초점을 둘 수밖에 없으나,
이러한 문서가 군사력 건설과 직접 연결시킬 수 있는 전략을 제시하고 있
지 않다는 한계가 있음.

---

1) 기반적 방위력 구상이란 76대강에서 처음 소개된 개념으로, 스스로 힘의 공백을 만들어 일본 주변지역에 불안정
요인이 되지 않도록 독립국으로서의 필요 최소한의 방위력을 보유한다는 것임.
2) 통합장기 방위전략은 5년마다, 5년 이후 약 15년간을 대상으로 △안보환경전망, △방위전략, △방위력의 질적 방향
에 대해 작성됨.
3) 통합 중기 방위구상은 5년마다, 2년 이후 약 5년간을 대상으로 △위협분석, △방위구상, △방위력 정비의 중시 사
항에 대해 작성됨.
4) 01중기방은 04년대강의 발표로 4년 만에 종료되고, 05중기방이 새로 수립됨.

- 04대강의 경우, △안보환경 평가, △안전보장의 기본방침(=안보전략), △ 방위력의 지향점 등으로 구성되어 있는데, 안보환경 평가 및 안보전략이 군사력 건설과 유기적으로 연결되어 있지는 않음.
- 안보전략의 경우, 안전보장의 목표로서 일본의 방위와 국제안전보장 환경의 개선이라는 2개의 목표를 제시하고, 일본 자신의 노력, 동맹국과의 협력, 국제사회와의 협력 등 세 가지의 어프로치를 통해 목표를 달성한다고 하여, 소위 2 × 3 전략을 제시하고 있으나 군사력 건설과의 연계성은 약함.
- 05중기방의 경우, 군사력 건설과 관련하여 △통합 운용의 강화, △정보 기능의 강화, △과학기술 발전에 대한 대응, △인적자원의 효율적 활용 등을 제시하는 데 머무르고 있음.

○ 군사전략의 의미를 '전쟁이 발생하는 것을 억지·저지하기 위하여, 또는 전쟁이 발발하였을 경우 그 전쟁의 목적을 달성하기 위하여, 국가의 군사력과 그 밖의 요소를 준비·계획·운용하는 방책'으로 이해한다면, 일본은 전수방위전략과 미일동맹의 활용이라는 두 개의 축을 중심으로 군사전략을 견지해 오고 있다고 볼 수 있음.
- 이러한 기본전략은 1956년에 발표된 '국방의 기본방침'5)에서 제시된 것으로 볼 수 있는데, 최근 국방의 기본방침의 개정 필요성이 논의되기도 하였으나 여전히 유지되고 있다는 점에서, 지난 50여 년간 일본 군사전략의 큰 틀의 변화는 없었다고도 볼 수 있음.

○ 그렇다면 그간의 방위정책 변화는 군사전략의 변화에 전혀 영향을 미치지 않았을까 하는 의문이 제기됨. 따라서 여기서는 일본의 군사전략을 전수방위 수준의 전략과 위협에 대한 대응 수준의 전략으로 나누어 검토해 보기로 함.

5) 국방의 기본방침 제3호에서는 국력·국정에 상응하고 자위를 위해 필요한 한도 내에서, 효율적인 방위력을 점진적으로 정비한다, 제4호에서는 외부로부터의 침략에 대해서는, 장래 유엔이 유효하게 이를 저지하는 기능을 수행할 수 있을 때까지는, 미국과의 안전보장체제를 기조로 이에 대처한다고 제시하고 있다.

2. 일본 군사전략의 변화

가. 전수방위전략의 수정

○ 전수방위란 상대방으로부터 무력공격을 받았을 때 비로소 방위력을 행사하고, 그 행사방법에 있어서도 자위를 위한 필요 최소한도로 제한하고, 보유하는 방위력도 필요 최소한으로 한정한다는 것으로 방위백서에서 밝히고 있음.

○ 전수방위전략은 일본이 방어능력을 전담하고, 미일동맹이 적에 대한 타격능력을 제공하는 방식으로 구성됨.
- 방위백서에서는 '본격적인 침략사태에 대한 대비'라는 이름으로 착·상륙침공 대처능력을 소개하고 있는데, 방공작전, 주변해역 방위작전, 육상 방위작전이, 종래에는 주로 미국이 도와주러 올 때까지 피해를 최소화시키는 점에 중점을 두었음.
- 이후 일본이 독자적 방어능력을 확보하면서 소규모 사태에 대해서는 자력으로 격퇴한다는 전략을 채택함.

○ 전수방위전략은 미국의 보복적 억지력에 의존하는 순수한 방어 전략이었으나, 북한의 탄도미사일 발사를 계기로 MD체제를 도입하면서 거부적 억지전략으로, 적기지 공격론을 제시하면서 보복적 억지전략으로, 선제공격 가능성을 언급하면서 선제공격전략으로 변화되고 있음.
- 자민당이 2009년 6월에 발표한 '제언: 신방위계획의 대강에 대하여'6)에서는 예방적 선제공격은 부인.

---

6) **自由民主党** 政務 調査会 国防部会·防衛政策 検討小委員会, 「**提言·新防衛計画の大綱**について―国家の平和·独立と国民の安全·安心確保の更なる進展」(2009년 6월 9일).

- 적기지 공격을 위해서는 피해 범위 조절이 가능한 통상탄두정도의 위력과 피해 범위를 줄일 수 있는 높은 정밀도, 효과확인 가능한 수준의 능력 보유 필요.

- 정보체제 강화를 기반으로, 일본의 우주과학 기술력을 종합적으로 결집하여 정보수집위성과 통신위성시스템에 의해 목표 정보를 받아, 순항미사일 혹은 소형 고체로켓 기술을 이용한 비상체(즉응성보다 비닉성을 중시한 순항형 장사정 미사일 혹은 신속한 즉응성을 중시한 탄도형 장사정 고체로켓)에 지령하여 정확하게 탄착시킬 수 있는 능력을 보유할 것을 제안.

[표 1] 군사전략의 변화

일본의 군사전략		소요 군사력
전수방위전략		자력+미일안보
억지전략	거부적 억지	자력+미일안보+미사일방어
	보복적 억지	자력+미일안보+미사일 방어+적기지 공격능력
선제공격 전략	선제타격 (preemptive strike)	자력+미일안보+미사일 방어+적기지 공격능력
	예방적 타격(preventive strike) (*예방적 선제공격은 부인)	자력+미일안보+미사일 방어+적기지 공격능력

※ 문제는 일본이 선제 적기지 공격능력까지 고려하면서도 전수방위 개념이 생기기 이전의 1956년의 하토야마 내각의 해석에 따라 전수방위와 양립한다는 혼란스러운 주장을 하는 것임.

- 전수방위란 용어는 1970년 10월 처음으로 발표된 방위백서에서 언급되면서 일본 방위정책의 기본 내지 기본정책으로 자리 잡음. 1970년판 백서에서는 '전수방위의 방위력' 부분에서 '일본의 방위는 전수방위를 기본으로 한다'고 하고, 전수방위란 '헌법을 지키면서 국토방위에 전념한다는 것'임을 밝힘.

- 1972년 다나카 수상(田中角榮)은 전수방위란 '방위상의 필요에서도 상대 기지를 공격하지 않고 오직 일본 국토 및 그 주변에 있어서 방위를 하는 것으로, 이것은 일본 방위의 기본적인 방침이며, 이러한 기본 개념을 바꾸는 것은 있을 수 없다'고 언급.

- 1981년 기무라(木村) 방위청장관은 '상대방으로부터 무력공격을 받았을 때 비로소 방위력을 행사하고, 그 행사방법에 있어서도 자위를 위한 필요 최소한도로 제한하며, 보유하는 방위력도 자위를 위한 필요 최소한도로 제한하는 등, 헌법의 정신에 따른 수동적인 방위전략 자세를 말한다'고 답변하면서 이후 정착됨.
- 즉 [표 2]와 같이 최초의 전수방위 개념에는 적기지 공격이나 선제공격 개념이 포함되지 않았고, 현재의 전수방위 개념이 되고 있는 기무라 장관의 발언으로도 적기지공격론이나 선제공격론은 정당화되기 힘듦.

[표 2] 전수방위 개념의 개념 변화

		전수 방위	적기지 공격	선제 공격
하토야마 수상 (1956)	유도탄 공격이 있을 경우, 유도탄 기지를 공격할 수 있음.		○	×
다나카 수상 (1972)	방위상의 필요에서 상대기지를 공격하지 않고 오직 국토 및 주변에서만 방위를 하는 것	○	×	×
기무라 장관 (1981)	무력공격을 받았을 때 비로소 방위력을 행사하고, 그 행사 방법에 있어서도 자위를 위한 필요 최소한도로 제한하고, 보유하는 방위력도 필요 최소한으로 한정	○	△	×

나. 위협 인식의 변화와 군사전략의 수정

1) 중국의 부상에 대한 대처 – 남서방면 중시 전략
○ 냉전시대 구소련의 위협에 대비한 북방중시전략에서 탈냉전 이후 중국을 의식한 남서방면 중시전략으로 전환

○ 중국은 다극화를 향하여 군사력(핵, 미사일전력에 더하여, 항모 등 해상 프레젠스 · 착상륙 능력의 비약적 향상 등)의 확충(공표군사비는 21년 연속 2자리 수의 신장, 최근 5년간 전년 대비 최대 증가율은 24%)과 동아시

아의 패권경쟁, 특히 동지나해, 남지나해로부터 태평양으로의 진출 움직임이 있다고 평가됨.

○ 대만해협의 안정화에도 불구하고 중국의 해·공군력 특히 미사일능력의 현대화는 계속되고 있어서, 중국－대만 간의 군사력 균형, 나아가 동지나해에서의 일중 간의 군사력 균형, 광역의 아태지역에서의 미중 간의 군사력 균형이 변화될 것으로 우려됨.

○ 남서제도의 방위를 위해 △상비부대의 주요 도서 배치 및 신속한 기동전개 능력 확보(요나구니 섬에 육상자위대 레이더기지건설 계획 등) △도서방위를 위해 일본의 장사정 화력의 정비와 적의 장사정, 정밀 화력에 대한 방공능력 강화(헬기탑재 구축함의 확보로 연결) 등이 요구되고 있음.

○ 남서항로대의 안전 확보를 위해서는, 공대함, 함대함, 지대함 미사일의 통합운용이 필요하고, 미사일 사정거리 및 낮은 즉응성(비상 시간이 길기 때문)을 보완하기 위해 지대함 탄도미사일(중국은 개발 착수)의 연구개발이 필요함.

○ 남서해역(남서제도에서 혼슈~유황도~괌에 이르는 해역)에서의 해상 및 제공권 확보를 위해서는 남서제도와 남서 항로대에 배치, 운영되는 육해공 자위대의 통합운용을 강화할 것이 주장됨.

※ 중국의 부상에 대해서는 군사전략의 변화뿐만 아니라, 대중 견제와 관여라는 두 가지 측면에서 지역 안보협력 정책 추진.

－ 견제정책의 차원에서는 미국의 동맹국을 중심으로 한 동맹 확대형 네트워크 협력을 추진.

－ 관여정책의 차원에서는 중국을 포함한 비전통적 위협을 대상으로 하는 역내의 안보협력기구 추진.

2) 미국의 영향력 약화를 보완 – 미일 역할 분담의 유연성 확보전략

○ 일본은 미국이 1990년대부터 정치, 경제, 군사 등 모든 면에서 압도적인
힘을 과시해 왔고 미국의 절대적인 우위는 현재도 가까운 미래에도 변화
가 없을 것으로 생각하지만, 대테러활동과 이라크에 대한 무력행사 등에
따라 군사적 부담이 증대하고 있으며, 일국주의적인 행동에 대한 비판이
나타나, 위신의 저하를 우려하고 있음.

○ 군사적으로도 미국은 지금까지 글로벌 커먼즈(Global Commons)[7]라는 국
제 공공 공간을 통제해 왔고, 이 능력이 미국으로 하여금 내외의 분쟁에
관여하는 것을 가능하게 하였으며, 세계 거의 전역에서 미국은 어느 국가
의 도전도 허락하지 않는 압도적인 힘을 과시하도록 하였으나, 특정의 지
역에서는 미국의 개입을 거부하는 움직임이 나타나고 있다고 평가됨.

○ 일본은 미국의 절대적 우위의 저하를 인식하고 있지만, 미국이 글로벌 커
먼즈를 유지하고 계속 안보적 측면의 국제공공재를 제공하도록 지원하는
방향으로 대미정책을 설정하는 추세임.[8]

○ 미일 역할분담의 유연성 확보를 위해서, 미국의 타격력에 대해 자위대의
지원, 보완능력을 향상하기 위해, 타격부대의 원호(대함, 대공, 대지, 대잠
공격능력)와 정보수집지원, 후방지원 기능의 강화가 필요하다고 인식함.

---

7) 글로벌 커먼즈란 개념은 전 세계의 국가가 왕래에 이용하는 국제공공공간을 의미하는 것으로 현재로는 공해와 배
타적 경제수역과 이에 따른 상고의 공역을 가리킴. 이 커먼즈를 지배한다(Command of the Commons)는 것은, 모
든 국가에게 접근을 인정하지만 접근을 거부하는 능력을 가진 것을 의미함. 과거 대영제국이 7개 대양을 지배하고
있었듯이, 현재에는 미국이 커먼즈를 지배하고 있으면서 전 세계의 국가에 대해 항용을 보장하고 있다고 여겨지고
있음. Barry Posen, "Command of the Commons: The Military Foundation of U.S, Hegemony," International
Security, volume 28, Issue 1, pp. 5~46 참조.
8) 安全保障と防衛力に関する懇談会, 「報告書」(2009년 8월). 동 간담회의 좌장이 가스마트 쓰네히사(勝俣恒久) 도쿄전
력 회장이었다는 점에서, '가쓰마타 보고서'라는 통칭이 사용되기도 함.

3) 국제안보환경에 대한 인식 변화－국제적 역할확대 전략

○ 04대강 이후 방위청이 방위성으로 개편되고, 국제평화협력작전이 자위대
의 본래 임무로 규정되면서 자위대 중앙즉응집단이 해외파견 임무를 띠게
되었음.

○ 이것을 계기로 해외작전에 유용한 보급함, 대형수송기 등의 정비에 초점
을 두게 되었으며, 향후에도 해외작전 수행에 적합한 군사력 정비에 영향
을 미칠 것으로 예상

4) 낮아진 대규모 전면전의 가능성－탈냉전형 군사력 건설 전략

○ 04대강에서 테러 등 비국가 주체에 의한 위협 등 새로운 위협과 다양한 사
태의 등장에 초점을 맞추고, 대규모 전면전의 가능성을 낮게 평가함.

○ 냉전형의 대기갑전, 대잠전, 대항공침공을 중시한 정비구상에서 탈비하여,
장비와 요원을 감축하고, 기술혁신의 성과에 따라 전차, 화포, 중거리 지
대공미사일, 호위함, 잠수함, 소해정, 초계기 등을 정비한다는 방침을 제시
함{재정내실화[골태(骨太) 방침: 고이즈미 노선]}.

○ 많은 예산이 소요되는 미사일 방위체제 도입의 영향도 있었으나, 그 결과
자위대의 인원과 장비가 양적으로는 감소함.

3. 일본 군사력의 증강 추세

가. 일본 군사비의 증가 추세

○ 탈냉전 이후 일본의 방위비는 1990년대에 약 25%[9]의 증가를 보였으나,

2000년대에는 4.4%의 감소를 보여주고 있음. 일본방위비의 감소는 성장 둔화에 따른 경기 침체가 큰 요인이었으나, 재정 압박에 따른 소위 '재정 내실화 시책'이 큰 영향을 미쳤음.

- 1990년대의 방위비가 25%나 증가할 수 있었던 것은 27%의 GDP 성장을 배경으로 한 것이지만, 2000년대의 경우 2.8%의 GDP 증가에도 불구하고 감소.

- 2000 – 04년간에는 GDP 0.9% 증가에 대해, 방위비는 0.9% 감소하는데 그 쳤지만, 2004 – 09년간에는 GDP 2.8% 증가에도 불구하고 방위비는 4.4%나 감소하여 04대강의 탈냉전형 군사력 건설 전략이 영향.

○ GDP 대비 군사비 비율은 1989년에 1.01%, 1999년 0.99%였으나, 2009년에 는 GDP의 0.9% 수준임.

나. 일본 군사력 증강 추세

○ 병력의 경우, '76대강에서 육상자위대 18만 명의 정원을 갖고 있었으나, '95대 강에서 16만 명으로 감축되고 '04대강에서 다시 15만 5천명 체제로 감축됨.

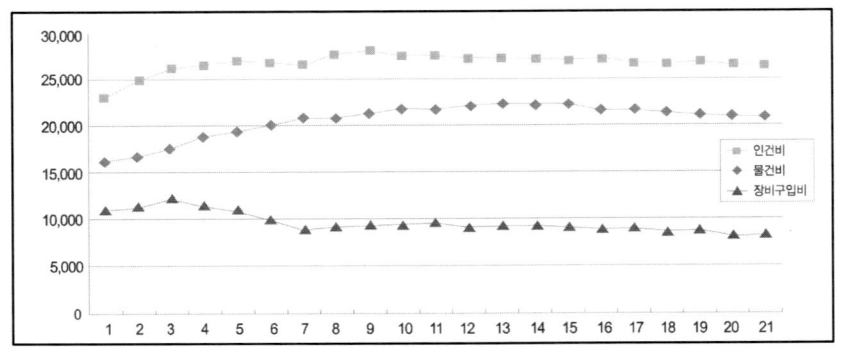

---

9) 1989년 기준으로 1999년 방위비를 비교.

○ 자위대 병력은 2007년 기준 24만 86백 명이나, 현재원은 23만 명 수준으로 1만 명 이상이 부족한 실정이며, 특히 육상자위대는 15만 3천 명 정원에 14만 명을 확보하는 데 그치고 있음.

○ 일본의 군사비 감소와 병력 감소가 반드시 일본의 군사력 약화를 의미하지는 않음. 일본은 통합운용의 강화 등으로 군사력 운용 효율성을 높이고 있다는 점도 감안할 필요가 있음.

[표 3] 일본의 군사비 변화 추세

(단위: 억 엔)

연도 (Year)	국내총생산 (GDP)	총계 (Total)	인건비 (Personnel and provisions)	물건비 (Commodities)	장비구입비 (Equipment)	연구개발비 (R&D)
1989	3,897,000	39,198	16,136	23,063	10,977	828
1990	4,172,000	41,593	16,680	24,913	11,403	929
1991	4,596,000	43,860	17,568	26,293	12,162	1,029
1992	4,837,000	45,518	18,808	26,711	11,419	1,148
1993	4,953,000	46,406	19,396	27,011	10,792	1,238
1994	4,885,000	46,835	19,975	26,861	9,986	1,255
1995	4,928,000	47,236	20,714	26,522	8,699	1,401
1996	4,960,000	48,455	20,760	27,695	9,157	1,496
1997	5,158,000	49,414	21,260	28,154	9,347	1,605
1998	5,197,000	49,290	21,739	27,551	9,442	1,277
1999	4,963,000	49,201	21,674	27,527	9,629	1,307
2000	4,989,000	49,218	22,034	27,183	9,141	1,205
2001	5,186,000	49,388	22,269	27,119	9,178	1,353
2002	4,962,000	49,395	22,273	27,122	9,206	1,277
2003	4,986,000	49,265	22,188	27,077	9,028	1,470
2004	5,006,000	48,764	21,654	27,110	8,806	1,707
2005	5,115,000	48,301	21,562	26,739	9,000	1,316
2006	5,139,000	47,906	21,337	26,570	8,594	1,714

2007	5,219,000	47,818	21,018	26,801	8,663	1,445
2008	5,269,000	47,426	20,940	26,486	8,133	1,728
2009	5,102,000	47,028	20,773	26,255	8,252	1,198

[표 4] 자위대 병력 변화 추이

연도	총계	육상자위대	해상자위대	항공자위대	통막
1989	246,544	156,100	43,967	46,317	160
1990	234,177	148,413	42,245	43,359	160
1991	240,266	151,176	43,538	45,392	160
1992	237,557	150,339	42,238	44,820	160
1993	233,818	146,114	43,032	44,512	160
1994	239,637	151,155	43,748	44,574	160
1995	242,693	152,515	44,135	45,883	160
1996	242,709	152,371	43,668	45,336	1,334
1997	242,640	151,836	43,842	45,606	1,356
1998	236,368	145,928	43,838	45,223	1,379
1999	236,315	146,780	43,323	44,775	1,437
2000	239,807	148,676	44,227	45,377	1,527
2001	239,839	148,197	44,404	45,582	1,656
2002	239,806	148,226	44,375	45,483	1,722
2003	238,579	146,960	44,390	45,459	1,770
2004	239,430	147,737	44,327	45,517	1,849
2005	240,812	148,302	44,528	45,913	2,069
2006	240,970	148,631	44,495	45,733	2,111
2007	230,291	138,422	44,088	45,594	2,187

○ 장비 면에서는 함정의 경우 척수는 조금 감소하였으나 함정 톤수가 증가하였다는 점에서 함정의 대형화 추세를 잘 반영해 주고 있음.

○ 항공기와 전차의 경우, 04대강의 영향으로 04년 이후 감소하고 있으나, 기

동력 향상을 위해 각 자위대의 헬기 보유 숫자는 크게 줄지 않았음.

○ 전차의 경우 1/3 정도가 감소되었으나, 장갑차의 경우 국제평화협력작전
과 기동성 향상을 위해 경장갑기동차의 증가로 보유수 증가하였음.

[표 5] 주요 장비의 변화 추이

연도	함정				항공기						전차 등		
	톤수	척수총계	호위함	잠수함	육자		해자		항자		전차	자주포	장갑차
					고정익	회전익	고정익	회전익	고정익	회전익			
1989	277,000	162	55	14	17	400	90	81	383	39	1,220	640	640
1994	326,000	160	61	15	16	453	103	115	437	43	1,180	670	730
1999	358,000	140	53	16	16	486	107	108	444	54	1,090	640	710
2004	414,000	152	53	16	16	495	104	108	453	57	1,000	500	1,300
2008	449,000	149	52	16	12	452	100	105	445	55	880	290	1,860

○ 장비 보유 숫자의 국가 간 비교는 매우 조심스럽게 접근할 필요가 있는데,
4세대 전투기 보유 숫자의 비교는 일본이 양안관계의 군사적 균형을 평가
할 때 자주 인용하는 지표임. 중국은 2007년에 4세대 전투기 보유 숫자에서
대만을 앞지르기 시작했으나, 일본과는 질과 양 측면에서 아직은 열세임.

[표 6] 일본, 중국, 대만의 4세대 전투기 보유 현황

	일본	중국	대만
제4세대 전투기	369	347	331
비고	F-15J/DJ: 203 F-4EJ: 90 F-2A/B: 76	J-10: 84 Su-27: 166 Su-30: 97	미라쥬 2000: 57 F-16: 146 經國: 128

○ 4세대 전투기 보유 숫자에서 상징되듯이 일본은 미일동맹의 영향으로 최

첨단의 군사장비를 보유하고 있으며, 경제적인 요인 등으로 지난 10년간 군사력 증강 속도가 완화되었으나 여전히 질적으로 우수한 군사력을 보유하고 있음.

○ 일본은 현재 제5세대 전투기인 F-35의 도입을 검토하고 있으며, THADD 도입을 통한 미사일 방위시스템의 증강을 고려하고 있음. 또한 남서방면의 방위력 강화를 위해 헬기탑재 대형구축함을 증강시킬 것으로 전망됨.

○ 일본은 2000년대부터 강조해 온 정보수집기능의 강화와 C4ISR 체계의 완비를 위해 2009년 1년 우주의 군사적 이용에 대한 기본방침을 발표하기도 하였음.10)

[표 7] 2009년 방위력 정비 중점

안보환경을 감안한 방위력의 질적 향상	· 방공능력 향상을 위해 F-15 전투기의 개량 · 경계감시능력 향상을 위해 조기경계관제기(E-767)의 레이더 기능 향상 · 고성능 스텔스기 연구를 통해 군사력 선진기술 확보
국제평화협력작전 체제의 강화	· 이동식 의료시스템 정비 등 국제평화협력작전을 위한 장비품 개선 · 국제평화협력센터 정비를 통해 국제평화협력작전에 대한 홍보 강화 · 아태지역의 전략적 안보대화 · 방위교류 추진
새로운 위협/ 다양한 사태에 대한 대응	· FPS-5 레이더 정비 등 탄도미사일 공격 대응 강화 · 혼성단의 여단화 등 작전기본부대 개편 · 기동방해시스템 연구 등 게릴라 및 특수부대 공격 대응 · 수송용 헬기(CH-47JA) 등 대규모, 특수재해 등에 대응
우주개발이용/ 해양안전을 위한 노력	· 우주정책실 신설 등 우주개발 이용을 위한 대처 · 해양법 전문가 양성 등 해양기본계획에 입각한 대처
군사과학기술 진전에 대한 대응	· 자위대 디지털통신시스템 개발 등 미래 장비기술의 연구개발 · 해상자위대 정보과 신설 등 정보기능 강화 · 자위대 통합지휘시스템 정비 등 고도의 정보통신태세 구축

---

10) 防衛省 宇宙開發利用推進委員會. "宇宙開發利用に関する基本方針について", (2009년 1월 15일).

4. 군사전략 변화와 군사력 증강의 연관성과 함의

○ 일본의 군사전략은 전수방위와 미일동맹에 중점을 두어 왔으나, 탈냉전 이후 2000년대 초반까지 국제평화협력작전 등 국제적 역할 강화 전략이 군사력 건설에 어느 정도 영향을 주었음.

○ 북한의 대포동 미사일 발사를 계기로 일본이 미사일 방위체제를 도입함으로써 거부적 억지전략으로 군사전략의 변화를 보이기 시작했으나, 04대강 이후의 '탈냉전형 군사력 건설 전략'이 2000년대 후반의 일본의 군사력 증강에 큰 변수로 작용하였음.

○ 큰 틀에서 보면 지난 50여 년간 일본은 전수방위와 미일동맹을 축으로 군사력 건설에 매진해 왔으며 이는 군사기술 발전에 따른 군사력 현대화 차원에서 군사력 건설이 진행된 것으로 평가할 수 있을 것임.

○ 새로운 방위계획 대강의 책정을 앞두고 논의되고 있는 적기지 공격능력, 남서방면 중시, 미일동맹 역할분담의 유연성 등을 검토해 보면 전수방위 전략에서 보복적 억지전략, 선제공격전략으로 군사전략의 변화를 읽어낼 수 있으며, 미일동맹에 있어서도 단순한 후방지원 역할에서 작전을 보완해 주는 역할로 발전되어 나갈 것으로 추측할 수 있음.

○ 일본 남서해역의 방어능력 강화를 위해서는 장거리 공격능력을 포함한 군사력 투사 및 해양거부전략을 전개할 수 있는 군사력 건설로 나아갈 것으로 전망됨.

○ 2000년대까지의 동북아 군비경쟁이 군사력 현대화를 계기로 전개되어 왔

다면, 2010년대의 동북아 군비경쟁은 본격화되는 중국의 군사적 부상과 일본의 새로운 군사전략의 채택이 중요한 계기가 될 것으로 생각됨.

※ 자민당의 경우 군사비 증액의 필요성을 강력히 주장해 왔으나, 새로 집권한 민주당의 방위정책은 아직 불투명함. 따라서 동북아의 새로운 군비경쟁시대의 도래는 늦어질 수도 있음.

○ 한국의 입장에서는 동북아지역에 형성될 새로운 성격의 군비경쟁구도의 본질을 정확히 이해하고, 각국이 느끼게 될 안보딜레마를 평가하면서 동북아지역의 안보협력대화의 계기로 활용해 나가는 지혜를 발휘할 필요가 있을 것임.

〈참고자료〉

[표 8] 04대강의 구성

I. 취지		
II. 일본을 둘러싼 안보환경	1. 세계질서의 변화	– 테러 등 비국가 주체에 의한 위협 등 '새로운 위협과 다양한 사태' 등장 – 유일 초강대국 미국의 지위 유지
	2. 주변국의 동향	– 극동러시아: 핵전력을 포함한 대규모 군사력 존재 – 북한: 탄도미사일 개발, 대규모 특수부대 보유→지역의 중대한 불안정 요인 – 중국: 핵·미사일 전력, 해·공군력 근대화, 해양활동범위 확대→지역 　　　안보에 큰 영향력 보유
	3. 안보 위협의 평가	– 본격적인 침략 가능성 저하 – 새로운 위협에 대한 대응 필요
	4. 일본의 　전략적 여건	– 종심이 짧고, 긴 해안선, 많은 도서 보유 – 산업, 인구의 집중, 많은 자연재해 – 해상교통로 방어 필요
III. 일본의 안전보장 기본방침	1. 기본방침	– 안보목표: 일본 방위, 국제적인 안전보장환경의 개선 – 전수방위, 비군사 대국, 문민통제, 비핵3원칙 준수 – 핵위협: 미국의 억지력에 의존, 핵군축, 비확산 노력
	2. 일본 자신의 노력	(1) 기조 (2) 국가로서의 통합적 대응 (3) 일본의방위력 　　– 기반적 방위력 구상 계승 　　– 다기능, 탄력적, 실효적 방위력

III. 일본의 안전보장 기본방침	3. 미일안전보장 체제	– 미일 간 전략적 대화의 실시(전략목표, 역할분담 등) – 미일안보체제 강화(정보교환, 운용협력, MD 등)
	4. 국제사회와의 협력	– ODA의 전략적 활용, PKO에 적극 참여 – 해상교통로 안전 확보를 위한 협력 – 유엔의 실효성 향상을 위한 개혁에 노력 – 아태지역에서 ARF, 대테러, 대해적 협력
IV. 방위력 기조	1. 방위력의 역할	(1) 새로운 위협과 다양한 사태에 대한 실효적 대응 　① 탄도미사일 공격에 대한 대응 　② 게릴라 및 특수부대 공격에 대한 대응 　③ 도서부 침략에 대한 대응 　④ 주변 해공역의 경계 감시 및 영공침범 및 무장공작선에 대한 대응 　⑤ 대규모 특수재해에 대한 대응 (2) 본격적인 침략사태에 대한 대비 (3) 국제적 안보환경 개선을 위한 주체적 적극적 노력
	2. 방위력의 기본적 사항	(1) 통합 운용의 강화 (2) 정보 기능의 강화 (3) 과학기술 발전에 대한 대응 (4) 인적자원의 효율적 활용
V. 유의사항		
※ 무기수출3원칙의 완화 　(관방장관 담화)		BMD시스템에 한하여 미국과 공동 개발, 생산이 가능

[표 9] 방위계획대강의 별표

		1978년 방위계획대강	1995년 방위계획대강	2004년 방위계획대강
육상 자위대	편성정수	18만인	16만인	15만 5천인
	평시지역배비	12개 사단	8개 사단 6개 여단	8개 사단 6개 여단
	기동운용부대	1개 기갑사단 1개 공정단 1개 헬리곱터단	1개 기갑사단 1개 공정단 1개 헬리곱터단	1개 기갑사단 中央卽應집단
	지대공유도탄부대	8개 고사특과군	8개 고사특과군	8개 고사특과군
	전차 및 화포	1,200량	전차 900량 약 900문	약 600량 약 600문
해상 자위대	호위함부대 (기동운용)	4개 호위대군	4개 호위대군	4개 호위대군 (8개대)
	호위함부대 (지방함대)	10개대	7개대	5개대
	잠수함부대	6개대	6개대	4개대
	소해부대	2개 소해대군	1개 소해대군	1개 소해대군
	초계기부대			9개대

	호위함	약 60척	약 50척	47척
	잠수함	16척	16척	16척
	작전용 항공기	220기	170기	약 150기
항공 자위대	항공경계관제 부대	28개 경계군 1개 비행대	8개 경계군 20개 경계대 1개 비행대	8개 경계군 20개 경계대 1개 경계항공대 (2개 비행대)
	요격전투기부대	10개 비행대	9개 비행대	전투기부대 12개 비행대
	지원전투기부대	3개 비행대	3개 비행대	
	항공정찰부대	1개 비행대	1개 비행대	1개 비행대
	항공수송부대	3개 비행대	3개 비행대	3개 비행대
	지대공유도탄부대	6개 고사군	6개 고사군	6개 고사군
	공중급유수송부대			1개 비행대
	작전용 항공기	430기	약 400기	약 350기
	이 가운데 전투기	350기	약 300기	약 260기(216)
탄도미사일방위 주요 장비, 기간부대	이지스시스템 탑재호위함			4척
	항공경계관제부대			7개 경계군 4개 경계대
	지대공유도탄부대			3개 고사군

최근의 중국 군사력 발전 현황과 함의

박병광(국가안보전략연구원 연구위원)

중국의 국방비는 지난 20년간 매년 두 자리 수 이상의 증가율을 보이고 있으며, 현재 미국에 이어 세계 2위 수준으로 추정되고 있다. 이 같은 국방비 증가를 기반으로 중국은 재래식 전력뿐 아니라 핵무기, 항공모함, 우주무기체계 등 첨단 전략무기체계도 구축하고 있다.

미국을 비롯한 선진국들이 네트워크화, 첨단화, 우주화 등을 주도하고 있다는 점을 감안할 때 중국의 군사력 수준은 아직도 선진국과 최소한 10년 이상 격차를 보이는 것으로 평가된다. 하지만 지금의 추세가 계속된다면 중국은 2020년경에 역내에서 우월하고 배타적인 군사력을 지니게 될 것으로 전망된다.

중국의 군사력 증강이 한국으로서 주목할 만한 현상인 것은 분명하나 엄밀한 의미에서 중국군의 발전방향과 군사력 증강추세가 한국과의 전략적 경쟁이나 갈등관계를 전제로 하는 것은 아니다. 또한 중국으로서도 당분간 주변국과의 군사적 마찰을 최소화하고 경제발전에 진력하기를 바라고 있으며, 북핵 위기 및 한국과의 잠재적 영토분쟁에 있어서도 군사적 개입을 통한 해결 시도 가능성은 매우 낮은 것으로 전망된다. 따라서 중국의 군사력 증강에 자극받아 우리도 군비증강을 추진하기보다는 방어적 억제전략에 입각하여 자원배분의 효율성을 극대화하는 방향으로 대응할 필요가 있다.

1. 검토의 필요성

○ 후진타오(胡錦濤) 체제 등장 이후 중국의 군사력 증강은 급속히 진행되고
   있으며, 이러한 현상은 ▲군사전략의 변화 ▲첨단무기체계 확보 ▲러시아
   와의 군사협력 강화 등을 통해 구체화되는 추세임.
- 중국은 2009년 4월 칭다오(淸島) 앞바다에서 세계 군사전문가들이 주목하
   는 가운데 대규모 해군 열병식을 거행했으며, 지난 10월에는 건국 60주년
   을 맞아 군사퍼레이드를 거행하고 첨단무기체계를 과시.

○ 중국의 군사력 증강은 'G2시대'에 걸맞은 강대국으로서의 부상을 보다 확
   고히 할 뿐 아니라, 중·장기적으로는 미국과의 전략적 긴장 관계를 보다
   가시적인 차원에서 고조시키는 요인으로 작용할 것으로 전망됨.
- 중국의 군사력 증강은 일본과의 해상영유권분쟁, 대만문제로 인한 양안
   (兩岸) 간 긴장고조, 북한 핵개발에 따른 동북아 안보 불안정 속에서 지역
   의 전력 균형을 깨고 역내 군비경쟁을 자극할 가능성이 존재.
- 아울러 중국의 군사력 증강은 평화로운 안보환경을 조성하겠다는 중국 정
   부의 주장과 달리 ASEAN을 비롯한 주변 국가들에게 새로운 안보위협이
   라는 불안요인으로 다가서고 있음.

○ 최근 국제금융위기 이후 미국에 필적할 수 있는 잠재적 패권국으로 급속
   히 부상 중인 중국의 현실을 감안할 때, 중국에 대한 기존의 경제력 중심
   평가에서 벗어나 중국의 군사력 현황에 대해서도 검토가 요구되는 상황이
   발생하고 있음.
- 중국의 군사력 증강은, 한반도에서 미군의 전략적 유연성이 본격화할 경
   우 한중관계의 긴장요인으로 작용할 수도 있다는 점에서 중국의 군사전략
   및 군사력 증강에 대한 분석이 긴요한 것으로 판단됨.

2. 중국의 대외안보환경과 군사전략

가. 대외안보환경 인식

○ 후진타오 시기 중국은 대외안보환경에 있어서 ▲아태지역에서의 미·일·
호주 군사동맹 강화 ▲국가이익 확대에 따른 해상보급로안전문제 ▲주변
국과의 영토주권문제 ▲북한 핵문제가 역내 안보를 불안하게 만드는 새로
운 도전과 위협이라고 인식하고 있음.

○ 동시에 중국은 후진타오 시기에도 여전히 안보위협의 최대 요인으로 주권
과 영토수복 상인 대만(臺灣)을 지목하고 있으며 미국의 대(對) 대만 군사
장비판매에 대해 강력히 반발하고 있음.
－ 중국은 미국의 MD계획이 중국의 핵(核)억지력에 도전하고 결국은 대만을
보호하는 것으로 보고 있으며 중국의 대(對) 대만 재래식 미사일 능력의
우위 확보 노력을 어렵게 하는 것으로 판단함.
－ 비록 대만에서 2008년 5월 마잉지우(馬英九) 정권이 출범한 이후 대(對)
대만 전략이 평화모드로 전환되는 움직임을 보이고 있으나, 이는 양안관
계 및 미중관계 변화에 따라 매우 가변적이라 할 수 있음.

○ 중국은 최근 수년 사이 미국과 일본이 기존의 미·일·호 3국 간 안보협
력을 바탕으로 중국의 서쪽에 접경한 인도를 끌어들임으로써 중국의 군사
적 팽창에 대한 견제를 본격화하는 것으로 인식하고 있음.
－ 미국, 일본, 인도 등이 참가하는 군사훈련은 2007년 4월 처음 실시되었지
만, 미국과 인도, 일본과 인도 등 양국 간 군사적 협력은 이미 2006년부터
본궤도에 오른 상태임.
－ 이에 따라 중국은 2001년 자국 주도로 결성된 상하이협력기구(SCO) 회원

국 간의 군사훈련을 정례화하고 결속을 다지는 등 미국 주도의 아태지역 안보협력에 적극 대응하고 있음.

○ 후진타오 시기 중국의 국가안보전략 목표는 ▲높은 수준의 경제성장 유지 ▲국경지역 및 주변 국가들과의 관계 안정 ▲대만통일 등 세 가지의 기본적 우선순위를 반영하는 것으로 평가됨.
- 중국의 이러한 세 가지 안보전략 목표를 달성하는 데 있어서 미국은 가장 중요한 국가이며, 미국과 안정적이고 생산적인 관계를 유지하는 것이 중국 국가안보전략의 최우선적 요소로 작용하고 있음.
- 후진타오 시기 중국과 팽팽한 긴장관계를 유지하고 안보상의 불안요인으로 작용하는 유일한 나라는 역설적이게도 북한으로서 이는 북한의 핵무기 개발과 호전적인 행동에 기인함.

나. 군사전략

○ 후진타오 시기 중국의 국방정책은 대내외적 위협에 대응하기 위해군(軍)을 현대화하고, 이를 통해 국토 및 주권의 수호, 해상권익 보호, 국가통일 유지, 안전한 외부환경을 도모하는 것으로 요약할 수 있음.
- 중국의 군사전략은 기본적으로 외부침입으로부터 영토의 보전과 통일이라는 역사적 요구로부터 출발하며, 방대한 영토와 상이한 전장 환경으로 인해 차원적인 군사전략 및 정책을 수립하여 왔음.

○ 중국 건국 초기의 군사전략은 '인민전쟁론'으로서, 이는 자국의 최강 전쟁 요소인 구와 국토의 효용을 극대화하여 장기적 소모전과 전면전을 전제로 미국과 소련의 대중국 침략을 방어한다는 전략
- 인민전쟁론의 핵심은 시간을 벌기 위해 공간을 양보하다가 마침내 가상의 적(미국, 소련, 일본)을 격멸한다는 게릴라전 수행에 있으며 저기술 무기

의 다량확보와 대규모 병력의 유지가 필수요소.
- 인민전쟁론은 개혁개방에 따른 국제정세에 대한 인식의 전환 및 병력, 조직, 무기감축 등 군의 현대화가 본격화됨에 따라 1970년대 말 이후 쇠락.

○ 개혁개방 이후 중국 군사전략의 핵심은 조기전, 전면전, 핵전에 대비한 전력태세에서 국경지역의 소규모 분쟁 및 제한적 국지전에 대비한 '유한국부전쟁(有限局部戰爭)' 전략으로 전환됨.
- '유한국부전쟁' 전략은 1985년 채택되어 현재까지 유지되고 있으며, 이것이 상정하는 미래전은 초강대국의 대륙침략이 아닌 주변국이 연루된 국경지역 내외에서의 국지전을 의미.
- 중국군이 규정하는 국지전은 한국전쟁(1950), 베트남전쟁(1979), 걸프전쟁(1991) 등을 포괄하고 있으며, 중국은 현재까지 '유한국부전쟁'에 기초한 현대전 경험이 없으나 이 전략은 중국군 현대화의 근간을 형성.

○ 중국지도부는 걸프전쟁의 영향으로 인해 미래전의 성패가 첨단 군사기술의 획득 및 운용에 있다고 판단하여 1993년 '첨단기술조건하국부전쟁(高技術條件下的局部戰爭)' 전략을 채택.
- 이 전략은 특히 대만과의 무력충돌 상황을 주요한 고려 대상으로 하고 있으며, 군 현대화는 대만을 위협할 수 있는 군사적 수단의 확보 및 미국의 대(對)대만사태 개입 저지 능력을 갖추는 데 초점.
- 이 전략은 지상군의 신속대응능력, 해군의 적극적 근해방어능력, 공군의 원거리 투사능력, 핵미사일 전력의 기술수준 제고 등 전반적 군 현대화의 기본 독트린으로 작용.

○ 후진타오(胡錦濤) 시기에 들어 중국은 정보전 능력과 중국적 특색의 전략 결합을 강조하는 미래의 새로운 전장 운용개념으로서 '정보화 조건하 국부전쟁(信息化條件下局部戰爭) 전략'을 새롭게 주장함.

- 이 전략은 여전히 제한된 국부전쟁을 상정하고 있지만 미래의 적은 미국, 러시아, 일본 등과 같은 고도의 무기체계와 인공위성에 의한 정찰능력, 나노기술 등을 보유한 강대국일 것으로 상정.
- 정보화시대의 군사전략은 전통적 수단을 포함하여 ▲우주전 능력 ▲사이버전 능력 ▲심리전 능력제고 ▲C4ISR체계 구축 ▲항공모함 구비 등 모든 수단을 이용하여 전방위적으로 수행.
- 이에 따라 현재 중국의 군사전략은 1993년 제시된 '첨단기술 조건하 국부전쟁'교리와 2004년에 『국방백서』를 통해 제시된 '정보화 조건하 국부전쟁'교리가 혼재된 모습을 보이고 있음.
- 후진타오 시기 중국의 군사전략은 '기계화'와 '정보화'를 동시에 추진함으로써 서구의 정보화에 편승하고 따라잡겠다는 '도약(跨越)식' 발전전략을 추구하는 것으로 평가됨.

[표 1] 중국 군사전략의 변화

시기	주요사건	군사전략	비고
건국초기 (1949~1952)	한국전쟁 (1950~1953)	인민전쟁전략	인민전쟁전략의 한계성 인식
1차 5개년 계획 (1953~1957)	중·소 우호조약(1950) 중·소 국방신기술 협정(1957)	인민전쟁전략의 후퇴와 현대화· 정규화사상 대두	소련의 적극적 지원 군사제도에 의한 개혁 시도
대약진운동 (1958~1965)	금문·마조도 위기(1958) 중·인 국경분쟁(1962) 핵실험성공(1964)	인민전쟁전략으로의 복귀	중·소 관계 악화 모택동 혁명화 강조 인민전쟁 복귀 핵무기계획 추진 정규화노선 대두
문화대혁명 (1966~1976)	중·소 국경분쟁(1969) 임표사건(1970)	현대적 조건하 인민 전쟁	모택동 군중노선 추진
개혁·개방시기 (1980년대)	중·월 전쟁(1979)	유한국부전쟁전략	등소평/개혁파 등장 국경지역의 소규모 국지전 대비

1990년대	걸프전쟁(1991) 코소보전쟁(1999)	첨단기술 조건하 국부전	첨단무기체계 및 고도의 군사과학 기술이 운용 되는 지역전 대비
21세기 초	아프간전쟁(2001) 이라크전쟁(2003)	정보화 조건하 국부전	첨단무기체계 및 고도의 군사정보 기술이 운용 되는 미래전 대비

3. 중국의 군사력 증강 현황

가. 국방비 증액 추이

○ 중국의 국방비에 대한 평가는 군사력과 현대화의 추세 및 군사적 의도를 파악하는 데 있어 필수적 요소이나 기본적으로 중국은 국방예산의 투명성이 낮고 관련자료 및 정보가 매우 부족한 상태임.

- 중국은 자국의 국방비가 미국의 5.69%, 일본의 56.78%, 영국의 37.07%, 프랑스의 75.9% 수준이며, 실제 인건비 등을 제외한 실질적 전력국방비는 전체 예산의 30%에 불과한 것으로 주장.

- 그럼에도 중국은 개혁개방정책을 실시한 이후 매년 평균 10%에 육박하는 경제성장을 이룩하였으며, 이를 바탕으로 1990년대에 들어서면서 그 효과가 군사력 강화로 확실히 전이되기 시작.

○ 중국 정부가 발표하는 국방비는 서방세계에서 발표하는 국방비 체계와는 다른 특징을 지니고 있으나 1999년부터 2009년까지 지난 10년간 연도별 국방비 증액 추이는 [표 2]를 참조함.

- 중국이 공식적으로 발표하는 국방예산은 일반적인 운영유지비 항목이며,

　　무기 구입비나 연구개발비와 같은 전력 증강비는 타 분야예산에 은닉하여
　　집행하는 것으로 분석됨.
－ 1989년 이래 지난 20년간 중국의 국방비는 매년 두 자리 수 이상증가율을
　　기록하고 있으며, 이를 통해 첨단무기 수입, 신기술의 연구개발, 대규모 병
　　력유지와 국방현대화 등을 추구하고 있음.

[표 2] 중국의 연도별 국방예산 증가 현황

구분		1999	2001	2003	2006	2007	2008	2009
국방비	억 불	129	174	228	350	438	515	593
	위안(元)	1,046	1,410	1,850	2,838	3,555	4,178	4806
전년대비 증가율(%)		14.5	17.6	9.8	20.4	19.4	17.6	14.9

출처: The Military Balance 및 중국국방백서.

○ 최근 미국 국방부는『중국군사력 연례보고서』에서 중국의 국방비는 1989
　　년부터 2005년 사이에 10배가 증가했으며, 2009년에는 다시 2005년 국방
　　비지출의 두 배가 될 것으로 전망함.
－ 오늘날 중국의 국방비는 미국에 이어 세계 2위 수준으로 추정되고 있으며,
　　이를 기반으로 재래식 전력뿐 아니라 핵무기, 항공모함, 우주무기체계 등
　　첨단 전략무기체계 구축에 상당한 노력을 경주하고 있음.
－ 중국의 급격한 국방비 증액과 군 현대화 추진은 그 발전추세에 따라 향후
　　2020년경에는 적어도 역내에서 현재보다 훨씬 우월하고 배타적인 군사력
　　을 지니게 될 것으로 전망됨.
※ 이는 중국이 기존의 재래식 전력을 지속적으로 향상시키고 향후 10년 내
　　에 항공모함 보유를 통한 군사력의 장거리 투사(projection capability)가 획
　　기적으로 향상된다는 전제에 따른 것임.

나. 군사력 증강 현황

○ 중국지도부는 세계 2위 경제력에 걸맞은 군사력을 건설한다는 목표로 ▲ 중국 본토에 대한 접근 거부능력 ▲정밀타격능력 ▲핵 억지력 ▲원거리 공정작전능력 등의 강화를 위한 군사력 증강을 추진 중임.

- 이를 위해 중국군은 ▲다양한 신형무기 생산 및 배치 ▲외국 무기 및 군사 기술 도입 ▲각종 미사일 생산 ▲신속대응능력 제고 ▲정보전·전자전 능력 배가 등에서 최근 상당한 진전을 보이고 있음.

○ 중국군(人民解放軍)은 이미 국가수립 이전 공산당에 의해 창설된 '당(黨) 의 군대'로서 정권창출 및 사회주의 건설의 핵심적 역할을 수행하였으며 정치·사회·경제 등 각 분야에서 지대한 영향력을 발휘함.

- 약 180만 명에 이르는 중국의 육군은 7개의 대군구(大軍區)와 24개의 집단 군(集團軍)으로 구성되어 있으며, 집단군(集團軍)은 서방의 군단(軍團)에 해당하는 부대단위로서 3~4개의 사단과 특수화 부대로 구성되어 있음.

- 육군의 '신속대응군'은 보다 작고 다양한 규모로 운영되며, 한반도(韓半島) 와 대만(臺灣)의 유사사태 대비를 주 임무로 하는 제남군구 54집단군의 162 사는 1993년에 육군사단에서 '쾌속반응부대'로 개편되었음.

※ 중국군의 경우 여단은 약 3,000~4,000명, 사단은 약 12,000~15,000명으로 구성되어 있으며, 신속대응을 위한 '쾌속반응부대(快速反應部隊)'는 국방 자원 배분과 장비 지급에 있어서 우선순위를 점유.

○ 중국의 군사력 증강에서 가장 주목되는 분야는 해군력으로서 중국 해군은 연안해군에서 탈피해 태평양과 인도양의 일정 범위에 대한 해양통제를 염 두에 둔 '이양(二洋)전략'에 대비하는 해군으로 발전 중임.

- 중국은 최근 항공모함 건조에 착수하는 등 대양해군으로 탈바꿈하기 위한 발전계획을 추진하고 있으며, 이 계획의 완료 시 활동범위는 미군의 서태

평양 기지가 있는 괌에 이를 것으로 전망됨.
- 미(美) 국방부에 따르면 중국 해군의 잠수함 전력은 이미 위협적 수준으로
서 핵잠수함을 포함 최소 60척 이상의 잠수함을 보유하고 있으며 매년 3
척씩 첨단 잠수함을 건조하고 있는 것으로 분석됨.

○ 중국은 핵(核)전력의 증강에도 힘을 기울여 이미 상당한 억지력을 갖춘 상
태이며, 2008년『국방백서』에서는 핵무기 선진기술이 만족할 수준으로 확
보되어 있어 신형 핵무기개발 연구를 중단한 것으로 발표함.
- 중국은 잠수함 탑재 핵전력 강화에 심혈을 기울이고 있는바, 자체 개발한
진(晉)급 잠수함은 핵탄두를 탑재할 수 있는 사정거리 8,000km의 잠수함
발사 탄도미사일(SLBM) '쥐랑(巨浪)Ⅱ'를 구비하고 있음.

○ 중국 공군은 주로 러시아로부터 기술이전과 무기 획득을 통해 전력을 증
강하고 있으며 '공중급유기'와 '공중조기경보통제기(AWACS)', 무인정찰
기를 구비하는 등 작전반경을 확대하는 데 있어 괄목할 만한 성과를 이룸.
- 현재 중국 공군이 보유하고 있는 최첨단 전투기는 제4세대 기종인 Su-
27SK, J-11(Su-27의 중국내 면허생산분), Su-30MKK 등이며, 러시아는
중국에 무기체계 및 플랫폼 이전 외에도 각종 노하우를 제공.

○ 중국은 제2포병을 중심으로 광범위하고 확실한 반격능력을 키우고 있으
며, 중국의 반격능력은 ICBM, SLBM, MRBM, IRBM 및 폭격기 등으로 구
성되고 300개 이상의 핵탄두를 보유한 것으로 추정됨.
- 이 가운데 사정거리 1만km가 넘는 동펑-31A는 핵탄두 3기를 탑재한 채 직
접 미국 본토를 공격할 수 있으며, 미 항공모함을 목표로 하는 사거리
1,500km의 지대함 크루즈미사일(ASCMs)이 실전배치를 앞둔 상태로 파악됨.

○ 아울러 중국은 우주무기체계의 개발에도 힘을 기울여 지난 2007년 1월에

는 지상에서 KT-1계열의 탄도미사일을 발사해 우주공간의 인공위성을 격추하는 반위성무기(ASAT)실험에 성공함.
- 중국은 이 외에도 위성용 방해전파발신기, 레이저무기 등 다양한 우주무기개발은 물론 독자적인 위성항법시스템(北斗)을 구축하고 있으며 우주군사전략수립 및 우주군대의 건설에도 박차를 가하고 있음.

[표 3] 중국의 대표적 신형무기

신형무기	개발과	배치상황	제원과 성능 비고
094형 진(晋)급 전략잠수함	현재 2척 배치, 4~5년 내 4척 추가배치	핵탄두탑재 사거리 8,000km 쥐랑 (巨浪)-2 미사일 12기 탑재	
항공모함	2015년까지 재래식 항모 2척, 2020년 까지 원자력항모 2척 보유 추진	4만 5,000톤급의 경우 전투기 40대 이상 탑재 가능	
J-13, J-14 전투기	2015년 실전배치를 목표로 개발 중	작전반경 1,500km 이상, 스텔스기능 보유, 항공모함에 탑재 가능	094, 093형 핵잠수함을 비롯해 잠수함 69척 보유
동펑(DF)-31 미사일	2005년 실전배치	사정거리 1만 2,000km, 미국본토 타격 가능	2006년 최신예전투기 J-10개발완료, 이미 65대 실전배치

4. 평가 및 고려사항

○ 중국은 개혁개방정책 이후 급속한 경제발전을 토대로 군사력 증강을 가속화하고 있으며, 군사력이 강대국화의 핵심적 요소라는 점에서 중국지도부의 군사력 증강 의지는 당분간 불변할 것으로 전망됨.

- 중국의 군사력 증강은 기존의 방어적이고 제한된 지역에 대한 전쟁을 상정하던 것에서 벗어나 세계 및 우주를 대상으로 하는 공세적인 성격의 첨단군사력 확보를 지향한다는 점에서 갈등의 소지를 낳고 있음.

○ 후진타오 시기에 중국의 군사력이 급속히 팽창하고 있는 배경에는 ▲지속적인 경제성장 ▲민족주의의 강화 ▲중국군부의 전문화 ▲미국의 개입전략에 대한 대응 등이 주요 요인으로 작용하고 있음.
- 후진타오 시기 중국의 지속적인 경제성장은 군사력 증강의 주요한 물적 토대를 제공하고 있으며, 지도부가 내세우는 '중화민족의 위대한 부흥' 등 민족주의 고조는 군사력 증강을 추진하는 내부적 원동력으로 작용.
- 중국군 지도부의 전문화와 전쟁수단 및 개념의 복잡화는 중국군 현대화를 위한 또 다른 배경이 되고 있으며, 9·11사건 이후 미국의 강력한 군사개입 정책 역시 중국의 군사력 증강을 추동하는 요인으로 작용.

○ 미국을 비롯한 선진국들이 네트워크화, 첨단화, 우주화 등을 주도하고 있다는 점을 감안할 때 현재 중국의 군사력 수준은 선진국과 최소한 10년 이상 격차를 보이는 것으로 평가됨.
- 그럼에도 현재와 같은 군 현대화 추세가 지속된다면 중국의 군사력은 공산당 창당 100주년을 맞이하는 2020년경에는 선진국과의 격차가 현저히 줄어들 것이며 동아시아에서는 우월하고 배타적인 군사력을 보유할 전망.

○ 한국으로서도 중국의 군사력 증강이 주목할 만한 사안인 것은 분명하나 미국 등 서구국가에서처럼 중국의 군사력 강화를 적대적으로만 해석하기보다는 보다 신중한 입장을 견지할 필요가 있음.
- 엄밀한 의미에서 중국군의 발전방향과 군사력 증강추세가 한국과의 전략적 경쟁이나 갈등관계를 전제로 하는 것은 아니며, 우리로서는 중국의 전략무기보다 오히려 재래전 능력의 발전에 더욱 주목할 필요가 있음.

- 중국으로서도 당분간 주변국과의 군사적 마찰을 최소화하고 경제발전에
  진력하기를 바라며, 북핵 위기 및 한국과의 잠재적 영토분쟁에 있어서도
  군사적 개입을 통한 해결 시도 가능성은 매우 낮은 것으로 전망됨.
- 중국의 군사력 증강에 자극받아 군비경쟁을 시작하거나 불필요한 갈등을
  야기하기보다는 방어적 억제전략에 입각하여 자원배분의 효율성을 극대
  화하는 방향으로 우리의 군사력 증강을 추진할 필요가 있음.

○ 우리는 '한·중 전략적 협력동반자관계'의 기초 위에서 ▲군사 분야 교류
  와 협력확대 ▲상호 군사 분야 신뢰구축 ▲공동 군사훈련 실시 등을 적극
  추진할 필요가 있는 것으로 판단됨.
- 이를 위해 먼저 양국 국방장관회담을 비롯한 고위·실무급 교류를 정례화
  하고, 특히 기존의 국방부와 합참 위주 교류에서 탈피해 육·해·공군 등
  각 군(軍)별 실무자 교류와 협력 활성화를 추진할 필요가 있음.
- 한·중 양국 군사부문 간의 신뢰구축을 위해 한반도에서 실시되는 한·미
  공동 군사훈련 및 개방 가능한 군사기지의 참관 등을 시범적으로 초청하
  고 실시할 필요가 있음.
- 아울러 미국과의 동맹관계를 해치지 않는 선에서 중국과의 공동 군사훈련
  을 추진할 필요가 있으며, 사안의 현실성 및 민감성을 고려하여 일단 마
  약, 테러, 해상조난 등 비전통 안보분야 대응을 위한 훈련부터 실시하는
  것이 바람직함.

○ 향후 한국의 중장기적 군사안보전략은 대(對) 중국 적대관계를 상정한 것
  이 될 수는 없다는 점에서 우리가 먼저 능동적으로 대중 군사외교의 기본
  원칙을 수립한 뒤 이를 적극 추진할 필요가 있음.

마잉주 정부 출범 이후 양안관계의 변화와 지속

문흥호(한양대학교 교수)

2008년 5월 대만의 마잉주 정부 등장은 다음의 두 가지 측면에서 중요한 의미를 갖는다. 첫째, 2000년 집권 이후 8년간 정치·경제·사회의 '대만화(正名)'와 양안관계의 근본적 변화를 추구했던 민진당의 정치적 위상을 크게 후퇴시켰다. 둘째, 마잉주 정부의 '주본토(走本土)', '광부대만(光富臺灣)' 정책이 적극 추진됨으로써 결과적으로 양안의 경제·사회적 교류협력이 극대화되는 동시에 정치·안보관계가 대립보다는 화해를 지향할 수 있는 정치적 기반이 마련되었다.

한편 마잉주 정부가 추진하고 있는 대내외정책은 다음과 같이 요약될 수 있다. 첫째, 사회적 통합과 국민적 공감대 확보에 많은 노력을 경주하고 있으며, 특히 대만이 안고 있는 고질적 현안인 소위 '통일과 독립'에 대한 소모적 논쟁과 대립을 완화하는 데 주력하고 있다. 둘째, 기존의 '삼불(三不)', '삼통(三通)' 관련 정책을 현실적으로 재정비하고 양안정부의 대리기구인 '해협회(海協會)', '해기회(海基會)'의 협상 기능을 활성화함으로써 양안교류의 제도화, 법제화를 추진하고 있다. 셋째, 대외적 측면에서 실현 불가능한 유엔 가입 및 독립 추진보다는 실질적인 '독립국가'로서의 국제적 지위를 강화하는 '활로외교(活路外交)' 추진에 역점을 두고 있다.

결국 마잉주 정부의 출범 이후 양안관계는 명실공히 상생·공영의 방향으로 변화하고 있으며 이러한 추세는 중국 정부의 대(對)대만 포용정책에 힘입어 더욱 강화될 것으로 전망된다. 다만 최근 대만에 대한 미국의 대규모 무기판매 결정에 따른 중·미, 중·대만관계의 경색에서 볼 수 있듯이 대만문제의 구조적 특성상 미국을 중심으로 한 대외적 요인이 양안관계에 절대적 영향을 미친다는 점은 여전히 양안관계의 불안정 요인이다.

2010-02-02

⁂ 1. 마잉주 집권 과정의 주요 특징과 양당의 선거 전략

가. 마잉주 집권의 대내외적 요인

○ 민진당 정권의 실정과 여론의 비판 고조
- 2000~2004년: 집권 초기부터 민진당의 집정 능력 한계 노출(재집권 불가한 것으로 전망됨).
- 2004~2008년: 민진당 정권의 한계 심화와 무리한 정책 추진, 천 총통 집권 후반기 리더십의 정통성 상실.
- 대만 독립, 유엔 가입, 신헌법 제정 추진 등이 여론의 지지를 얻지 못하고 천 총통의 친인척 비리 등이 민진당 입지를 더욱 악화시킴.

○ 2008년 1월 입법원 선거 압승으로 국민당이 대선 분위기 주도함.
- 국민당은 입법원 총 113석 중 81석 석권(지역구: 61, 비례: 20).
- 민진당은 27석을 얻는 데 그침(지역구: 13, 비례: 14).

○ 경제적 요인의 절대적 영향
- 민진당의 경제정책 실패 비난.
- 국민당의 경제우선주의, '경제 살리기(光富臺灣)' 구호가 절대적 위력 발휘함.

○ 대외적 요인의 영향
- 한국의 대선 결과가 국민당에 유리하게 작용.
- 2000년 3월 티베트의 독립 요구 시위 고조[중국의 무력 진압에 대한 마(馬)의 미온적 태도로 지지율 일시적 하락].

- 미국의 마잉주 편애[진(陳): trouble maker vs. 마(馬): peace maker].
- 선거 막바지 마(馬)의 미국 영주권, 자녀의 미국 시민권 소지에 대한 대만
  여론의 비판.

나. 국민·민진 양당의 주요 선거 전략과 쟁점

1) 민진당(民進黨)
○ 대만의 민주화, 주체화(正名)
- 민진당의 민주화 투쟁과 공적 강조, 국민당의 과거 계엄 통치 비난.
- 대만의 토양에 뿌리내리지 못하는 국민당 비난[대만화(臺灣化)될 수없는
  국민당].
- 입법원 선거 참패 이후 의원의 3/4을 장악한 국민당에 총통마저 내줄 수
  없다는 점을 강조.
- 국민당의 '일당독패(一黨獨覇)'를 막기 위해 '최후일석(最後一席)은 민진
  당으로', '대역전(大逆戰)' 구호 강조.

○ 대륙과의 제한적 교류, 경제적 의존성 완화
- 대만경제의 70%가 대륙에 집중(더 이상의 의존은 종속화 야기).
- '유효관리(有效管理)'를 통한 양안교류의 선별적 추진 강조.

○ 대만 명의 유엔 가입(入聯) 추진
- 국민투표(公投) 회부, 신헌법 제정 추진.

2) 국민당(國民黨)
○ '경제 살리기' 강조
- 왜 한국에게도 1인당 국민소득이 뒤졌는가?
- 6·3·3 정책 대대적 홍보(성장률 6%, 국민소득 3만 달러, 실업률 3% 억제).

○ '일중시장(一中市場)'(one China market) 추진
- 양안 경제교류의 확대 심화.
- 민진당의 대륙 의존 심화 비난으로 다소 수정.

○ 새로운 변화 강조(臺灣要改變!)
- '주본토(走本土)'의 실용정책을 통한 경제성장 동력 회복.
- 대만독립의 지양, 국제적 지위 개선.
- 미국, 일본 등과의 관계 강화.

다. 선거 결과와 정치적 의미

1) 선거 결과 분석
○ 국민당의 압승
- 마영구(馬英九)·소만장(蕭萬長)[마소(馬蕭)]: 765만 8,724표(58.45%)
- 사장정(謝長廷)·소정창(蘇貞昌)[장창(長昌)]: 544만 5,239표(41.45%)

○ 대만의 대부분 지역에서 국민당이 고르게 득표
- 민진당의 주요 지지기반인 남부, 중남부지역에서도 선전.
- 고웅시(高雄市)에서도 마(馬)가 우세.
- 고웅현(高雄縣), 병동현(屛東縣)에서 근소한 차이 열세.

○ 유세 기간의 티베트사태와 마잉주의 미국 편향 논란 등 민진당의 호재에
도 불구하고 '경제 회복'에 대한 대만인들의 열망이 국민당을 선택함.
- 대부분의 대만인들은 양안의 '삼안(三安)[안정(安定), 안전(安全), 안심(安
心)]' 희망.

○ 유엔 가입 국민투표 부결
- 국민당의 중화민국(中華民國) 명의의 유엔 복귀안(返聯), 민진당의 대만 명의 가입(入聯) 모두 부결(투표율이 약 35%).
- '불통불독(不統不獨)'의 양안 현상유지 희망 정서 재확인.

2) 정치적 의미
○ 천수이볜 정부의 지도력 상실과 정통성 위기
- 국민당 50년 독재 종식, 정치민주화 확립의 크나큰 성과에도 불구하고 '민주화 이후'의 정치적 안정과 국가경쟁력 강화에 실패.

○ 국민당의 조직·인사 혁신과 경제우선주의에 대한 기대
- 부정적 이미지를 일신한 국민당의 자기 변혁과 시대적 상황에 부응하는 비전 제시, 마잉주의 개인적 경력·자질이 결합.
- 마잉주의 미국 내 네트워크에 대한 기대 확산.

○ 신세대 대만인의 실용적 '통독관(統獨觀)' 확산
- 국민당의 '주본토(走本土)' 노선이 민진당의 정명·독립 노선을 압도.
- 외성인(外省人)과 본성인(本省人)의 대립·갈등 완화.
- 신대만인(新臺灣人)의 '대륙관'과 신대륙인(新大陸人)의 양안관계 인식 변화.

⋮⋮ 2. 마잉주 정부의 대내외정책과 양안관계 전망

가. 사회적 통합과 국민적 공감대 확보

○ 당·정 체제정비와 인적 쇄신을 통해 자신의 정책과 비전을 실천할 진용

을 정비함.

- 선거 과정에서 야기된 정치권의 대립·갈등 구도와 사회적 분열국면 해소.
- 천 총통의 수감, 달라이 라마의 대만 방문(2009. 8.) 등으로 야기된 대만의 여론, 정치권의 대립·혼란 완화.

○ 마 총통은 각료 인선과정에서 밀실정치의 종식과 정치 투명도 제고 필요성 강조함.

- 취임 직후 행정원 직속의 '청렴위원회(廉政委員會)'를 설립하고 '불원탐(不願貪)', '불필탐(不必貪)', '불능탐(不能貪)', '불감탐(不敢貪)'의 소위 '사불탐(四不貪)' 강조.
- 류자오셴(劉兆玄) 초대 행정원장에 이어 신임 행정원장에 우둔이(吳敦義) 임명(2009. 9. 10.).

○ 중국과의 교류업무를 총괄하는 행정원 '대륙위원회' 주임에 리덩후이 전 총통이 주도하는 대만단결연맹(臺聯) 소속 입법위원을 지낸 라이싱웬(賴幸媛) 전격 기용함.

- 대만단결연맹은 급진적인 대만독립주의 정당.
- 리덩후이, 천수이볜, 마잉주의 통일·독립 성향의 차이는 정치권의 통독문제 관련 인식의 분열 대변.

○ 민진당 정부의 '정명(正名)' 운동을 완화 내지는 백지화하는 '복명(復名)' 운동을 추진함(中華, 中正 명칭의 복원).

- 민진당 정부와 구별되는 자기식의 '역사 바로 세우기' 작업 추진[총통부(總統府) 이전 추진 등].

나. 양안 교류협력 확대와 '주본토(走本土)' 노선 추진

1) 양안 교류협력의 제도화와 장천회담(江陳會談) 추진
○ '왕꾸회담(汪辜會談)'
- 1993년 4월 중국의 왕다오한(汪道涵) 해협회 회장과 대만의 꾸전푸(辜振甫) 해기회 이사장을 대표로 싱가포르에서 개최된 최초 회담.
- 정부 간 공식적 접촉이 불가능한 상황을 우회하여 양안 교류협력의 제도화, 법제화를 위한 불가피한 선택.
- 1995년 리덩후이의 방미, 양국론 주장 등으로 양안관계가 악화되면서 후속 회담 불발.

○ 비공식적 양안회담과 지도부 교류 적극 추진
- 불통(不統), 불독(不獨), 불무(不武)의 소위 '신삼불(新三不)' 정책을 대륙정책의 기본원칙으로 설정.
- 하오보춘(郝伯村) 전 행정원장 방중과 군사 · 안보적 신뢰 구축.
- 양안정책의 핵심은 개방 · 완화를 원칙으로 하고 관리를 예외로 함(규제축소).

○ '장천회담'의 경과
- 마잉주 정부는 출범과 함께 국민당 · 공산당 지도부의 각종 회담과 천윈린(陳雲林) 해협회 회장과 장빙쿤(江丙坤) 해기회 이사장을 대표로 한 4차례의 '장천회담'을 통해 '삼불(三不)', '삼통금지(三通禁止)'를 철회 내지는 완화함.
- 1차 베이징회담(2008. 6.), 2차 타이베이회담(2008. 10.), 3차 난징(南京)회담(2009. 4.), 4차 타이중(臺中)회담(2009. 12.).

○ '장천회담'의 전략과 원칙

① 각치쟁의(擱置爭議), 호부부인(互不否認).

- 현 단계에서 합의 불가능한 쟁점 사항은 일단 논의를 보류하고 상대방을 인정하는 태도를 견지함.

- 대만의 정치적 지위, 주권과 관련된 타협불가 사안에 집착하기보다는 우선 양안 주민들의 실생활에 관련된 경제·문화·사회분야의 현안들을 논의함.

- 중국과 대만의 최고지도부는 양안협상의 한계와 문제점을 고려하여 '현실의 직시(正視現實)', '상호 신뢰 구축(建立互信)', '해결 가능한 현안의 우선적 접근(先易後難)', '공생공영의 추구(共創雙贏)' 정신의 필요성을 강조함.

② 이대만위주(以臺灣爲主), 대인민유리(對人民有利)

- 양안 간 협상의 의제 설정, 협상 과정, 협상 복안의 안배 등에 있어서 대만의 주체성, 대등성 등을 고려.

- 이는 대만정부가 양안협상에 대한 여론의 부정적인 반응을 억제하기 위해 중국과의 제반 협상에서 강조하는 주권, 국격의 유지에 관한 것임.

- 중국 역시 대만의 입장을 충분히 고려하여 '독립문제'를 제외한 어떠한 사안도 협의할 수 있다는 유연한 입장을 보임.

③ 경무우선(經貿優先), 위민흥리(爲民興利)

- 경제무역 분야를 우선시하고 양안 주민의 공동번영을 도모함.

- 이는 제반 협상과정에서 민생, 경제발전 문제를 우선시한다는 것으로서 궁극적으로 중국과 대만 주민들이 경제적 혜택을 공유함으로써 양안의 경제적 윈-윈을 실현하기 위한 것임.

2) '주본토' 노선과 '마잉주노믹스' 추진

○ 마잉주 정부의 최우선 과제는 '마잉주노믹스'를 중심으로 대만의 경제성

장 동력을 재정비하고 집권에 결정적 역할을 한 경제 재도약에 대한 국민
적 기대를 충족시키는 것임.
- 민진당 정부가 실패한 '민주화 이후의 국가 통합과 경쟁력 강화' 실현이
관건.

○ 경제 활성화 정책은 제도개혁, 규제 완화 등을 통한 대내적 정비와 함께
'주본토' 노선에 입각한 중국과의 경제협력과 긴밀하게 연계되어 추진함.

○ 이러한 정책 기조는 ① 현실적으로 양안의 경제협력 확대 이외에 대만경
제의 재도약을 촉진할 효과적인 수단이 없고, ② 양안 경협의 확대는 자연
스럽게 중국과의 정치 · 안보적 대립을 완화시킴으로써 안보 불안과 그에
따른 비용 지출을 절감할 수 있으며, ③ 양안의 안정적 현상유지를 희망하
는 미국의 긍정적 인식과 지지를 얻는 '일석삼조(一石三鳥)'의 효과를 얻
을 수 있다는 전략적 판단에 따른 것임.
- 대만이 직면한 대내외 과제를 종합적으로 고려한 다목적의 합리적 처방.

○ 양안 교류협력 성과
① 삼통의 현실화.
- 2008년 7월을 기점으로 양안의 주말(금~월) 전세기 운항.
- 1일 3,000명의 중국인 관광객 대만 입국.
- 2009. 8. 31. 이후 양안 정기 여객기(매주 135편) 및 화물기 취항(매주 14편).
- 직항으로 연 약 2조 원의 대만 관광산업 부양 효과(약 4만 개의 일자리 창
출) 기대.

② 경제교류 확대 · 심화.
- 대만 전역의 시중은행에서 중국 위안화 환전 업무 개시.
- 중국 기관투자가들의 대만 증시 간접 투자 허용.

- 대만 금융기관의 중국 주식 투자 제한 완화.
- 자본금 규모별 대륙투자 규제 조치 완화(자본금 50억 대만 달러: 40%, 50~
  100억: 30%, 100억 이상: 20% 이내).
- 대만의 대 중국 수출 비중: 2007년 약 30.1%(수출액: 743억 달러),
  2008년 약 39%(수출액: 996억 달러).
- 대만의 대 중국 수입 비중: 2007년 12.8%(수입액: 280억 달러), 2008년
  13.7%(수입액: 329억 달러).
- 대만의 대 중국 투자: 2008년 말 기준 공식적으로 약 451억 달러이나 실제
  로는 1,000~1,500억 달러 추산.

③ '일중시장(一中市場)' 추진
- 양안 경제협력 확대 과정에서 적지 않은 문제들이 야기될 가능성이 상존
  하지만 마잉주 정부는 일단 중국과의 경제협력 강화를 통해 대만경제의
  성장 동력을 재가동한다는 '마잉주노믹스'의 기본방향을 견지함.
- 이를 위한 대표적 정책은 중국과의 'ECFA(Economic Cooperation Framework
  Agreement)', 'EZWCTS(Economic Zone on the WestCoast of Taiwan Strait)',
  'CECA(Comprehensive Economic Cooperation Agreement)' 등의 추진임.
- 특히 'ECFA' 체결은 마잉주 정부의 중점 정책이며 대만 내의 많은 논란을
  야기하고 있음.
- 마잉주 정부는 중국과의 'ECFA'가 성공적으로 추진될 경우 대만 경제가
  1.65~1.72% 성장하는 동시에 26만여 개의 일자리를 창출하는 효과가 있
  을 것으로 기대함.
- 이에 반대하는 야권 등의 입장에서는 중국의 값싼 제품들이 대거 수입될
  경우 대만 시장을 장악함으로써 오히려 160만 개의 일자리가 사라지고 대
  만의 대 중국 경제 종속이 극도로 심화될 것이라는 점을 우려함.

다. '활로외교(活路外交)' 추진과 국제적 활동 공간 확대

○ 대외적 과제의 핵심은 점차 심화되고 있는 국제사회에서의 '생존공간' 축
  소와 중국의 전방위적 압박에 효과적으로 대처하는 것임.
- 이는 특정 정권을 불문하고 1970년대 이후 대만의 역대 정권이 공통적으
  로 직면했던 난제.

○ 호혜적 현상유지와 경협 강화에 중점을 둔 대륙정책과 같은 맥락에서 중
  국의 심한 반발과 국제사회의 우려를 야기하는 독립 주장을 지양하고 주
  권국가에 준하는 정치실체(a de facto separate political entity)로서의 지위를
  확대 유지하는 데 중점을 둘 것임.
- 이는 기존의 급격한 독립 추진이 오히려 국제사회에서 대만의 입지를 좁
  혔다는 인식과 현 단계에서 대만의 독립이 가능하지 않다는 이성적 판단
  에 따른 것임.

○ 결국 '92공식(共識)', '일중각표(一中各表)'를 용인하는 범위 내에서 형식
  보다는 내실, 이상보다는 현실에 기반한 대외정책을 추진할 것임.
- 2009년 5월 세계보건기구 연례회의(WHA)에 대만 衛生署長(보건부장관)
  참여 연설, WMO(세계기상기구)·ICAO(국제민간항공기구)·FAO(식량농
  업기구) 등의 가입 추진함.
- 대만의 WTO 가입 명칭: 'Seperate Customs Territory of TPKM'('TPKM'은
  타이완·펑후·진먼·마주의 영문 표기 첫 글자).

○ 실용외교의 연장선에서 중국과의 소모적 외교전 중단함.
- 마 총통은 중국과의 '악성 외교경쟁 지양(外交休兵)', '탄력적 실리외교'
  를 통해 국가의 존엄성 회복에 매진할 것임을 강조.
- 과거 대만은 중남미, 아프리카, 남태평양 국가들과의 외교관계 유지를 위

해 막대한 자금을 동원한 바 있으나 2007년 파푸아뉴기니 비밀외교의 실
패와 같이 많은 경우 소기의 성과를 얻지 못하고 중국으로부터 '금전외래
(金錢外交)'를 자행한다는 비난을 받아 왔음.

○ 미국과의 관계 강화에 주력할 것이며 특히 마잉주에 대한 미국정부의 긍
정적 인식, 마잉주의 개인적인 미국 내 기반은 미·대만관계의 실질적 변
화 촉진할 것임.
- 미국은 자신들의 '전략적 모호성'과 이중정책에 부합하는 인물인 마잉주
를 중심으로 한 새로운 리더십의 출현을 희망해 왔음.
- '대만관계법'의 위상과 타이베이의 '미국 대표부(AIT: American Institution
in Taiwan)', 워싱턴의 '대만대표부(TECRO: Taipei Economic and Cultural
Representative Office inthe U.S.)'의 기능 체계화·내실화함.

○ 마잉주 정부는 일단 독립 주권국가로서의 부활을 장기적인 과제로 묻어두
고 대만의 국가적 통합과 경쟁력 강화에 실질적 이익을 가져다주는 방향
에서 대외정책 기조를 설정하고 있으며 그 핵심에는 미국과의 다각적인
관계 강화가 중요한 변수임.
- 물론 국제사회의 외교전장은 대부분의 경우 양안의 외교적 '윈-윈'을 허
용하지 않으며 미국 역시 2010년 1월 29일 64억 달러에 달하는 대 대만 무
기 판매 결정에서 볼 수 있듯이 언제나 양안관계의 안정과 호혜적 발전만
을 기원하는 'honest broker'가 아님(실제로 미국은 최근 양안의 급속한 밀
착을 경계).
- 따라서 마잉주 정부의 '활로외교'가 경우에 따라 활로를 상실할 가능성은
상존함.

3. 양안관계 변화에 대한 정책적 고려와 대응 방안

가. 양안 교류협력의 사안별 검토와 활용

1) 탈이념적 정책결정과 점진적·단계적 관계발전

○ 양안 지도부의 탈이념적 상호 인식과 정책결정

- 과거 중국과 대만은 상대방을 해방, 수복의 대상으로 인식하고 각자의 이념·체제에 기반한 물리적 통합만이 고려의 대상이었음.
- 공존공영의 필요성에 대한 인식 변화에 따라 비로소 교류협력에 대한 공감대가 형성됨.
- 장기적인 목표 설정과 점진적·단계적 실천과정을 통해 교류협력의 안정성을 확보하고자 했음.

○ 남북한관계에 대한 시사점

- 장기간의 적대관계를 경험한 두 체제 간의 교류협력과 관계발전이 지속되기 위해서는 지도부의 탈이념적 인식과 정책결정은 물론 이를 뒷받침할 수 있는 사회전반의 탈 이념적 분위기가 조성되어야 함.
- 그렇지 않을 경우 단기적, 일시적 성과 위주의 정략적 교류협력이 추진되거나 대결적 단절 상태가 심화됨으로써 소기의 성과 없이 국론만 분열시키는 결과를 초래할 가능성이 매우 높음.
- 한국의 경우 정당, 지역, 계층, 세대 간 이념적 성향과 남북한관계의 미래상에 대한 인식이 큰 차이를 보인다는 점에서 양안관계의 탈이념적 경향을 적극 참고할 필요가 있음.

2) 교류·협력의 제도화
○ 교류·협력의 제도화와 장기적 비전 제시
- 경제교류 중심의 양안 교류협력은 쌍방의 이해관계가 일치함에도 불구하고 그 범위와 규모가 확대되면서 많은 문제점을 야기함.
- 교류협력의 초기 단계에서는 교류협력의 범위 확장에 주력할 수밖에 없지만 그 이후의 단계에서는 기존 교류협력의 제도화가 필요하며 제도화 없이는 교류협력의 안전성을 확보할 수 없고 장기적인 비전 제시를 통한 국민들의 호응과 지지를 얻기 어려움.
- 중국과 대만의 경우 다양한 문제해결을 위한 정치적 협의 채널이 부재한 상황을 우회하기 위해 준정부기구인 해협회, 해기회를 막후교섭 창구로 적극 활용함.

3) 분야별 교류협력의 균형
○ 경제교류의 참여자와 수혜자 확대
- 교류협력 과정의 소외자와 무관심층을 최소화하는 노력이 필요함.
- 중국 정부는 대만의 농수산품에 대한 대대적인 수입 조치 단행.

○ 교류협력 분야의 다양화 및 균형 유지
- 경제교류의 편중에 따른 부작용 해소를 위해 인적 교류, 학술교류, 언론교류, 문화·체육교류 등의 활성화를 통해 양안주민의 상호 이해 폭을 넓히고 쌍방의 사회·문화적 이질감을 줄여 나가는 노력을 병행했으며 남북한 관계 역시 이를 적극 참고할 필요가 있음.

나. 한국 · 대만관계의 전략적 운용과 교류협력 확대

1) 주타이베이 한국대표부(Korean Mission in Taipei)와 주한국 타이베이대표부(Taipei Mission in Korea)의 위상·역할 강화

○ 각 대표부의 위상과 기능의 제고
- 양국 대표는 해당 국가 외교부처의 서열상 상위그룹에 속하고 있음에도 불구하고 실질적인 외교 기능이 매우 미약하며, 특히 주타이베이 한국 대표의 경우 부담 없이 거쳐 가는 한직이라는 인식이 강하게 존재함.
- 각 대표의 전문성, 적극성이 부족할 수밖에 없으며 이러한 취약점은 국가 간 관계가 아닌 비정치·민간차원 관계로서의 한국·대만관계가 갖는 한계와 결부되어 더욱 부정적인 요인으로 작용함.
- 대표부 대표 및 구성원의 활동범위와 접촉 대상의 직급을 상향 조정할 필요가 있으며 이를 개선하는 과정에서 다른 국가들의 사례를 적극 참고하는 것이 바람직함.

2) 경제·사회·문화교류의 확대
○ 경제교류 안정적 발전을 위한 정책적 배려와 대책 필요함.
- 한국과 대만의 관계에서 경제교류가 절대적인 비중을 차지함.
- 1992년 단교 이후 양국은 상당 규모의 통상관계를 유지하고 있으며 양국 무역액의 경우 2007년 말 기준 한국의 대 대만 수출은 151억 5,900만 달러, 수입은 77억 9,500만 달러이며 2008년 말 기준으로는 수출이 132억 달러, 수입이 87억 8,000만 달러에 이름. 이는 한국의 5~6위 무역 대상국에 해당하는 무역 규모로서 한국·대만관계에 대한 정부의 관심과 비중을 고려할 때 매우 높은 비중임.

○ 사회·교육·문화교류 활성화
- 단교 이후 비정치적 분야에서의 교류협력이 급격하게 단절되었는데 이는 정부 혹은 해당 단체·기관의 근시안적인 조치였다고 판단됨.
- 장기간 지속되던 학술·문화교류 등이 중국에 대한 자발적 배려 혹은 중국과의 교류에 대한 지나친 환상과 기대 때문에 일시에 중단됨으로써 한국·대만관계가 극도로 악화됨.

- 대만이 중국의 불가분한 일부분이라는 정치적 관점에서가 아니라 실질적 인 정치실체에 대한 객관적인 인식을 바탕으로 다양한 교류를 통해 윈- 윈의 경계를 확대하기 위한 노력이 필요함.

- 이는 하나의 중국이라는 국제사회의 보편적 규범과 한·중관계의 고려에 따른 한계에도 불구하고 대만의 경제계, 학계, 언론계, 문화계 등과의 다 양한 네트워크 구축과 실질적 협력 확대를 통한 실리 확보가 필요하다는 것을 의미함.

3) 비정치 분야의 정부 간, 준정부 간 접촉 확대

○ 한국과 대만의 상호 인식 차이 해소

- 한국은 대만의 정치적 지위를 중국의 불가분한 일부분으로 인식할 수밖에 없지만 대만은 엄연한 실질적 주권국으로서의 대우를 원함.

- 대만은 다른 국가와의 관계에 비해 한국에 유독 많은 것을 요구하거나 기 대하며 이러한 경향은 국민당 재집권 이후 강화되는 경향이 있음.

- 심지어 국민당 내 보수 인사들은 상해 임시정부와 국민당의 관계를 한국· 대만관계의 시발로 인식하기도 함.

- 이러한 한계를 극복하고 한국이 대만과의 관계를 발전시키기 위해서는 우 선 대만과의 관계발전을 견제하기 위한 중국의 정치적 요구와 압력에 탄 력적으로 대처하는 유연성이 필요하며 유사한 사례에 대한 다른 국가들의 경험을 검토할 필요가 있음.

○ 비정치 분야에서의 정부 간, 준정부 간 접촉을 확대

- 경제교류 확대를 위한 관련 부처 간 협의의 정례화는 물론 협의 대표자 및 구성원의 직급을 상향 조정할 필요가 있음.

- 다만 대만과의 정부 간, 준정부 간 협의의 확대는 철저히 '동북아평화와 공동번영'이라는 대전제에 부합되어야 하며 미국, 일본 등이 중국에 대한 직간접적 견제의 일환으로 추진하는 전략적 구상에 동참하는 차원의 한국

· 대만 관계발전 시도는 부정적 결과를 초래할 가능성이 매우 높음.

〈참고〉 대만의 정치과정과 총통 선거

○ 1992년 총통 직선제 개헌
- 1996년 첫 총통 직선에서 리덩후이(李登輝) 당선.
- 2000년, 2004년 천수이볜(陳水扁) 민진당 후보 당선.
- 2008년 마잉주(馬英九) 국민당 후보 당선.

○ 국민당(KMT)과 민진당(DPP)의 대결
- 직선제 실시 이후 총통 선거는 대만 정치과정의 최대 변수.
- 국민당과 민진당은 양안의 교류협력, '통독문제(統獨問題)', '유엔 가입', 신헌법 제정 등을 중심으로 대결.
- 국민당과 민진당의 태생적 한계로 인한 대립 불가피.

○ 중국은 의도적으로 대만의 총통선거를 '대만 당국자 선출을 위한 지방선거'로 폄하해 왔으나 실제로는 예의주시함.
- 양안의 '통독문제'와 관련된 대만의 정치·사회적 분위기가 대만 최고 지도자의 성향과 밀접하게 연계되어 있다고 인식함.
- 국민당의 재집권 긍정적 평가, 마잉주의 국민당 주석 당선(2009. 7. 26.)에 후진타오(胡錦濤) 축전.

동남아에 대한 중국 전략: 현황과 대응

이선진(한림대학교 교수, 前 주인도네시아 대사)

2000년 ASEAN+3 정상회의에서 중국·아세안 자유무역(CAFTA) 구상을 제시한 이후 중국은 경제교류의 확대, 연성외교(soft diplomacy) 및 지역 협력 등 다양한 정책 도구를 활용하여 동남아에 대한 접근을 본격화하였다. 중국의 대동남아 전략은 부시 행정부의 동남아 경시(benign neglect) 정책 속에서 성과를 거둘 수 있었다.

중국의 대동남아 전략은 1) 경제중심의 교류를 하되, 2) 메콩 강 유역개발계획(GMS) 등 기존의 지역협력기구(계획)를 활용하고 점진적인 방안을 통하여 경계감을 부추기지 않도록 하며, 3) 자국의 경제발전과도 연계한다. 또한, 4) '중국불안' 해소에 역점을 둔 연성외교와 병행하여 추진하였다. 그 결과 중국은 아세안 내 중국 부상에 대한 우려를 불식시키고 중국 남부지방의 경제와 CLMV의 경제가 자연스럽게 연결되어 국경무역과 인적교류가 활성화되었다. 동남아에서 가장 낙후된 CLMV의 경제가 2000년 이후 연 7%의 성장을 보이고 중국 내 운남과 광성지역도 연 9~15%의 높은 성장을 하고 있다.

10년 전 중국의 동남아 전략은 정치성향이 강하였으나, 최근의 정책은 아세안과의 '경제관계'에 보다 역점을 두는 방향으로 나가고 있다. 중국의 대동남아 진출 전략은 국내 경제발전 전략과도 연계되었다는 점에서 강한 추진력을 얻고 있는바, 향후 다음과 같이 전개될 것으로 예상된다. 첫째, 동남아에 대한 '경제 진출'을 강화할 것이다. 둘째, CLMV에 추가하여 다른 아세안 국가들에 대한 진출을 강화할 것이다. 셋째, 민간 기업의 진출을 강화할 것이다. 넷째, GMS, 범북부만 개발 등 소지역협력 강화에 주력할 것이다.

이러한 중국의 대동남아 정책에 대하여 우리 정부도 대응 방안을 마련해야 한다. 첫째, 인도차이나 대륙의 발전에 대비해야 한다. 둘째, ASEAN의 정치 경제적 역할이 한층 중시될 것이다. 셋째, 중국과 미·일의 경쟁구도는 새로운 국면을 맞이하고 있으며, 한국의 정치 안보 경제적 이해에 타격이 될 수 있다.

⠿ 1. 중국 전략의 배경

○ 주룽지 중국 총리는 2000년 ASEAN+3 정상회의에서 중국·아세안 자유무
   역지역(CAFTA) 구상을 제시하였음.[1] 그 후 중국은 다양한 정책 도구를
   활용하여 동남아[2]에 대한 접근을 본격화하였음([표 1]).

○ 중국이 CAFTA를 시발점으로 동남아 전략을 추진하지만, CAFTA를 '21세
   기 중국 형 security concept'[3]의 일환으로 규정할 만큼 정치/안보적 성격이
   강한 것으로 알려짐.
 - 1990년대 후반 미국, 일본을 중심으로 '중국견제론(위협론)'이 부상함. 중
   국이 소련의 붕괴 예를 보고 '화평연변(和平演變)'[4]의 악몽에 시달리던 시
   기임.
 - 중국 '21세기 security concept'가 내포하고 있는 '다자주의, 경제교류, 분쟁
   의 평화적 해결' 등은 미국의 '일극주의(一極主義)'에 대항하는 정책들임.

○ 중국의 대동남아 전략은 지난 10년간 '중국 부상'에 대한 동남아 지역의
   우려를 크게 약화시켰고 중국의 영향력을 확보하는 큰 성과를 거두었으
   며, 중국-아세안 경제관계도 크게 신장시켰음.

○ 중국은 금융위기 이후 동남아에 대한 접근을 한층 강화하는 방향으로 전
   술적인 변화를 보이고 있음. 국제 정치, 경제 환경의 변화에 대하여 대응

∎
1) CAFTA의 공식 제의는 2001년.
2) 여기서 동남아의 의미는 아세안과의 관계에 초점을 맞추고 있지만 보다 지리적 의미를 가진다. 중국의 동남아 정
   책이 때로는 아세안과의 관계에 추가하여 대만, 홍콩 등에 대한 정책도 포함.
3) Sheng Lijun, "CAFTA: Origins, Developments, Strategic Motivations" 싱가포르 ISEAS working paper(2003)
   "Strategically, this CAFTA is an application of China's New Security Concept that advocates a multi—polar
   world and multilateralism to dilute U.S. unilateralism in world and regional affairs. Chinese President Jiang
   Zemin announced the Concept for the first time at the inaugural meeting of Shanghai Cooperation
   Organization in 1996. Since then, it has become the cornerstone of Chinese diplomacy."
4) 和平演變(peaceful evolution): 서구가 점진적인 개혁·개방을 통하여 중국을 붕괴시키려 한다는 주장.

하는 한편, global power로 성장하고 있는 중국의 세계전략의 일환에서 비롯된 면도 있음.

○ 중국의 전략은 부시 행정부의 동남아 경시(benign neglect) 정책 속에서 성과를 거둘 수 있었음. 그러나 미·일의 대응 전략이 나오기 시작하고 아세안 선발 주자들도 중국을 적극 수용할지 아직 미지수인바, 중국 전략에 대한 본격적인 도전은 지금부터임.

○ 이러한 동남아 지역 정세변화에 대하여 한국은 방관자적 입장에서 탈피, 대응 전략과 역할을 적극 개발해야 할 것임.

[표 1] 중국의 주요 동남아 정책

연도	주요 정책
1999~2000	베트남과의 관계 정상화(국경, 통킹 만 및 어업 등 3개 협정체결)
2001	중국·아세안 자유무역협정(CAFTA) 공식 제의
2002	남중국해에서의 행동선언5) CAFTA 기본합의서 및 중국 농산물 시장개방 발표
2003	아세안의 우호·협력협정(TAC) 서명(역외국으로 처음), 아세안·중국 전략적 동반자 관계 선언
2004	CAFTA 상품협정 서명, 1차 중·아세안 상품전시회(난닝)
2005	GMS 정상회의(쿤밍), 중국·베트남·필리핀 자원 탐사협정, 비전통적분야에서의 안보협력 선언

2. 정책의 전개

○ 중국의 대동남아 전략은 △경제중심의 교류를 하되, △GMS 등 기존의 지

---

5) 동 선언을 통하여 남중국해에서 분쟁해결을 위한 무력 불사용을 천명.

역협력기구(계획)를 활용하고 점진적인 방안을 통하여 경계감을 부추기지 않도록 하며, △자국의 경제발전과 연계하고, △'중국불안' 해소에 역점을 둔 연성외교와도 병행함.

가. 메콩강 유역개발 계획(GMS)과의 연계

○ GMS 계획은 1992년 ADB가 주도하여 메콩강 유역국가[6]가 참여하는 소지역개발 계획임. 그동안 약 100억 달러를 투자하여 교통망 건설 등 인프라 건설 사업에 주력해 왔으며, 인도차이나 대륙의 도로망 연결은 거의 마무리 단계임.

- 도로망
  · 남북(南北)회랑: 중국과 미얀마, 라오스, 베트남 연결.
  · 동서(東西)회랑(I, II): 베트남-라오스(또는 캄보디아)-태국-미얀마 연결.
  · 남부회랑: 베트남-캄보디아-태국 연결.
- 철도망
  · 베트남-캄보디아 및 베트남-라오스 연결 구간 타당성 조사 중.
  · 베트남 하노이-호치민 협궤(狹軌)를 광궤(廣軌)(국제표준)으로 교체.
- GMS 사업은 2002년, 2005년, 2008년 정상회의를 거쳐 활성화.[7]

나. 중국의 서부대개발(西部大開發) 계획[8]

○ 중국 정부는 CAFTA를 제안하던 2000년 중국 내 서부대개발 계획을 전인대(全人大)에 제출함.

---

6) 메콩강 유역국가: 중국, 미얀마, 베트남, 라오스, 태국, 캄보디아 등 6개국.
7) GMS 정상회의: 2002년 프놈펜(캄), 2005년 쿤밍(중), 2008년 비엔티안(라) 정상회의 개최.
8) 서부대개발 계획은 서부, 서남부 지역의 12개 성, 시 및 자치구─칭하이, 신장(위구르 자치구), 광시(장족 자치구), 貴州, 云南, 닝샤 (회족 자치구), 내몽고(몽골 자치구), 간수, 티베트(자치구), 중칭, 四川, 샨시─등 국토의 71%가 포함되며, 동남아 경제와 연결 전략은 동 계획의 일부분.

- '서부지역'과 동부 해안 지역 간의 개발 격차를 축소하고, 인구의 28%를 차지하고 있는 소수민족이 밀집되어 있는 서부지역을 더 이상 방치하기 힘든 현실.
- 초기 중심과제는 서부지역의 인프라 건설이며, 동남아 접경지역인 운남(云南), 광서(廣西), 배후지역인 사천, 귀주(貴州) 등 중국 내부의 연계 수송망을 건설.

○ 중국은 중국 남부지방을 동남아 경제로 연결하는 전략을 추진하고 있으며, 이를 위해 GMS 사업과 중국의 서부대개발(西部大開發) 계획을 연계함.
- 중국 남부 지방과 동남아 간 도로·철도 연결을 통하여 물적, 인적 교류 확대를 도모.
- 중국의 내륙 육로/철도망을 동남아 해상로(통킹 만)와 연결하는 계획을 추진.

다. CAFTA 제의

○ 중국이 일본, 한국에 앞서 아세안에 대하여 FTA를 제의하고, FTA 협상에 앞서 600개 품목의 중국 농산물 시장을 일방적으로 개방(early harvest)[9]할 것을 발표함.
- 중국·아세안 무역의 급성장([표 2]).
- 중국 WTO 가입 후에도 아세안은 중국과의 무역에서 큰 규모의 무역 흑자를 향유함: 76억 달러(2002년), 200억 달러(2004년), 182억 달러(2006년).[10]
- 중국이 일방적으로 농산물 시장을 개방한 조치는 특히 좋은 인상을 남겼음.[11]

---

9) 중국의 농산물 개방은 캄보디아, 라오스, 미얀마, 베트남(CLMV)에 대한 조치이며, 그들 네 나라에 대하여 여러 가지 특혜관세제도를 도입하여 우대조치도 취함.
10) 중국 상무부 통계.
11) 중국의 일방적 농산물 개방조치는 일본, 한국이 FTA 협상에서 농산물 개방을 끝까지 거부한 것과 대조적.

[표 2] 중국의 대 ASEAN10 교역 총액 추이

(단위: 억 미불)

1995년	2000년	2003년	2004년	2005년	2006년	2007년	2008년
200	395	782	1,059	1,308	1,608	2,025	2,311

(중국 상무부 통계)

○ 중국의 CAFTA 제의는 1997년 외환위기 이후 새로운 추세로 나타난 동아
  시아 경제통합 움직임에도 큰 자극제가 되었음.
- 중국에 자극받아 일본, 한국, 호주, 인도, 뉴질랜드도 아세안과 FTA를 체
  결하고, 동아시아 지역무역협정 제안도 나옴.

라. 중국의 대외 정부원조 및 민간(民間) 투자(FDI)

○ 중국은 2003~2004년부터 동남아, 남미, 아프리카에 대한 대외정부원조를
  대폭 증액함([표 3]). 남미, 아프리카에 대한 원조는 자원개발에 집중한 반
  면, 동남아에 대해서는 인프라 건설에 집중하고 있어 정치/전략적 의도가
  강한 것으로 분석하고 있음(미국 의회 CRS).

[표 3] 중국의 대외원조 2002－2005

(단위: 백만 미불)

	2002년	2003년	2004년	2005년	2006년	2007년
전 세계	51	1,482	10,485	10,106	27,518	25,098
동남아 (/총액)	36 (70%)	644 (43%)	1,193 (11%)	4,221 (41%)	2,004 (7%)	6,731 (26%)

(미 의회 CRS 보고서)

○ 정부 원조에 비하여, 중국의 민간투자는 매우 저조하여 2008년 해외투자
  총액(FDI)의 3.5%만 동남아로 향했으며, 투자분야도 정부원조와 비슷하게

전력(47%), 교통(11%), 광산(10%) 등 인프라 건설과 광산개발에 집중되어
있음.

마. 아세안에 대한 연성외교(soft diplomacy)

○ 중국은 1990년대 들어 강성외교에서 'good neighbor policy'[12]로 전환, 동남
  아에 대하여 분쟁해결에 있어 무력 불사용을 천명하고, 동아시아 다자지
  역협력에 적극 참여하며 고위층 교류를 통하여 중국에 대한 불안감 해소
  에 진력함([표 1]).
  - 베트남과의 관계정상화(1999~2000, 국경, 통킹 만 및 어업 등 3개 협정체결).
  - 남 중국 해에서의 행동선언,[13] 아세안 역외국가로 처음 TAC 서명, 아세
    안·중국 전략적 동반자 관계 선언, 비전통적분야에서의 안보협력 선언 등.
  - 지역(소지역) 협력 강화: 동아시아 공동체, GMS 등.

바. 중국 대동남아 전략의 성과

○ 지난 10년간 중국의 전략은 큰 성과를 거두었는바, 미국이 대테러전쟁에
  몰두하여 동남아 경시정책(benign neglect)을 취하던 시기와 맞물려 있음.
  - 아세안 내 '중국부상'에 대한 우려가 크게 불식.
  - 중국 남부지방 경제와 CLMV 경제가 자연스럽게 연결: 도로망 연결, 국경
    무역, 인적 교류 활성화 등.
  - 동남아에서 가장 낙후된 CLMV 경제가 2000년 이후 연 7% 이상의 경제성
    장을 보였으며, 중국 내 운남, 광서도 같은 기간 동안 연 9~15% 높은 경
    제성장.

---

12) Chien—peng CHUNG, The "Good Neighbor Policy" in the Context of China's Foreign Relations (CHINA
    international journal, March 2009 by East Asian Institute, Singapore).
13) 동 선언을 통하여 남중국해에서 분쟁해결을 위한 무력 불사용을 천명.

- 동남아에서 중국의 확고한 입지 확보. ASEAN+3, EAS, CMIM 예와 같이 미국을 제외하고 동아시아 지역 공동체의 진전.

○ 1997년 외환위기 이후 나타난 동아시아 지역주의의 등장, 동아시아 경제의 중국 의존도 심화 등 두 가지 지역 추세 또한 중국의 동남아 전략 추진을 한결 용이하게 함.

⁞⁞⁞ 3. 중국 전략변화의 움직임

○ 상기와 같이 중국·아세안 관계에 많은 진전이 있었으나 지난 10년간 중국 국내외 정세의 변화, 특히 금번 세계 금융위기는 중국의 동남아 전략을 보완해야 할 필요성을 제기함.
- 중국 상무부는 금년부터 발효되는 중국·아세안 FTA 발효 기념 국제포럼을 지난 1월 7∼8일, 난닝(廣西)에서 개최한바, 이러한 문제점들이 지적.

가. 중국 국내 및 국제정세 변화들

1) 국제경제 환경의 변화
○ 중국 전인대(全人大) 상무위 부위원장 장정화(蔣正華)는 난닝 포럼 기조연설에서 세계금융위기 이후 미국, EU의 시장에 의존하던 시기는 지났으며 수출지향형 동아시아 경제구조가 더 이상 지속하기 어려운 국제환경임을 지적, 공동운명체인 중·아세안의 협력의 필요성을 강조함.
- 미국, 유럽 의존도 줄이자.
- 통상 확대와 함께 서비스, 투자, 교통, 농업, 관광 등 협력분야를 확대하자.
- 소지역 협력을 강화하자: 범북부만(汎北部灣) 개발협력(아래)의 조직화 필요.

- 장기적으로 중·아세안 간 경제정책조정, 기술협력, 관세/통화단일화를 실현하자.

2) Global Strategy의 필요

○ 1997년 외환위기 이후 동아시아 지역에서 중국의 위치는 확고해졌으며, 금번 금융위기를 계기로 중국의 지역적, 세계적 영향력이 한층 신장되는 추세임.

- 중국이 global power로 성장하기 위해서는 견제세력에 대한 대응과 함께, 자신의 '정치적·경제적' 영역(power base)이 필요하다는 점에서 동남아 지역이 중요.

3) 중국경제발전 전략의 변화

○ 2000년 시작한 서부대개발 계획에도 불구 서부지역과 동부 연안지역 간 개발격차가 여전히 확대 추세이며[14] 2009년 위구르, 티베트 자치구의 폭동과 같이 소수민족들의 문제가 더욱 심각해지고 있음.

○ 중국이 경제구조를 수출주도형에서 내수주도형으로 전환하기 위해서는 낙후된 서부 지역의 경제발전이 필요하며, 서부지역은 또한 천연자원의 보고인바, 서부 지역의 개발문제가 점차 중시되고 있음.

4) 현행 동남아 전략의 문제점

○ 2000년 이후 시행되어 온 동남아 전략에 다음과 같은 문제점들이 부각되고 있음.

- 인프라 건설 및 통상 위주 협력의 한계(협력 분야의 다변화 필요).
- LMV에 이어 협력 확대 필요성.

---

14) People's Daily Online 2010. 2. 25자 기사 "East—west gap widening"(영어판).

- 대중국 무역에서 아세안의 흑자폭 급격 감소가 새로운 문제로 등장.[15]
- 국가 간 협력 등 software개선, 동남아에 대한 민간 투자의 부진 등.

나. 새로운 경제정책들

○ 중국학자들은 최근의 중국 전략을 'one axis two wings'로 규정하고 있음. GMS 계획에 추가하여 범북부만(汎北部灣) 개발협력(two wings)을 추진하며, 쿤밍(난닝) - 싱가포르 연결 사업(one axis)을 완성하여, 아세안과의 경제관계를 중층적으로 강화한다는 전략임.
- GMS 계획은 주로 CLMV을 대상으로 하고, 범북부만(汎北部灣) 개발협력은 인도네시아, 필리핀 등 해양 아세안국가를 대상.
- 쿤밍(난닝) - 싱가포르 연결 사업은 베트남, 라오스(캄보디아), 태국, 말레이시아, 싱가포르 등 인도차이나 경제와 연결.

1) 범북부만(汎北部灣) 개발협력[16]
○ 이 계획은 2008년 중국 중앙정부의 승인을 얻었음. '북부 만(灣)'[17]에 면한 광서 자치구와 베트남의 해안지역을 우선 개발하고, 사천(四川), 귀주(貴州)를 포함한 서부 내륙의 육로를 북부만 지역의 항구로 연결, 인도네시아, 필리핀 등 동남아 경제와 연결한다는 전략임.
- 사천, 귀주 - 운남, 광서까지 연결 철도 운항 중.
- 난닝(광서) - 하노이 - 하이퐁 고속도로, 광궤 철도 운행 중.
- 쿤밍(운남) - 하노이 철도는 2012년 완공 계획.

---

15) 대중국 무역에서 아세안의 무역흑자가 2006년 182억 달러에서 2008년 28억 달러로 급격 감소(중국 상무부).
16) 중국사회과학원 교수 張蘊岭은 "범북부만 경제발전계획은 중국의 서부대개발전략 실행 방안의 하나이자 아세안과 협력을 강화하기 위한" 것이라고 기술.
17) "북부 만"은 광서자치구, 해남 성, 베트남 북부 해안으로 둘러싸여 있으며 베트남 측은 "통킹 만"으로 지칭.

2) 쿤밍(난닝) – 싱가포르 교통망 연결

○ 중국 제12차 5개년 경제개발계획(2006~2011년)은 쿤밍 – 싱가포르 철도
연결 사업을 포함하고 있으며, 광서자치구는 이를 발전시켜 난닝 – 싱가포
르 industrial corridor 계획을 추진함. 교통망 연결에 따라 산업화 협력도 추
진하자는 구상임.

– 쿤밍(난닝) – 베트남 – 라오스(캄보디아) – 태국 – 말레이시아 – 싱가포르 교
통망 연결 사업.

– 육로(陸路)는 현재 통행 가능함. 철로(鐵路)는 경로가 확정되지 않았으며,
연결되지 않은 구간에 대한 타당성 조사 진행 중이나 중국은 2015년 개통
을 천명하고 있음.

3) 아세안 기금(250억 달러) 설립

○ 원자바오 총리는 세계 금융위기가 진행되고 있던 2009년 4월 아세안의 인
프라 건설과 협력을 위하여 250억 달러 규모의 기금 설립계획을 발표함.
또한 2008년 말 아세안과의 국경 무역에서 인민폐 사용을 허용한다고 발
표하였음.

– 인프라 건설 기금(100억 달러)의 제1기 10억 달러는 현재 실시 중이며 교
통, 통신망, 자원개발 등에 사용하고 후속 기금은 제조업, 서비스(금융 포
함) 분야에 사용할 계획임.

4) 민간투자의 활성화

○ 중국의 대아세안 경제 진출이 주로 정부지원으로 인프라 건설, 광업개발
에 집중된 반면, 민간 투자가 빈약하다는 문제점이 부각됨. 중국 정부는
민간기업의 해외투자(走出去)에 대한 재정지원, 기업정보 제공 등 지원책
을 마련 중임.

– 민간투자의 활성화 관련 250억 달러 아세안 기금의 사용계획에 관심이 쏠
려 있음. 앞으로 제조업, 금융 포함 서비스 분야에도 사용할 계획이라고

밝히고 있어 주목.
- 상기(上記) 난닝 포럼을 계기로 18개 사업 계약서 서명식이 있었으며, 그 중 3개 항목은 동남아 진출 기업 지원 사업.[18]

5) 금융협력
○ 중국은 아세안과의 무역 증가에 상응하는 금융 협력의 확대, 해외진출 중국 기업에 대한 지원, 나아가서 중국·아세안의 금융시장 상호 개방, 개혁, 지역표준화 등 지역 협력의 필요성이 제기됨. 중국·아세안이 공동 출자한 북부만 협력 은행 설립 계획도 있음.
- 1997년 및 금번 경제 위기를 경험한 중국은 국제 금융·화폐체제의 개혁을 계속 주장.
- '인민폐'의 국제화에 대한 야심도 가지고 있을 것이나, 이의 실현을 위한 첫 관문은 동남아 경제권의 협력과 지지일 것임.[19]

다. 향후 대동남아 정책 전망

○ 10년 전 중국의 동남아 전략은 정치성향이 강하였으나, 최근의 정책은 아세안과의 '경제관계'에 보다 역점을 두는 방향으로 나아가고 있음. 동남아 진출 전략은 중국 경제발전 전략과도 연계되었다는 점에서 강한 추진력을 얻고 있음.

○ 중국의 대동남아 전략은 향후 다음과 같이 전개될 것으로 예상됨.
- 첫째, 동남아에 대한 '경제 진출'을 강화할 것임.

---

18) (1) 중국개발은행이 廣西 Guo Hong經濟發展集團公司의 해외진출사업에 대한 credit service 제공(75백만 달러),
    (2) 중국개발은행이 廣西 State Farms 集團유한공사의 해외사업에 대한 credit service 제공 등.
19) 광서 사회과학원 부원장 古小松은 CAFTA 발효 CCTV 인터뷰에서 아세안과의 국경무역에서 중국 화폐가 이미 많이 사용되고 있으며, CAFTA협정이 발효되어 무역이 늘어나면서 자연스럽게 중국 화폐의 국제화가 확대될 것이라고 답변함.

- 둘째, CLMV에 추가하여 다른 아세안 국가들에 대한 진출을 강화할 것임.
- 셋째, 민간 기업의 진출을 강화할 것임.
- 넷째, GMS, 범북부만 개발 등 소지역협력 강화에 주력할 것임.

○ 중국은 국내외적 정세변화에 대응해야 하는 전략적 필요성도 있지만, 하기(下記) 동남아 지역의 잠재력 또한 결코 놓칠 수 없는 기회일 것임.
- 동남아 경제의 지속성장: 아세안의 지속적인 경제성장이 예견되고 있는 가운데 중국 경제에서 동남아의 비중이 상대적으로 커지고 있음([표 4]).

[표 4] 중국 대외무역에서 경제별 비중

	일본	EU	미국	아세안(+대만)
2001년	17.2%	15.8%	15.7%	8.1% (14.4%)
2009년	10.3	16.5	13.5	9.6% (14.4%)
증감	▲6.9	+0.7	▲2.2	+1.5

(중국 상무부 통계)

- 동남아 화교(華僑): 동남아 지역의 화교는 막대한 부(富)를 가지고 있음에도 불구, 그동안 화교/중국기업들의 합작 사업에 많은 제약이 있었으나 제약요건이 완화되면서 크게 증가 추세임.
  · 제약 요인: 중국에 대한 각국의 정책 및 국민정서, 중국 경제성장의 지속가능성에 대한 회의 등.
  · 화교 인구 비율: 싱가포르(77%), 말레이시아(약 25%) 외 다른 국가들은 2~5% 낮은 비율.
  · 화교 재벌[20]: 인도네시아 국부(國富)의 7~80%, 필리핀 50% 이상, 말레이시아 10대 재벌 중 8개 화교, 필리핀 6대 재벌 중 4개가 화교, 태국과 싱가포르 정치, 경제 지도층의 다수가 화교.

20) 상동

- 동남아의 전략적 위치: 동아시아 경제는 이제까지 '동북아 – 동남아' 축으로
  만 구성. 그러나 인도경제가 부상하면서 동아시아 경제가 '동북아 – 동남
  아 – 인도(서남아)'로 확대되는 추세.

4. 중국의 전략에 대한 도전

○ 동아시아 지역주의가 진행되고 일본을 대신하는 중국의 중심적 역할이 심
  화되고 있으나, 중국의 동남아 진출 확대에 대한 미, 일의 견제가 더욱 강
  해지고 동아시아지역의 '중국불안'도 가중될 것임.

가. 미국의 '잃어버린 동남아 외교'

○ 많은 동남아 국가들은 미국이 1997년 경제 위기에 대한 대응조치로 'IMF
  방식(conditionality)'을 고집하고, 무역 자유화 전략만을 추구함으로써 자신
  들의 경제적 어려움을 더욱 가중시켰다고 믿고 있음.[21]
- 1997년 위기 이후 동아시아 지역주의의 등장과 함께, APEC의 영향력 급
  격 감소.

○ 9·11 테러 이후 미국은 대테러 전쟁에 몰두하면서 동남아에 대한 경시
  정책을 폄.
- 회교국가인 말레이시아 및 인도네시아뿐만 아니라 다른 국가들도 미국의
  테러정책에 대하여 강한 불신감.

---

21) APEC에 대한 미국의 전략과 이에 대한 동아시아 국가들의 반응에 대하여 분석한 대표적 학자는 University of
California, Berkely의 T. J. Tempel 교수임. 많은 저서가 있으나 "The 'Unbungling' of Asia"(계간지 Global Asia,
Journal of the East Asia Foundation 2008년 겨울호) 참조.

○ 지난 수년간 동남아 경제에서 미국의 비중(수출입 및 투자)도 계속 저하되
는 추세이며, 중국·아세안 무역이 증가되고 있는 것과 대조적임([표 5]).
- 1995년과 2004년 사이 투자 누계에서 미국의 비중은 17.4%였으나, 2006년
과 2008년 사이 투자 누계에서 미국의 비중은 6.9%로 크게 감소.
- 미국의 투자가 2000년 전후로 크게 신장하였으나 이는 1997~1998년 경제
위기를 당한 동남아기업과의 M&A 투자가 급증한 탓.22)

[표 5] 아세안 대외교역과 아세안 유입 FDI 중 미국의 비중

	1993년	1996년	2000년	2004년	2008년
Im. fr US	15.1%	15.1%	14.0%	11.8%	9.6%
Ex. to US	20.3	18.5	17.9	14.3	11.5
FDI fr US		17.1	32.2	19.6	12.1

(source: ASEAN Secretariat 통계)

○ 오바마 행정부는 2009년 취임한 후 동남아 정책에서 큰 변화를 보이고 있
음. 다음 예는 동남아에 대한 미국의 적극성을 보여 주는 예임.
- 미국 대통령으로서 처음으로 아세안 정상회의 참석(2009. 11. APEC 계기).
- 미국의 미얀마 정책 변경: '제재(制裁)일변도' 정책에서 '제재와 대화' 병
행 정책으로.23)
- 아세안의 우호협력조약(TAC)에 서명(2009. 7.).24)
- 힐러리 국무장관은 2009년 취임 한 달 후 한·중·일과 함께, 인도네시아
를 방문(2월), 아세안지역회의(ARF)에 참석하여 'America is back in Asia'
를 선언하고 GMS 장관회의에 처음 참가하면서 재정지원도 약속(7월).

22) 아세안 각국은 1997년과 1999년 사이 외국투자 유치를 위하여 여러 가지 새로운 개방조치를 취한다. 각국의 조치:
삼성경제연구소 발간 "아시아 경제, 힘의 이동"(박번순, 2002년, 136쪽).
23) 2009. 11 국무부 동아태 담당 차관보가 미얀마를 방문. 미얀마 고립 정책이 소기의 외교적 목표를 달성하지 못하
고, 중국에게 미얀마 진출의 기회만을 제공하고 말았다는 반성에서 나온 조치로 보임.
24) 부시 정부는 TAC의 "내정불간섭" 조항을 준수할 경우 미얀마 문제에 간여할 수 없다는 이유로 동 조약 서명을
거부해 왔음.

○ 오바마 대통령은 2010년 6월 인도네시아, 호주를 방문할 계획임. 오바마 행정부의 적극성은 중국의 동남아 전략에 매우 심대한 영향을 끼칠 것임. 중국이 global power로 성장하는 과정에서 미국과 '협력과 견제'를 조화하는 첫 시험장은 동남아지역이 될 것임.

나. 아세안

○ 경제적으로 낙후된 CLMV의 경우 중국과의 경제교류가 자국의 경제성장에 큰 도움을 준 것은 사실이나, 아세안의 다른 선발주자들은 일본, 미국, EU 등과의 연계 속에서 경제성장을 해 온 만큼 중국의 경제 진출을 어느 정도 수용할지는 아직 미지수임.
- 중국이 인접국으로서 hegemonic power로 성장할 가능성에 대한 불안감은 여전히 존재.[25]

다. 일본

○ 1980년대 일본 기업의 동아시아 투자 진출은 동아시아 생산 분업 체계를 구축하는 시발점이 되었고 일본 기업들은 일본의 공적차관(ODA)과 결합하여 미국과 유럽시장을 겨냥하여 NIEs, 아세안, 중국을 차례로 생산기지화하였음.[26]
- 다음 그림과 같이 2002년도까지 일본의 대아세안투자(연도별 및 누적총액)가 대중국 투자보다 많았으며, 당시 동남아에서 일본의 입지는 중국에 비하여 절대 우위에 있었음.

---

25) 아세안 일부국가가 East Asia Summit 설립 과정에서 제2차 EAS정상회의의 북경개최를 거부한 것, ASEAN+3에 호주, 인도, NZ 가입을 지지한 것, "driver's seat" 원칙을 주장한 이면에는 중국의 독주를 견제하려는 의도가 있는 것으로 보임.
26) 소위 동아시아의 flying geese 학설

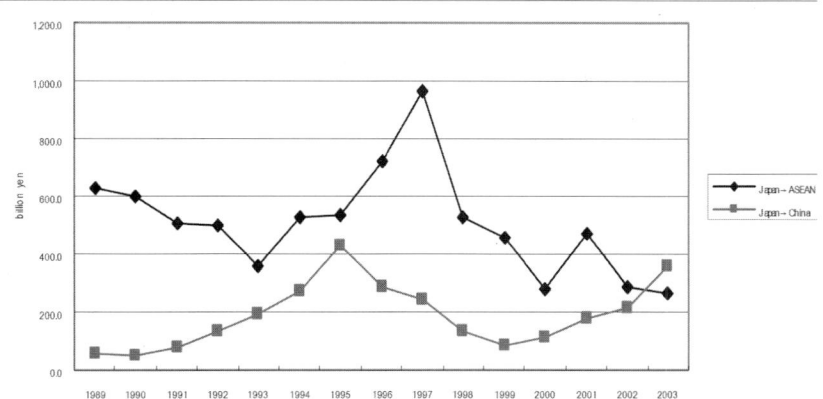

The amount of direct investment from Japan to China overtakes that from Japan to ASEAN

○ 중국·일본의 역전이 점차 일어나고 있으며, 무엇보다 아세안 경제에 있
   어서 일본의 비중(무역 및 투자)이 점차 축소되는 추세임([표 6]).

[표 6] 아세안 대외교역과 아세안 유입 FDI 중 일본 비중

	1993년	1996년	2000년	2004년	2008년
Im. fr Japan	24.9%	20.9%	18.9%	15.7%	12.9%
Ex. to Japan	14.9	13.3	12.3	12.1	11.9
일본의 FDI	20.0%('95)	17.4	2	9.8	12.1

(아세안 사무국 통계)

○ 이와 함께, 일본 외교정책상의 미숙한 점들을 지적하는 동남아 인사들이
   많았음.
- 동남아 위기 대응 미숙: 1997년 및 금번 위기에 대해 일본은 IMF를 통한
   간접 지원 방식을 고수. 'IMF conditionality'에 대한 이 지역의 강한 반감을
   헤아리지 못한 조치.
- 미국의 대테러정책에 밀착: 일본은 미국의 대테러 전쟁에 깊이 참가하고
   PSI 참여를 권유. 한편, 미국의 지지를 업고 유엔 안보리 상임이사국 진출

을 위해 아세안을 압박.
- 동아시아 지역 협력 관련, 일본은 지역협력보다 중국 견제에 더 치중하는
  듯한 negative campaign을 전개.
  - 일본은 1990년대부터 APEC 중시하면서 동아시아 지역주의에 소극적.
  - ASEAN+3에 대항하는 EAS, ASEAN+3이 참여하는 FTA에 대항하는
    CEPEA(ASEAN+3+3 참여) 제안 등이 중국 견제용이라는 평가.[27]

○ 일본 기업의 대동남아 투자가 살아나고 있음. 또한 하토야마 신임 총리가
  동아시아 중시정책의 천명, 작년 11월 동경에서 메콩강 유역 국가정상회
  의를 개최하는 등 전 정부와 다른 행보를 보이고 있으나, 동아시아 정책의
  구체적인 내용이 아직 밝혀지지 않고 있음.

⋮⋮⋮ 5. 결론: 한국의 대응

가. 유의해야 할 동남아 정세변화

○ 첫째, 인도네시아(Indochina) 대륙의 발전에 대비해야 함.
- 남북(南北) 및 동서(東西) 교통망의 구축, 전력·항만 등 인프라 건설, 그
  리고 국가 간 협력(소프트웨어) 개선은 이 지역의 인적·물적 교류를 한층
  촉진시킬 것으로 예상.
- 이 지역의 중심에 위치하고 있는 KLMV의 향후 높은 경제성장률 전망[28]
  (IMF 전망).

---

27) 일본의 FTA 입장은 일본 와세다 대학 URATA Shujiro 교수 논문 다수 참조. 우라타 교수는 CEPEA 제안의 배경에 EAFTA가 중국 중심으로 추진되고 있는 데 대한 일본 측의 반발로 보인다고 설명(일본 잡지 "국제경제" 통호 58, 2007년).
28) IMF World Economic Outlook(2010. 10), 2009년 대비 2014년(GDP 현지화) 성장률은 캄보디아 34%, 라오스 40%, 미얀마 28%, 베트남 36%의 성장률을 전망(연 평균 6~7%).

○ 둘째, 국제사회에서 ASEAN의 정치, 경제적 역할은 더욱 중시(重視)될 것임.

    – 최근 emerging market의 중요성이 부각되는 가운데, 아세안의 경제위기 탈출이 다른 지역보다 빠르고[29] 2015년 아세안 경제통합, 중국·일본·한국의 동남아 투자진출 신장추세, 풍부한 천연자원 등 성장에 유리한 조건 다수.

        · 4~5년 전 아세안 10개국의 GDP 규모는 한국의 1.2배 수준에 불과하였으나 작년 1.6배로 확대된바, 한국보다 빠른 경제 성장세(IMF 통계).

        · 인도네시아는 세계 19위의 경제규모이며, 한국(15위)을 수년 내 추월할 가능성.

    – 동아시아 경제가 향후 동북아–동남아–인도(서남아) 세 개의 축으로 확대될 경우,[30] 연결고리인 동남아의 정치, 경제적 역할이 점차 부각될 것임.

○ 셋째, 중국과 미·일의 경쟁구도는 새로운 국면을 맞이하고 있음.

    – 1997년 외환위기 이후 중국의 지역 내 영향력 급부상. 금번 금융위기도 중국의 대동남아 정책에 좋은 기회를 제공.

    – 미국이 새로운 자세를 보이고 있고, 오바마 대통령이 3월 인도네시아 방문 예정이며 이에 앞서 국무부 동아·태 차관보도 동남아 방문 예정.[31]

    – 미·중 경쟁으로 분열되는 경우 한국의 정치, 안보, 경제 이해에 큰 타격.

나. 한국의 대응

○ 동아시아,[32] 동남아 지역은 한국외교의 앞마당이자, 한국경제의 사활적인

---

29) 2010년 1월 발표 World Economic Outlook update 참조.

30) 일본 기업들은 인도의 산업화 과정에서 동남아 지역에 발달된 부품 산업과의 연계가 불가피할 것으로 보고 있음.

31) 오바마 대통령의 인도네시아 방문에 앞서 미 국무부 동아태 차관보가 싱가포르, 말레이시아, 라오스, 인도네시아, 태국, 일본을 방문 예정이라고 미 국무부가 3. 5. 발표. 한편, 동 차관보는 미 의회 청문회에서 미국은 동남아의 "visitor" 아닌, "resident power"로 남고 싶다고 증언.

32) 동아시아는 한국 수출의 50%, 해외투자의 50%가량이 이 지역으로 향하고 있음. 또한 인적 교류의 70%가 동아시아 지역과 이루어지고 있으며 석유를 제외하고 천연자원의 최대 공급지이기도 함. 한국은 동아시아 분업구조에도

위치에 있으며, 빈발하고 있는 국제경제위기에 대응하기 위해 지역협력이 점점 중시될 것임.
- 한국 경제에서 아세안의 비중이 계속 높아지고 있는 추세.
  • 아세안: 미국, 일본보다 큰 3대 교역 상대국이자 수출시장, 한국의 3대 해외투자 대상지역, 석유를 제외한 지하자원의 최대 공급지역, 350만 명 한국 관광객이 방문.

○ 상기 중국의 대동남아 전략과 동남아 정세의 변화에 대하여 한국의 현실적 대응 방향을 다음과 같이 제시하고자 함.
- 첫째, 기업은 동남아 진출 시 '지역별' 전략을 수립할 필요.
  • 인도차이나 지역, 또는 중국 내륙과 인도차이나를 통합한 지역 전략, 또는 single market ASEAN 겨냥한 전략이 필요.
- 둘째, 중국 대(對) 미·일 경쟁구도가 동아시아 또는 아세안의 분열로 이어지지 않고, win-win 방향으로 움직이도록 한국의 외교적 전략과 행동이 필요.
  • 한국·아세안의 연합(mid-power coalition)을 구축하고 동아시아 (소)지역 경제통합에 주동적 역할 수행. 한국 외교의 성장 동력이 될 수 있는 역할이며, 중국, 일본도 내심 원하는 바임.
- 셋째, '부상하는 중국'에 대한 장기 대응 전략이 필요.
  • 동아시아 경제는 정부주도로 통합을 이룩한 NAFTA나 EU(governmen-driven)와 달리, 민간 기업에 의한 시장주도형(market-driven) 통합인바, 지역적 준거 틀이 없음.
  • 중국부상에 대한 잠재 불안 요인의 해소를 위해 지역적 준거 틀(법, 제도)을 마련하기 위한 동아시아 지역 공동체 노력에 적극 참가.
  • 그 방안의 하나로 G-20 정상회의에 참가하는 동아시아 6개국과의 협

■
깊이 연계되어 있어 지역 통합 문제는 한국경제에 직결되어 있음.

　　의체를 구성하고 정례화할 필요.

- 마지막이자 가장 중요한 것은, 동남아 지역과 아세안에 대한 올바른 이해.

　• 동남아 있는 한국 대기업 지사들을 접촉한 결과 지역 전략이나 지역정
　　세에 관하여 무관심함. 이는 본사의 무관심을 의미하며 현실적으로 현
　　지지사가 먼저 움직이기 힘들 것임.

　• 이는 정부 기관, 경제단체에게도 해당되는 사항임. 부처 간(또는 정부/
　　민간) 정보교류 체제, 아세안에 관한 연구 활성화 및 정보 창구마련 등
　　체제(體制)를 점검하고 시행해 나갈 필요가 있음.

신공동체 구상과 신아시아 외교

김기석(강원대학교 교수)

동아시아 및 아시아－태평양 지역의 지역협력 노력들은 2005년의 EAS 창설을 계기로 심화 단계에 접어들었으나, 역내의 권력분포변화와 새로운 협력 이슈의 등장 등의 여건 변화로 일종의 정체 현상을 보여 주고 있다.

최근아시아－태평양 지역에서는 기존 협력 노력들의 문제점을 극복하고 보다 의미 있는 지역공동체 건설을 지향한 제안들이 제시되었다. 호주 러드 총리의 아시아－태평양 공동체 구상, 한국 이명박 정부의 신아시아 구상, 일본 민주당 정권의 동아시아 공동체 구상 등이 그것이다.

이 글에서는 이런 새로운 구상들이 제시된 원인과 그 내용, 그리고 문제점들을 짚어 보고 이 구상들이 기존에 존재하는 협력 메커니즘과 가지는 상관관계를 점검해 봄으로써 한국이 제시한 신아시아 구상과의 비교 분석을 위한 토대를 도출한다. 이를 토대로 한국의 신아시아 구상이 동아시아 공동체 협력과 어떠한 관계를 가져야 하며 어떠한 방식으로 추진되어야 하는지에 대한 의견을 제시한다.

2010-04-16

1. 들어가는 말: 아시아 지역의 협력체 건설을 위한 새로운 제안들

○ 1989년의 APEC과 1997년의 APT 창설로 본격화된 동아시아 및 아시아－
태평양 지역의 지역 협력노력들은 2005년의 EAS 창설을 거치면서 심화단
계에 접어들었으나 역내의 권력분포 변화와 새로운 협력이슈의 등장 등의
여건 변화로 일종의 정체현상이 나타나고 있음.

– 문제의 본질은 중일관계의 이면에 여전히 눈에 보이지 않는 주도권 경쟁
이 내재함으로써 APT나 EAS 등 기존의 동아시아 협력 메커니즘들의 진
전이 더뎌지고 있는 와중에 미국발 경제위기, 지구적 권력이전(power
shift), 기후변화, 에너지, 식량 등 새로운 협력 메커니즘을 필요로 하는 이
슈들이 부각됨으로써 기존 거버넌스 시스템에 대한 변화의 요구들이 분출
하고 있음.

○ 연장선상에서 최근 아시아 태평양 지역 내에서는 기존 협력노력들의 문제
점을 극복하고 보다 의미 있는 지역공동체 건설을 지향한 제안들이 제시됨.

– 호주가 러드(Hon Kevin Rudd) 정부의 취임 초기인 2008년 6월 아시아－태
평양 공동체 구상(Asia－Pacific Community Initiative)을 발표.

– 한국은 이명박 정부 집권 2년차에 접어들던 2009년 3월 신아시아 구상
(New Asia Initiative) 발표.

– 일본은 2009년 9월 55년간 지속되어 오던 자민당을 물리친 민주당정권의
출범과 함께 동아시아 공동체 구상 제시.

○ 국내정치적 함의: 지역협력체들의 제안은 기본적으로 모두 정권교체로 인
해 외교정책에 있어 전임 정권과의 차별성을 부각시키려는 국내정치적 동
기를 가진 것으로 생각됨.

- 러드 총리는 전임 하워드(John Howard) 총리가 아무 거리낌 없이 미국의 '부관(Deputy Sheriff)'으로 불릴 만큼 친미적 정책을 추구한 데 대한 반동의 일환으로 아시아-태평양 구상을 제시.
- 한국 역시 전임 노무현 정부의 동북아시대구상이 의미 있는 성과를 거두는 데 실패한 데 대한 반동의 의미를 포함하여 동북아 3국이나 주변 4강으로 한정되어 있던 외교적 시각의 지평을 넓히겠다는 의미에서 신아시아 구상 발표.
- 일본의 하토야마(鳩山由起夫) 수상 역시 역대 자민당 정권의 대미일변도 내지 대미의존 정책에 대한 반동으로 아시아 중시정책을 제창하기 위한 방편으로 동아시아 공동체 구상 제시함(Acharya, 2009).

○ 국제정치적 차원에서 세 구상의 배경은 대체적으로 기존의 협력 메커니즘, 즉, ASEAN, APEC, APT, ARF 혹은 EAS 등이 변화된 지역 내의 정치경제적 여건과 이슈들에 대해 효과적으로 대응하는 데 적절하지 못하다는 인식의 확산을 반영함.
- 말하자면 다수 존재하는 기존 협력 메커니즘들은 중국 및 인도 등 아시아 국가들로의 힘의 이전(power shift)이나 기후변화, 에너지, 금융위기 등 새롭게 등장하는 지구적 도전과제들에 적절히 대응하지 못하는 문제를 가지며 따라서 이런 문제들에 보다 나은 대응을 할 수 있는 방안을 모색할 필요가 있다는 인식을 반영함.
- 과연 새로이 제시된 협력의 구상들이 기존의 협력 메커니즘들을 대신할 수 있는 의미 있는 대안인가에 대한 평가는 엇갈림. 긍정적-부정적인 평가가 공존함.

○ 이 글에서는 이런 새로운 구상들이 제시된 원인과 그 내용 그리고 문제점들을 짚어 보고 이 구상들이 기존에 역내에 존재하는 협력 메커니즘들과 갖는 상관관계를 점검해 봄으로써 한국이 제시한 신아시아 구상과의 비교

분석을 위한 토대를 만든 후, 한국의 신아시아 구상이 동아시아 공동체 협력과 어떠한 관계를 가져야 하며 어떠한 방식으로 추진되어야 하는지 등을 생각해 보고자 함.

2. 신구상들의 배경과 내용

○ 2008년 6월과 2009년 9월에 각각 제시된 APc 구상과 EAC 구상은 아직 초기단계이지만 어느 것도 구체적인 모습을 갖추고 있는 것은 아님. 구상을 제시한 이후 양국의 정상 및 정책결정자들은 각각 다양한 양자 외교채널 및 다자외교의 장을 통해 역내 국가들과 다양한 접촉과 논의를 하고 자신들의 안에 대한 지지와 참여를 호소함은 물론 구체적인 협력방안들에 대한 의견을 취합하여 그 실현가능성을 높이고자 노력하고 있는 상태임.

가. 호주의 아시아 – 태평양 공동체 구상

1) 배경 및 과정
○ 호주의 아시아 – 태평양 공동체 구상은 새롭게 취임한 노동당 출신 중도좌파의 러드 총리가 2008년 6월 호주아시아센터 아시아 협회(Asia Society AustralAsia Centre) 연설에서 제안함.
‐ 그는 지구적 관점에서 아시아 태평양 지역으로 경제적, 전략적 비중이 이전되고 있어 2020년이 아시아 – 태평양 시대가 될 것이라는 점은 중요한 기회이면서 도전이라는 현실인식을 바탕으로 '올바른 멤버십과 임무를 가지고 국가지도자 수준에서 경제적, 안보적 그리고 여타의 초국적 문제들을 종합적으로 다룰 아시아 – 태평양 공동체의 발전에 대해 논의할 것'을 제안.

- 이는 아시아-태평양 지역에 현존하는 협력체들, 즉 ASEAN, APEC, APT, EAS, ARF, ASEM 등이 여러 가지 이유 때문에 새롭게 등장하고 있는 안보, 에너지 및 식량, 테러리즘, 기후변화, 금융위기 등 초국가적 문제들을 효과적으로 다루고 아시아태평양 시대를 여는 데 적절하지 못하다는 인식을 바탕으로 하는 것임(Rudd, 2008 참조).

○ 이 구상은 신중한 방법으로 제안되었음. 즉 필요성을 강조하고 논의를 제안하되 구체적인 방법을 제시하기보다는 열린 마음을 가지고 역내 국가들의 의견을 취합하여 바람직한 안을 도출하겠다는 것임.
- 그는 호크 수상과 함께 APEC의 창설에 기여했던 월콧(Richard Woolcott) 전 외무장관을 아시아태평양 특사(Special Envoy on the APc)로 임명하여 역내 정부 및 비정부 관계자들과 의견을 교환하도록 함. 월콧 특사는 2008년 9월과 2009년 3월 사이에 21개 국가를 방문하고 8명의 국가수반, 30여 명의 각료 그리고 300명이 넘는 인사들과 논의를 진행한 후 그 결과를 수상에게 보고.
- 이후로도 러드 수상은 2009년 5월 싱가포르 샹그릴라 대화, 10월의 EAS 그리고 11월의 APEC 등 일련의 다자협력의 무대를 거치면서 점차 APc의 기본적 틀을 구성해 나갔고 12월에는 21개국 대표들을 초청해 시드니에서 특별회의를 개최하는 등 지속적으로 APc의 실현을 위한 논의를 이끌어 감(Conference Summary Report, 2009 참조).

○ 호주가 아시아-태평양 공동체 구상을 제안한 실질적인 이유 중 하나는 기존 동아시아 협력과정에 대한 호주의 불만 때문으로 보임. 말하자면 EAS의 출범과정에서 기존 APT 메커니즘의 중심적 역할을 강조하는 중국과 인도, 호주, 뉴질랜드 등 3개국의 참여를 주장하는 일본의 입장이 대립하여 APT와 EAS 등 이중적 구조로 분산된 기존의 동아시아 협력 메커니즘에 참여한 호주는 구체적 협력사업 추진의 중심체인 APT로부터 소외됨.

- 일부에서 그 배후에 미국이 도사리고 있는 것이 아닌가라는 의구심도 있음. 말하자면 자신이 배제된 상황에서 진행되어 온 기존의 동아시아 협력 체제 전반을 뒤흔들려는 미국의 의도와 호주의 이해관계가 맞아떨어져 제안된 것이라는 시각.

2) 내용

○ 러드 총리의 2008년 연설 내용은 애초 그의 아시아-태평양 공동체 구상이 새로운 기구를 만드는 방식이었던 것임을 암시함.

- 애초 그가 제시한 기본원칙은 1) 미국, 일본, 중국, 인도, 인도네시아를 비롯한 아시아 태평양 지역 전체를 포괄하는 지역기구로서 2) 경제, 정치, 그리고 안보에까지 이르는 모든 영역에서 대화와 협력 그리고 실질적인 행동까지 이행할 수 있는 기구(Rudd, 2008).

- 그는 2008년 시드니 연설에서 '새로운 지역기구의 창설(building new architecture)'이라는 표현을 사용한 바도 있음(Rudd, 2008). 그리고 현존하는 역내 기구 중에 그런 수준의 요건을 만족시키는 것은 없다는 점을 여러 차례 강조.

- 이런 초기구상은 "더 이상의 회의도 기구도 필요하지 않다(no one wants more meetings, no appetite for additional institutions)"는 방향으로 전환함(Rudd, 2009a). 이는 월콧의 보고서를 통해 대체적으로 새로운 기구의 창설은 바람직한 방안이 아니라는 의견이 많다는 것이 확인되었기 때문임(Woolcott, 2009; Rudd, 2009b 참조).

- 12월 APc 특별회의 연설에서 그는 APEC, EAS 그리고 ARF 등을 APc 건설을 위한 대안으로 지목하면서 APEC의 경우는 인도를 받아들이는 등 회원국을 재구성하고 안보문제를 적극적으로 다룰 필요성이 있으며, EAS는 미국 소련 등으로 문호를 넓혀 회원국을 확충하고 보다 폭넓은 역할을 하도록 보완될 필요가 있고, 그런 맥락에서 APEC과 EAS를 통합하는 안도 생각해 볼 수 있다고 지적. 또 각료급 회담인 ARF는 정상회담으로 격상

시키기에는 너무 광범위한 멤버십을 가졌다는 문제가 있음을 주장하는 등 기존 기구들의 장단점을 분석하고 각각의 가능성을 모색함(Rudd, 2009b).

3) 주변국의 반응
○ 이 제안에 대한 주변국들의 반응은 긍정적 반응과 부정적 반응이 교차하 면서도 대체적으로 후자 쪽이 강함. 아울러 거의 2년이 지난 현재까지도 그 실현을 위한 분위기 조성에 성공하고 있는 것 같지 않음.
– 처음 제시되었을 때 이 구상은 호주 국내에서조차 좋은 반응을 얻지 못했 으며 심지어 같은 노동당 출신 전 수상들인 호크(Bob Hawke) 및 키팅(Paul Keating)까지 비판적 태도를 보임. 호주의 한 연구자(Hugh White)의 표현처 럼 최소한 'APc가 그 자체로 나쁜 아이디어는 아니지만 호주가 직면하고 있는 가장 시급한 문제들을 다루는 데 크게 도움이 되지는 않는' 구상이라 는 반응(Tan, 2009).

○ 주변국의 반응도 엇갈림.
– 새로운 협력체를 제시하려는 의도로 비쳐지면서도 구체적인 내용을 결여 하고 있는 데다, 사전 논의 미비함.
– 기존 기구를 활용하는 것으로 내용을 바꿈으로써 일관성은 물론 참신성 역시 결여한 듯한 인상을 줌. 특히 아시아지역에 거의 협력체가 존재하지 않았던 APEC 창설 당시와 달리 이미 다양한 협력체들이 존재하는 상황에 서 이들과 APc와의 관계에 대해 당연히 문제제기가 이루어졌지만 설득력 있는 답을 제시하지 못함.

○ ASEAN의 반응
– 일부 국가들은 신중한 반응을 보인 반면 매우 의심스럽고 차가운 시선을 보낸 국가들도 있음. 특히 싱가포르와 같은 ASEAN의 소국들이 부정적 반 응을 주도하였는데 일단 이들 국가들은 강대국 간 협조체제(concert of

powers)와 중견국 외교(middle power diplomacy)에 기반한 새 구상이 ASEAN이 그동안 유지해 왔던 동아시아 공동체 건설과정에서의 주도적 위치를 흔들 가능성이 있다고 봄.

- 싱가포르는 무엇보다 2009년 시드니 회의의 공동의장이었던 웨슬리(Michael Wesley)가 제시한 아시아태평양 강대국 협력체제(Asia-Pacific Concert of Powers)처럼 신 협력체가 역내의 중소국가들을 제외하고 주요 행위자(major players/larger players)들을 중심으로 조직될 가능성에 민감하게 반응함.[1]

- 러드 수상은 'ASEAN은 계속해서 중요한 역할을 담당할 것'이라고 설명했지만 상당한 성과를 거둔 현재의 동아시아 협력 틀이 그렇게 심각한 문제를 가진 것인지, 그리고 그를 대신하는 새로운 협력체가 기존 것들보다 나은 결과를 가져온다는 보장이 있는 것인지 등 본질적인 문제를 제기함. 따라서 전문가들은 이 구상에 대한 ASEAN의 태도표명을 가능한 늦추어야 한다고 주장(Tay, 2009).

○ 중국은 이 구상에 대해 대체적으로 무반응으로 일관함. 애초 중국의 외교 당국자는 중국어에 능통한 중국전문가 수상의 구상이 아직은 때가 아닌 설익은(not ripe) 구상이라고 말하고 별 관심을 보이지 않았다고 함. 무엇보다 이는 중국이 중시하는 APT 중심의 협력 체제를 흔드는 구상일 뿐 아니라 미국의 참여를 전제하고 있다는 점에서 흔쾌히 받아들일 내용은 아님.

○ 지역협력체의 구상과 실현에 있어 오랜 호주의 동반자였던 일본 역시 이

---

1) 싱가포르의 테이는 러드 총리의 발언내용에 비추어 볼 때 현재 상태에서 생각해 볼 수 있는 멤버십 조합으로 다음 다섯 가지를 제시하고 있다(Tay, 2009 참조).
  - Asian G-8: 미국, 중국, 러시아, 인도, 인도네시아, 한국 그리고 호주.
  - Asian G-10: Asian G-8에 현직 및 차기 ASEAN 의장국.
  - APEC 19: APEC의 21개 회원국 중 홍콩과 대만을 제외한 19개국과 인도로 구성.
  - Asia Pacific 10: G20의 아시아태평양 회원국 10개국, 즉 호주, 캐나다, 중국, 인도, 인도네시아, 일본, 한국, 멕시코, 러시아 그리고 미국
  - 동아시아6: G-20의 6개 동아시아 국가, 즉 중국, 일본, 호주, 인도네시아, 한국 그리고 인도.

구상에 대해 립 서비스 이상의 호응은 보이고 있지 않음. 일단 과거와 달리 일본정부와 충분한 사전협의를 거치지 않았을 뿐 아니라 안이 구체화되기도 전에 민주당으로 정권교체가 되면서 호주와의 협력으로 APc를 구체화하기보다는 자신들의 동아시아공동체구상을 추진하게 됨.

○ 한국은 비슷한 시기에 취임한 이명박 대통령과 러드 총리가 각별한 관계이고 G20 정상회의 등에서 긴밀히 협력하는 등 호주의 구상에 가장 적극적인 반응을 기대할 수 있는 대상이었음. 하지만 한국 역시 관심은 오히려 스스로 추진하고 있는 신아시아 구상에 두고 있는 상태이므로 아직 명확히 제시되지 않고 있는 APc에 대해 신중한 태도임.

- 실제로 러드 총리는 한국 대통령에게 시드니 회의에의 참가와 연설을 부탁하였다고 함. 하지만 한국정부는 아직 설익은 구상에 섣불리 동조하는 것은 바람직하지 않다는 판단으로 한승수 전 총리를 대신 파견(배명복 2009 참조).

- 그는 연설을 통해 호주의 APc 구상을 지지하며 현인그룹(Eminent Person's Group) 구성을 제안하는 등 전반적으로 우호적 대응을 하였지만(Han 2009 참조) 이것이 한국정부의 이 제안에 대한 실질적 관심을 나타내는 것인지는 불명확함. 예컨대 회의에서 호주가 한국에 2차 회의의 개최를 제안하였지만 한 전총리는 아무래도 한두 차례 ASEAN 국가에서 개최한 이후 고려해 보자고 정중히 사양하였다고 함(매일경제 09. 12. 15. 참조).

○ 호주의 APc 구상은 2020년을 지향한 장기계획으로 제시되었음. 따라서 단시간 내에 가시적 진전은 어려울 것으로 예측됨.

- 1960년대부터 일본과 협력하여 아시아-태평양 지역의 경제협력 촉진을 위해 노력해 왔고 결국 1989년 APEC 결성에 주도적 역할을 한 호주의 경험을 가지고도 현재와 같이 촘촘한 지역협력의 네트워크가 펼쳐져 있는 여건에서 새로운 협력체를 만드는 일은 간단치 않을 것이라는 점임.

- ASEAN이나 일본, 중국 등 기존 질서에 상당한 투하자본(vested interest)을 가진 행위자들이 즐비한 상황에서 이들의 반대를 설득하고 극복하면서 APc를 실현시키는 일은 과거보다 훨씬 강력한 논리와 설득력이 필요함. 따라서 획기적인 계기가 없는 한 이 구상이 가까운 미래에 추진력을 얻기는 어려울 것으로 보임.

나. 일본의 동아시아 공동체 구상

1) 배경 및 과정

○ 2009년 9월 55년 가까이 일본을 장악하던 자민당 정권을 누르고 역사적 정권교체를 통해 집권한 민주당의 하토야마 내각은 동아시아공동체 구상을 대등한 미일 파트너십 구축과 함께 외교정책의 핵심목표로 제시함(民主黨, 2009 참조).

- 이 구상은 하토야마 수상의 조부인 하토야마 이치로(鳩山一朗) 전 수상이 범유럽운동의 제창자였던 오스트리아의 칼레르기(Nikolausvon Coudenhove -Kalergi)의 저서[2]를 번역해 출판하면서 도입한 우애(fraternity)의 철학원리에 기반하여 자민당 정권의 친미 일변도 안보정책과 신자유주의적 경제정책을 대체하는 새로운 외교목표로 제시된 것임.

- "미일안보동맹 체제를 일본 외교의 기본 축으로 유지하면서도 아시아 국가의 정체성을 가지고 역내에 안정된 경제협력과 안전보장 체제를 만들고자 노력하겠다"는 것이 기본 취지임.

- 이 구상은 외교정책보다 정권교체라는 국내정치적 목표를 지닌 구상임. 즉 친미일변도인 자민당 외교정책과의 차별성을 부각시킴으로써 유권자들에게 어필하기 위한 것임.

---

2) 원저의 제목은 『Totalitarian State Against Man』이고 하토야마 이치로는 이를 『자유와 인생』이라는 제목으로 번역·출간하였다. 하토야마, 2009 참조

○ 이 구상이 실질적으로 관심을 끌었던 것은 선거에서 승리한 직후 하토야
마 수상이 일본의 Voice라는 잡지 9월호에 기고한 '나의 정치철학'이라는
제목의 논문이 8월 27일 미국의 New York Times 온라인 판에 '일본의 새
로운 진로(A New Path for Japan)'로 요약 · 전재되면서임.
- 일본어 논문에서 그는 우애의 개념에 대해 설명하면서 우애는 과도한 자
유와 평등의 추구가 가져오는 방종한 자본주의와 전체주의의 병폐를 시정
하고 인간의 존엄성이 존중되는 자립과 공생을 위한 공동체를 건설함으로
써 실현된다고 주장(鳩山, 2009 참조).
- 영어판 번역에서는 논문의 상당부분이 생략되고 미국 주도의 헤게모니 체
제가 종식되어 세계질서가 다자적 질서로 재편될 것이라는 전망과 과도한
미국식 자본주의와 지구화의 병폐를 지적하는 내용이 부각되어 반미적 성
향을 가진 구상이 아닌가라는 의구심을 일으킴.

○ 사실 미국식 자본주의에 대한 비판이나 과도한 자유주의에 대한 경각심은
고이즈미 정권 이래의 자민당 정권을 비판하려는 의도임.
- 그는 "일본 국내에서도 이 글로벌리즘의 흐름을 적극적으로 받아들여 모
두를 시장에 맡기는 방식이 좋다고 하는 사람들과 이것에 소극적으로 대
응해 사회안전망을 충실하게 하고 국민경제적 전통을 지키려는 사람들로
나누어짐. 고이즈미 정권 이래의 자민당은 전자이며 우리 민주당은 후자
의 입장이었다"고 양자를 대비시킴.
- 과도한 자유와 평등 사이의 균형적 원리로서의 우애는 자본주의의 상징인
미국과 사회주의 체제인 중국 사이에 위치한 일본의 자립과 공생이라는
개념으로 치환됨. 즉 미국 헤게모니 체제가 쇠퇴하면서도 그를 대체할 패
권국가가 나타날 가능성이 높지 않고 그런 와중에 중국이 부상하고 있어
양대국 사이에서 일본이 정치적 · 경제적 자립을 유지하면서 국익을 지키
고 지역에 항구적인 평화체제를 구축하기 위해서는 우애에 입각한 동아시
아 공동체를 건설할 필요가 있다는 것임(鳩山, 2009 참조).

○ 이후 하토야마 수상은 10월의 한·중·일 정상회담, 11월의 EAS와 APEC, 12월의 코펜하겐 정상회담, 그리고 2010년 1월의 중의원 연설 등에서 반복적으로 이 구상을 설명하고 주변국들의 지지를 이끌어 내기 위해 노력함. 3월 19일 각의에서는 하토야마 수상이 2010년 5월까지 동아시아 공동체구상의 구체적인 정책조치들을 강구하도록 관계 각료들에게 지시하였다고 함(每日新聞, 10. 03. 19.).

2) 내용
○ 사실 하토야마의 동아시아 공동체 구상은 우애 원리의 한 가지 실현 양태로 제시되었지만 내용적으로는 제한적임.
- 초기 민주당의 매니페스토나 혹은 하토야마 총리의 연설 등에서 동아시아 공동체 구상은 열린 지역주의라는 대원칙하에 통상, 금융, 에너지, 환경, 재해구원, 질병대책 등의 분야에서 동아시아 지역의 협력을 강화해 나간다는 방침과 동아시아 공동체 구상의 최종목표로 동아시아 공동통화를 제시한 것이 사실상의 전부임(鳩山, 2009; Hatoyama, 2009 참조).
- 애초에 제시될 당시부터 원론적 수준의 내용에 머무르고 있었고 이후로도 하토야마 수상이 몇 차례의 연설 등을 통해 비슷한 내용의 원칙을 반복한 이외에 진일보한 담론적 차원의 이론화 시도나 구체적인 정책구상은 제시되지 않았음.
- 현재까지도 국내정치적 지향성이 강한 자민당 외교정책과의 거시적 차별성 외에 구체적으로 그것이 기존에 진행되어 온 동아시아 협력정책이나, 자민당 정권시절 고이즈미 수상이 제안한 동아시아 공동체 비전과 비교해서 어떤 차별성을 가졌는지 드러나지 않고 있음.[3]

○ 그런 모호성은 기본적으로 민주당 정권의 동아시아 공동체 구상이 당차원

---

3) 내용에 대해서는 하토야마 수상의 수차에 걸친 연설이나 보이스(Voice)에 게재한 논문 등을 통해서 윤곽을 짐작해 볼 수 있을 따름이다.

에서 심도 있는 논의를 거쳐 제시된 것은 아니라는 사실을 반증함.
- 이 구상을 적극적으로 공식화했던 집권 초기에도 그동안 동아시아 공동체
  문제와 관련하여 핵심의제였고, 논란의 소지가 되었던 참여국의 범위나
  협력사업의 궁극적 지향점 등의 문제에 대해 민주당 내부에서조차 합의되
  어 있지 않았음.
- 예컨대 동아시아 공동체에 미국이 포함될지에 대한 견해가 명확하거나 일
  치하지 않았음. 수상인 하토야마는 애초에 미국의 참여에 대해 애매한 입
  장을 취하다가 이후 당연히 미국이 포함되어야 한다고 보는 입장으로 선
  회한 반면 외상인 오카다는 명백히 배제해야 한다고 봄(Aurelia George
  2009b). 또한 동아시아 공동체가 추구해야 할 궁극적인 목표에 대한 견해
  도 다름. 유럽 통합모델을 중시하는 하토야마 수상은 동아시아 공동통화
  를 동아시아 공동체 건설의 최종목표로 제시하였지만 오카다 외상은 개별
  국가의 주권을 침해할 소지가 있다는 이유로 그에 부정적임.

○ 점차 시간이 지나면서 핵심문제들에 대해 어느 정도 정리되어 감.
- 2009년 11월 APEC 회의 직후 행한 한 연설에서 하토야마 총리는 동아시
  아 공동체 구상을 소개하면서 협력분야의 사례로 경제적 번영, 녹색아시
  아, 인간의 생명, 그리고 '우애의 바다' 등과 함께 비핵화·비확산, 문화적
  교류, 사회보장, 그리고 도시의 이슈 등을 언급(Hatoyama, 2009b).
- 2010년 1월 중의원 정책연설에서는 열린 지역주의라는 기본원칙의 제시와
  함께 주로 문화교류에 보다 중점을 두는 변화를 보이기도 하였음.

○ 최근에는 동아시아 공동체의 참여국 범위에 대해 구체적인 언급을 하지
  않던 하토야마 수상을 비롯한 정책결정자들이 시간이 지나면서 기존의
  ASEAN+6로 회귀하는 듯한 조짐을 보임.
- ASEAN+6는 EAS 창설을 위한 논의과정에서 중국과의 주도권 경쟁을 초
  래한 단위였으며 만약 민주당 정권 역시 그 범주로 회귀한다면 EAC 구상

은 기존 대립구도의 부활이라는 부정적 인식을 주게 되어, 중국의 협력을 얻기 어려울 것이며 그 실현가능성도 낮을 것임.

3) 주변국의 반응
○ 하토야마 정권의 동아시아 공동체 구상은 전후 자민당 정권의 대외정책 기조였던 대미 의존외교로부터의 탈피라는 목표를 추구함으로써 민주당 외교정책의 차별성을 부각시키려는 의도를 담은 것임.
- 민주당 정권의 그런 정책목표가 야스쿠니 참배문제나 역사문제에서 한국 과 중국의 입장을 배려함으로써 불필요한 갈등을 야기하지 않게 될 것이 라는 점에서 결과적으로도 자민당 정권과의 차별성을 보일 수 있을 것 임.4)
- 전체적으로 APc 구상에 비해 역내 국가들의 반응이 부정적이지 않지만 이 는 내용에 공감해서라기보다 모호하여 반응을 보이기 어려운 상황이기 때 문일 것임.

○ 실상 이 구상은 여러 문제들을 내포함.
- 1997년 이후 동아시아 지역에서 이미 동아시아 공동체의 실현을 지향한 많은 선언, 합의, 구체적인 협력 사업 등이 지속적으로 추진되어 왔다는 점을 감안하면 전체적으로 같은 용어를 쓰고 있는 민주당 정권의 구상은 원론수준에 머물고 있음(김기석, 2009 참조).
- 이 구상을 실천하고자 한다면 담론뿐 아니라 보다 구체적인 콘텐츠 담보 가 필수적임. 하지만 정권이 출범한 지 반년이 지난 현재까지 다듬어진 개 념 틀이나 실질적인 정책이 제시되지 않고 있음. 2009년 11월 개최된 한 · 중 · 일 3국 정상회담에서 많은 언론들의 예상과 달리 이 문제가 정식의제 로 논의되지 못한 것은 실질적으로 논의할 만한 구체적 콘텐츠를 일본이

---

4) 물론 최근의 교과서 사태에서 보듯이 독도문제는 예외일 것으로 보아야 한다. 일본정부는 이를 영토문제로 접근하 고 있고 따라서 정권의 성격에 따라 달라질 수 있는 이슈로 여기지 않기 때문이다.

제시하지 못하였기 때문임(Jian, 2009 참조).

○ 그런 불명확성은 협력 파트너가 되어야 할 주변국들에게 미묘한 해석을 불러일으킴.

− 새로 집권한 하토야마 수상이 동아시아 공동체 구상을 중국의 원자바오 (溫家寶) 총리에게 제안했을 때 그는 공감한다는 식의 원론적인 대응에 그침. 중국 언론들은 일본이 기존 협력 메커니즘과 유사해서 별로 새로울 것도 없고 명확한 비전도 없는 제안으로 동아시아 외교의 주도권을 지향 한다는 식의 곱지 않은 시선을 보냄(People'sDaily Online, 2009. 10. 25.; Jian, 2009 등 참조). 나아가 그것은 다시 한 번 중국과 일본 사이에 동아시 아에 대한 주도권 경쟁을 표면화시킬 가능성을 내포한다는 우려도 제기됨 (Aurelia George, 2009a).

− 한국 역시 원칙적 차원에서 이해를 표명하였지만 기본적으로 일본의 지역 구상에 대한 불신감이 존재하는 데다 신아시아 외교를 표방하고 나름의 전략을 추진하고 있어 얼마나 일본의 리더십에 동조할지 알 수 없음. 게다 가 최근의 독도 사태로 진의가 의심되어 한국의 동조가능성은 낮아짐.

○ 미국은 하토야마 정부의 아시아 중시 정책을 후텐마 기지 문제와 함께 미 국과의 동맹관계에 변화를 가져오려는 시도가 담겨 있다는 의심의 눈초리 로 바라보고 있어 일단 유보적 태도를 보임.

○ 전통적으로 일본의 지역주의 협력 파트너였던 호주는 일본의 동아시아 공 동체 구상과 미묘한 경쟁관계인 '아시아−태평양 공동체(Asia Pacific Community Initiative)'를 추진하고 있어 적극적인 지원이 쉽지 않을 것임 (Jia, 2009 참조).

○ 이런 여러 측면들을 고려할 때 민주당 정권의 동아시아 공동체 구상은 호

주의 APc와 유사한 문제들에 직면할 가능성이 높음.

- 무엇보다 기존 동아시아 협력 사업들과 차별성을 어떻게 확보할 것인가가 가장 중요한 과제임. 호주는 아시아 – 태평양이라는 보다 넓은 지역범주 (물론 이것도 APEC의 재판이다)를 제시하였지만 일본은 용어마저도 이미 통용되고 있는 동아시아 공동체를 사용함.

- 최근 하토야마 총리는 각료들에게 5월 말까지 동아시아 공동체 구상을 구체화할 수 있는 안을 만들어 낼 것을 지시하였다고 하니 안이 나올 것임.

- 한국, 미국, 중국 그리고 ASEAN의 의구심을 해소하면서도 기존 협력틀과 차별성을 만들어 낼 수 있는 획기적인 아이디어를 제시하지 못하는 한 결국 기존정책들을 심화시켜 추진해 나가는 것을 기본으로 하되 상징적으로 우애라는 원칙이 적용되는 특정한 사업구상을 제시한다든가(한일 FTA, CEPEA, ERIA, ASIA gateway+α 등) 하는 정도일 가능성이 적지 않음.

⋮⋮⋮ 3. 신아시아 외교 구상

○ 신아시아 구상(New Asia Initiative)은 2009년 3월 이명박 대통령이 호주, 뉴질랜드, 인도네시아 순방외교의 마지막 기착지인 인도네시아에서 밝힌 한국의 실용주의적 협력외교선언임.

- 시기적으로 미묘하게 호주의 APc 구상과 일본의 EAC 구상 사이에 발표가 이루어진 데다가 신아시아 구상이라는 표현 때문에 대체적으로 한국의 새로운 지역구상인 듯한 인상을 주었지만 실상은 한국 외교정책의 초점을 아시아로 일부 이전하겠다는 외교정책 선언임.

- 발표 후 1년 이상 경과하였지만 보다 정리된 이론적 원칙이나 구체적인 추진 방안 등이 제시되지 못하고 있음.

가. 내용

1) 추진배경 및 동기

○ 외교지평의 확대: 주변 4강 외교를 성공적으로 마친 후 외교의 지평을 여타 아시아 지역으로 확대하여 이들 국가들과 실질협력 관계를 강화함.

○ Global Korea 비전 추구: 한국이 글로벌 이슈들에 대해 아시아의 대표로서 국제적 목소리를 높이겠음. 그를 위해서 지역적 공헌을 늘려 국격을 높이고 주변국의 존경을 받겠음.

○ 중견국가의 역할: 중견국가로서 선진국과 개도국, 중국과 일본 등의 사이에 조정자 역할을 하겠음.

○ 소프트 파워 외교: 한국의 발전경험을 전수하여 소프트 파워를 높이겠음.

○ 미래 성장동력 창출: 이런 외교 목표들의 추구를 미래 성장 동력 창출로 연계하겠음.

2) 대상지역

○ 동북아: 4강 외교, 한·중·일 3국 정상회담, 각료급 회담(15개)

○ 동남아: ASEAN 협력(특별정상회담, ASEAN+1)

○ 서남아: 인도

○ 중앙아: 에너지 협력, 중앙아시아 정상회담

○ 남태평양지역: 호주, 뉴질랜드

3) 이슈영역
○ 기여외교: ODA 증액

○ 경제협력외교
- 무역 및 투자: FTA 네트워크 구축, 허브 지향.
- 금융: CMIM, Asian Bond Market, 아시아 개발은행 자본금 확대.

○ 저탄소녹색성장 비전: 동아시아 기후 파트너십

○ 에너지 협력

○ 사회문화협력: 한-ASEAN 센터, 한아세안 협력기금, 방송프로그램 등 문화콘텐츠 교류

○ 글로벌 이슈 해결에 기여
- 금융위기, 기후변화, 개발협력, 반테러 등.
- 지역공동체 형성과정에 참여.
- 지역 국제기구 및 협력 메커니즘 참여.

4) 수단
○ 양자외교: 정상외교, 방문 및 초청외교

○ 다자외교: 한·중·일 정상회담, APT, EAS, APEC

○ Asian Caucus

○ 맞춤형 협력외교: 상대국의 실정에 맞는 외교

나. 문제점

○ 신아시아라는 지역 범주와 구상(initiative)이라는 용어를 사용하는 데다 일부 지역구상에 준하는 속성을 포함하고 있어 마치 한국의 새로운 지역구상인 듯한 인상을 줌.

- 기본 발상이 호주 및 일본과 유사하게 미국 헤게모니의 약화와 권력 이전(power shift) 현상을 배경으로 아시아의 중요성이 증대됨에 따라 그에 외교적 초점을 맞추겠다는 것이어서 그런 오해를 증폭시키는 측면이 있음.

○ 내용적으로 한국정부가 아시아 중시 정책을 펴겠다는 의지를 나열식으로 대내외에 천명하는 이외에 일정한 외교적 성격을 부여하기 어려운 상태임.

- 지역의 범위, 내용, 이슈영역, 방법 등이 너무 포괄적이어서 사실 '아시아와 관련해서 한국이 하는 모든 외교활동' 정도로 요약되어야 하는 상황임.

다. 논의

○ 두 가지 대응방안

- 구상의 내용을 체계화하고 장기비전을 제시하는 등 그 성격을 명료하게 정리.
- 지역별, 이슈별로 협력방안에 대한 새로운 아이디어 제시.

○ 구상의 성격을 명확하게 정리하기 위해 무엇을 위한 신아시아 구상인가? 지역구상인가? 외교선언인가? 등의 문제를 고민할 필요가 있음.

- 현재는 무엇을 위한 신아시아 협력인지 불명확할 뿐 아니라 문제의식이

자기중심적으로 설정되어 있음. 지역구상으로서의 성격과 외교노선의 성격을 모두 포함하고 있어 호주나 일본의 지역구상과는 물론 기존 기구들과의 관계설정 문제도 야기함.

- 기존의 신아시아 구상은 지역구상으로 발전시키기 어려운 측면을 가지고 있고 호주와 일본의 사례에서 확인되듯이 역내 국가들 사이에 새 구상을 환영하는 분위기도 아님. 따라서 지역구상보다는 한국정부의 포괄적인 외교구상으로 방향을 정립할 필요가 있음.

○ 지역범주의 전략화/단계화: 중층적 연계외교(Multi-layered Linkage Diplomacy)
- 신아시아 구상은 현재 통용되는 지역개념으로는 한데 묶이지 않는 광범위한 지역을 설정하고 있어 명료한 초점을 가진 외교 정책으로 발전시켜 나가는 데 어려움이 있을 수밖에 없음. 기존의 동아시아나 아시아 태평양이라는 지역범주를 단위로 한 협력체들이 가진 다양성의 문제를 보다 심화된 형태로 재생산해 내는 셈임.
- 중층적 연계외교: 문제의 해결을 위해 지역범주의 단계화가 필요함. 말하자면 동북아와 동남아를 전략적 중점지역으로 지정하고(동아시아를 중점지역으로 봄) 이를 통해 서남아, 중앙아 및 태평양으로 확산해 나간다는 전략, 혹은 동북아, 동아시아, 아시아태평양, 글로벌 등 단계적 개념화 전략임.
- 동북아외교: 한일, 한중 양자외교 및 한중일 3자 외교의 활성화로 APT 및 EAS의 활성화에 공헌.
- 동아시아외교: ASEAN과의 관계 강화, APT 및 EAS, 동아시아 공동체 건설.
- 아시아/태평양 외교: APEC 내에서 East Asia Caucus.
- 글로벌 외교: G-20 내에서 East Asia Caucus, Asia-Pacific Caucus, Middle Power Caucus.

○ 이슈영역 및 추진방법의 초점 필요

- 실용외교 혹은 중층적 연계외교로 개념화하되 기여외교, 소프트 파워외교
  와 같은 중점 분야를 특화시켜 부각시킬 필요가 있음.
- 이 전략은 기존 다자주의 협력 메커니즘과의 관계설정 문제가 어느 정도
  해소되는 효과가 있음.

○ 추진체계의 정비 필요

- 신아시아 외교를 진지하게 추진한다면 좀 더 체계화된 추진체계가 필요
  함. 현재와 같은 나열식의 정책방안 제시는 전체적인 조율체계 없이 각 부
  서마다 담당 지역에 대한 당면과제를 제안하고 이를 기계적으로 모은 듯
  한 인상을 줌. 보다 나은 아이디어의 발굴 및 전략적 구성이 필요한데 이
  를 위해서는 기본적인 개념을 공유하는 지역별 담당 부서 간 수평적 커뮤
  니케이션이 중요함.
- 대상지역이 광범위하여 어느 한 부서가 전담할 경우 전체적 균형을 갖춘
  전략적 사업추진이 쉽지 않을 것으로 생각됨.
- 외교통상부 내에 각 지역별 담당자를 모은 TF팀을 구성하여 전체적인 개
  념적 체계를 만들고 관학 공동으로 실천방안을 모색하는 추진체계를 수립
  할 필요가 있음.

두만강 개발과 동아시아 다자협력의 전망:
동아시아 다자협력체의 건설을 중심으로

이성우(제주평화연구원 연구위원)

두만강 개발은 동아시아 지역 국가들의 이익에 기초한 합의라는 특성을 가진다는 점에서 아시아의 다른 다자협력의 움직임과 구별된다. 유엔개발계획(UNDP)이 1991년 10월 15일 두만강지역개발계획위원회(TRADP)를 수립하여 훈춘-나진·선봉-포셰트를 잇는 소삼각 지역을 중심으로 국제자유무역지대를 창설하고 이를 연길-청진-블라디보스토크를 연결하는 대삼각 지역으로 발전시킨다는 계획이었다. 두만강 하구에 건설되는 자유경제구역에 주변국의 자본, 기술, 노동력을 흡수하여 개방형 도시를 건설하고 자유무역지대의 창설을 통해 접경국가의 낙후지역을 개발하고 참여국에게 이익을 줄 수 있는 전략적 발전거점으로 활용한다는 계획이다.

1990년 시작되어 2005년 장춘 회의에서 두만강개발계획을 10년 연장과 GTI로 명칭 변경을 발표함으로써 사실상 계획의 추진이 종결될 때까지 15년간 접경 당사자인 북한, 중국, 러시아와 투자를 심각하게 고려하였던 한국을 비롯한 일본과 미국의 노력에도 불구하고 결국 두만강 개발은 결실을 맺지 못했다.

본 연구는 두만강개발계획이 결실을 맺지 못했던 원인을 분석함으로써 지속적으로 논의되는 동아시아 다자협의체구성 논의와 관련한 고려사항을 제시하고자 한다. 두만강개발계획의 과정을 1) 시대별로 분석하여 상황전개를 논의하고, 2) 관련 국가들의 이해관계의 역학관계에 대하여 분석하고, 3) 제약요인에 대하여 국제체제 수준, 지역체제 수준, 양자관계 수준, 그리고 당사국 국내정치 수준에서 분석하여 논의하고, 마지막으로 4) 앞의 분석에 근거하여 최근 상황을 반영하여 향후 전개과정에 대한 전망을 기술하였다.

2010-07-14

⠿ 1. 서론: 동아시아 다자협력체

○ 다자협력체의 논의는 본질적으로 국제관계에서 자유주의 이론(liberalism)
  에 기초함.

– 다자주의(multilateralism)는 참여국의 동등한 권한을 인정한다는 점에서 보
  편주의와 평등주의를 표방.

– 국가는 유일한 국제관계의 행위자는 아니지만 주요한 행위자이며 국제질
  서는 본질적으로 혼돈(anarchy)으로 정의할 수 있지만 무질서(absence of
  order)가 아니라 규범을 집행할 수 있는 권위체의 부재(absence of central
  authority)로 인식.

– 개별국가가 국제사회의 불확실성을 극복하고 생존과 번영을 보장하는 방
  안은 힘에 의한 균형보다 상호 의존과 협력이라는 신뢰와 규범의 유용성
  을 인정함.

○ 국가들이 직면하는 불확실성(uncertainty)을 극복하는 방안으로 힘의 추구,
  동맹의 결성, 반복되는 협력, 상호 의존의 강화, 국제 레짐의 형성 등 다양
  한 대안을 논의함.

– 동아시아는 안보의 불안정으로 인해 역내 국가들 사이의 갈등의 가능성이
  현실적으로 상존한다는 점에서 여전히 현실주의적 고려가 지배적으로 작동.

– 탈냉전이라는 시대의 변화에 따라 동아시아에서 힘에 의한 질서유지보다
  협력과 상호 의존이 대안으로 부상.

○ 국제관계에서 보편주의와 평등주의의 실천은 힘의 원리가 아니라 규범적
  정의를 수용한다는 점에서 도덕적 우월성에 근거한 국제사회의 지지를 획
  득하고 있으나 현실적으로 기존질서를 개편하려는 시도로 활용되는 측면
  이 있음.

- 동아시아 국가들 사이의 경제규모의 비대칭성과 안보 위협의 부정적 요인에도 불구하고 역내 안정과 발전을 위한 대안으로 다자협력이 논의됨.
- 두만강 개발을 둘러싼 다자협력의 논의는 자유주의적 접근의 유용성과 가능성의 추구라는 점에서 의미가 있음.
- 미국의 현상유지, 중국의 부상, 일본의 견제, 한국의 도전으로 특징되는 동아시아의 국제정세에서 다자협력에 대한 고려는 동아시아 질서의 재편 가능성과 관련하여 고려할 필요가 있음.

○ 세계적인 탈냉전의 변화 속에도 한반도를 둘러싼 동아시아에는 남북한의 군사적 대결과 중국과 일본의 군사적 경쟁이 있다는 점에서 다자협력을 통한 평화와 번영의 논의가 필요함.
- 두만강개발계획이 가지는 정책적 함의를 논의하고 이에 대한 이론적 및 현실적 배경에 근거하여 1990년부터 15년간 추진되어 왔던 두만강개발계획의 사실상 실패에 대한 원인을 분석할 필요가 있음.
- 최근 다시 부상하고 있는 신 두만강개발계획에 대한 정책적 배경의 논의를 통해 동아시아 다자협력의 성공을 위해 필요한 대안을 논의함.

2. 두만강개발계획의 내용과 추진과정

가. 두만강개발계획의 내용

○ 북한, 중국, 러시아가 국경을 접하고 있는 두만강 하류지역은 탈냉전과 더불어 지역협력의 거점으로 부상함.
- 유엔개발계획(United Nations Development Programme: UNDP)은 제3세계의 빈곤 타파와 환경보호의 조화를 의미하는 지속 가능한 발전(sustainable

development)의 원칙을 실천하는 모델로 두만강지역개발계획을 발표.
- UNDP는 국경을 접한 당사국의 입장에서 중국의 동북3성과 러시아의 연
  해주 그리고 북한의 나진·선봉지구 개방으로 경제발전을 추진하는 전략
  적 중심이 될 수 있다는 점에서 다자간 지역협력을 통한 개발의 추진에
  대한 원칙에 합의를 유도.

○ 두만강 하구에 건설되는 자유경제구역은 주변국의 자본, 기술력, 노동력을
  흡수할 수 있는 개방형 도시건설과 자유무역지대 건설을 통해 접경국가의
  낙후지역을 개발하고 참여국에게 이익을 줄 수 있는 전략적 발전의 거점
  으로 활용한다는 계획임.
- UNDP는 1991년 10월 24일, 20년간 300억 달러의 자금을 투자하여 두만강 하
  류지역에 홍콩이나 로테르담을 모델로 기술투자와 자유무역을 통하여 자유
  경제구역을 건설한다는 '두만강지역개발계획(Tumen River Area Development
  Program: TRADP)'을 발표.
- 두만강유역개발은 북한의 나진·선봉과 중국의 훈춘 그리고 러시아 포시
  에트를 연결하는 길이 1,000km, 면적 800km^2 삼각지형인 두만강경제구역
  (TREZ: Tumen River Economic Zone)과 북한의 청진, 중국의 옌지(延吉),
  러시아의 블라디보스토크를 연결하는 길이 5,000km, 면적 10,000km^{2}의 대삼
  각 지역인 '두만강경제발전구(TREDA: Tumen River Economic Development
  Area)'로 구성.

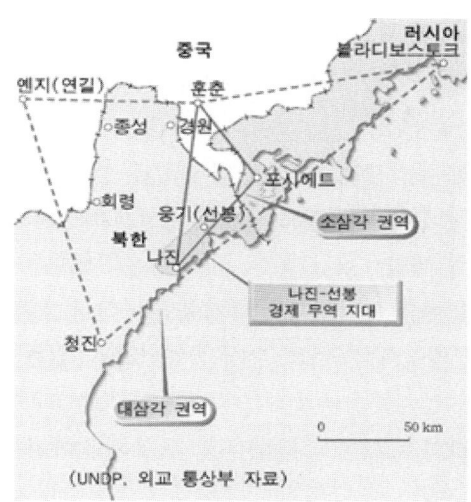

(UNDP. 외교 통상부 자료)

○ 두만강개발계획은 동아시아 지역 참여국들의 이익에 기초한 합의라는 특성을 가짐.

- 연해지역과 내륙지역의 경제적 격차를 극복해야 하는 중국, 사회주의권의 붕괴로 경제적 활로를 모색해야 하는 북한, 그리고 경기침체로부터 탈출구를 확보해야 하는 극동러시아의 공통된 이익이 기본적인 동기로 작용함.

- 접경 국가 이외에도 한국, 몽골, 일본이 참여하는 다자간 경제 협력 사업은 주변국의 기술과 자본을 유인하여 세계적 수준의 수송, 가공·제조, 금융, 관광의 핵심거점으로 개발.

- 두만강 유역은 지리적으로 만주·시베리아의 대륙과 동해·태평양의 접점에 위치해 있다는 점에서 다자경제협력의 실현가능성이 높은 것으로 평가되어 왔음.

○ 두만강개발계획을 통한 참여국이 기대할 수 있는 구체적인 유인효과의 잠재력이 큰 것으로 평가됨.

- 극동러시아와 동북3성 지역의 부존 지하자원의 활용과 업종별 비교우위를

통한 산업간 보완관계.
- 단계적으로 노동집약 및 자원집약 경공업 확대와 업종 간 연계의 심화로 발전 잠재력을 극대화.
- 한국과 일본에서 유럽지역으로 수출입 물류를 수송할 경우 해상로를 이용하는 것보다 시베리아 횡단철도를 통할 때 1,000~1,400㎞의 거리를 단축하는 물류비용의 절약.
- 산업의 확대와 수송의 이점을 통한 투자유인과 역내 무역창출 효과는 이 지역의 국민총생산을 25년간 600% 이상 증대시킬 수 있는 성장 잠재력 평가.

○ 긍정적 유인효과와 동시에 극복해야 할 현실적 장애가 존재하는 것이 현실임.
- 중국의 출해권 확보, 북한의 투자유치, 러시아의 지역발전과 같이 관련국 상호 간의 상충되는 이해관계는 세부적으로 이해되고 절충되어야 할 과제.
- 접경 3국 중 중국이 상당한 수준의 시장경제의 발전을 경험하고 있지만 러시아와 북한은 자본주의 시장경제체제에 대한 경험부족으로 국가차원은 물론 민간차원에서도 다자협력을 통한 경제발전을 추진하는 데 한계.
- 접경국가의 국내적으로 가장 낙후한 지역으로 기대할 만한 수준의 경제협력의 성과를 거두기 위해서는 사회간접자본의 투자가 우선 요구되며 무엇보다 중요한 것은 주변국의 투자를 유치하여 도로, 통신, 전력 등의 기간시설을 확보.

나. 두만강개발계획의 추진과정

1) 제안 단계
○ 두만강 개발에 대한 제안은 1990년 7월 북경과 장춘에서 개최된 국제학술 세미나에서 처음으로 제안됨.
- 하와이대 동서문화센터와 일본 경제연구소가 공동주관한 "동북아지역의

경제발전을 위한 국제협력"이라는 제목의 학회에서 철도, 항만, 하천 개발
의 전문가들이 모여 중국, 러시아, 북한 3국 접경지역인 두만강 하구에 다
롄과 같은 무역특구를 건설할 것을 제안.
- 이후 두만강 개발에 대한 민간학술 회의에서 한국, 북한, 중국, 일본, 몽고,
소련 등 6개국 대표가 참석하여 두만강 개발, 동해자원 개발, 지역다자협
력의 제도화 등을 지속 논의.

○ 1991년 10월 15일부터 21일까지 유엔개발계획(UNDP)은 평양에서 동북아
지역 협력회의를 주최함.
- 남북한, 중국, 몽고가 참석하고 일본과 소련은 옵서버 자격으로 참가해 두
만강 개발에 대한 평가와 제안을 논의.
- 회의의 결과 참가 6개국은 두만강개발사업 타당성조사와 연구기반을 조성
하기 위해 두만강개발계획위원회를 구성하고 실무자회담을 개최하기로
합의.
- 보고서에 따르면 20년 내로 300억 달러의 투자를 유치하여 현대적 부두시
설과 부대시설을 갖춘 인구 50만의 새로운 산업도시와 국제투자도시를 개
발한다는 계획을 포함.
- 두만강지역의 개발 방안으로 관련당사국이 독자적으로 경제특구를 개발
하는 방안, 경제특구를 인접지역에 건설해 행정적으로 협조하는 방안, 일
정지역을 하나의 운영기구에 제공해 공동으로 운영하는 방안 등을 논의.

○ 1991년 10월 24일 유엔개발계획(UNDP)은 두만강지역개발계획(Tumen
River Area Development Program: TRADP)을 수립함.[1]
- 소삼각(훈춘 - 나진 · 선봉 - 포세트 1천㎢)을 중심으로 협력을 통해 국제자
유무역지대를 우선 개발.

---

1) 유엔개발계획(UNDP)은 미개발지역의 개발을 지원함으로써 빈곤국가의 가난을 타파하고 계획적 개발을 통해 환경
보호와 발전을 동시에 추구하는 지속 가능한 발전(sustainable development)을 추구하는 국제기구이다.

- 향후 이를 대삼각(연길 - 청진 - 블라디보스토크 1만㎢)으로 확대하여 유럽의 로테르담 같은 관문으로 발전시킨다는 계획.

2) 본격추진 및 협의
○ 1992년부터 본격적으로 유엔개발계획(UNDP)이 중심이 되어 두만강지역의 지정학적 중요성과 경제적 잠재력을 활용하여 다자간협력을 통해 개발하는 방안을 모색함.
- 1992년 2월 26일부터 6박 8일간의 일정으로 서울에서 두만강지역개발계획 관리위원회 회의를 개최.
- 남·북한, 중국, 몽고, 러시아, 일본 6개국 대표단과 유엔개발계획(UNDP)과 아시아개발은행 관계자들이 참석하여 두만강계획관리위원회 활동지침, 제도법률금융조사팀, 경제성 분석반, 기술적 타당성 분석반 등 3개 실무 작업반 활동지침, 유엔개발계획의 사업계획서와 향후 추진일정 등 두만강 지역개발계획수립을 위한 타당성 조사연구지침 수립을 논의.

○ 1992년 4월 27일부터 5월 4일까지 북한은 두만강개발계획 관련국의 투자와 참여를 유도하기 위한 평양의 회의 개최에 적극적 추진 의사를 나타냄.
- 기존 관련 6개국과 미국의 민간학자가 참여하는 '동북아 경제포럼'을 조직하여 나진·선봉지역을 시찰하고 북한의 항만·철도·도로의 현황과 전망, 그리고 나진·선봉 자유경제무역지대 조성안에 대한 전망을 논의.
- 북한의 사회기반시설의 정비가 주된 의제로 새 선봉항의 건설과 연간 하역능력 1억 톤으로 확대, 북부 환상철도 전철 복선화, 300㎞에 이르는 북부 환상고속도로 건설 사업계획을 설명.
- 북한은 도로와 통신망의 사회간접자본 정비에 42억 달러의 투자계획뿐 아니라 경제관계법의 정비와 3년간 법인세 면제 등의 우대조치 등 법률정비계획을 발표하여 주변국의 적극적 투자를 촉구.

○ 1992년 8월 25일 러시아 블라디보스토크에서 개최된 두만강유역개발을 위한 국제회의는 회의가 거듭되는 과정에서 내재되어 있던 불협화음이 표출됨.

- 중국의 관리들은 러시아가 두만강을 통한 동해로의 진출권에 동의했으며 항구개발에 적극적인 북한과 협상을 진행 중이라고 발표하는 등 동해를 통해 일본과 태평양으로 진출하는 출해 관문 획득에 적극적 행보.

- 연해주 하산스키지구 메르니첸코 행정장관은 러시아 측은 두만강 개발의 필요성을 느끼지 않는다며 중국 주도의 두만강 개발에 대한 반대 뜻을 분명히 함.

○ 1992년 10월 4일 베이징에서 열렸던 제2차 계획관리위원회에서는 북한과 중국, 러시아가 토지를 일정기간 조차해 회원국이 공동개발한다는 원칙에 합의함.

- 북한은 국가별로 해당지역을 독자적으로 개발하여 관리하고 필요한 경우 협조를 하는 방식을 주장.

- 중국은 토지 소유권 자체를 양도하여 공동으로 개발·관리할 것을 주장했으나 북한이 양보하면서 개발주체와 개발방식 등 사업의 기본 틀을 마련.

- 러시아가 정회원으로 참여하고 북한, 중국, 러시아 3개 인접국으로 구성된 소위원회를 구성하여 토지 임차와 국경문제를 논의하기로 합의.

○ 1993년 1월 28~29일 서울에서 개최된 두만강지역 통신전문가 회의를 통해 한반도 중심의 기간통신망을 구축하여 두만강개발사업을 1994년에 본격시행하기로 설정한 목표에 맞춰 최종개발계획을 수립하고자 했으나 북한이 서울-평양 직통전화설치 의제에 반대를 제기하여 무산됨.

- 북한의 입장에서 남북직통전화설치는 기술적 문제일 뿐 아니라 남북 당사자의 합의가 필요한 문제이며 이는 남북합의서에 포함된 의제이므로 남북한의 쌍무협의로 해결해야 한다고 주장.

○ 1993년 3월 12일 IAEA와 핵사찰 문제로 갈등을 보이던 북한이 핵확산금
지조약(NPT)의 탈퇴를 선언하자 두만강 개발은 난항을 맞이함.
- 북한의 NPT탈퇴로 북한을 제외하고 중국과 러시아 주도로 추진.
- 비협조적인 북한의 행태는 헬싱키에서 개최된 두만강개발계획의 공업, 자
원, 환경 실무자회의에도 불참.
- 북한은 한국과 미국의 군사훈련인 팀스피리트 훈련을 비난하면서 비협조
적인 자세를 취하는 한편 중국에 대해서는 나진항 부지임대와 항구시설사
용을 허가하는 쌍무협력협정을 채결하면서 적극적 자세를 보였다는 점에
서 차별화된 접근을 시도.

○ 1993년 5월 5일부터 12일까지 평양에서 열렸던 제3차 계획관리위원회는
종합계획발표를 위한 최종 회의로 설정하고 논의결과를 종합하여 두만강
지역개발사업 청사진을 발표함.
- 중국, 러시아, 그리고 북한은 토지, 설비, 시설을 임대하는 당사자들로 북
한이 반대한 토지 임대문제의 해결을 위해 차관급 고위공무원으로 구성된
한시조직인 두만강지역개발조정위원회(Tumen River Area Development
Coordination Committee)를 설치하여 토지 임대문제를 논의하기로 합의.
- 이와 별도로 중국, 러시아, 북한, 몽고, 한국은 두만강경제개발지역 및 동북아
시아의 개발을 위한 자문위원회(Consultative Commission for the Development
of the TREDA and Northeast Asia)를 창설.
- 자문위원회 산하에 두만강 개발 추진기구로 두만강개발회사(TRAD CO)를
설립하기로 하고 각국이 출자하기로 합의해 본격적인 사업추진체제를 정
비, UNDP는 북경에 두만강사무소를 두어 사업전반을 관장.

○ 1993년 9월 7일 블라디보스토크에서 남북한과 러시아, 중국, 몽고 대표단
이 참석한 가운데 두만강 개발을 위한 고위급 회담에서 단일의 국제 통신
망 설치에 대해 합의함.

- 2010년까지 전화 15만 회선과 이동통신 및 위성을 주관하는 국제통신위성 지국의 설립 등 계획 수립.
- 한국은 핵문제가 해결되기 전에 경제협력이 어렵다는 자세를 유지하고 있어서 한국의 통신망개발 사업에 참여에 어려움이 있었음.
- 북한은 한국의 참여보다는 중국과 러시아와의 협력에 중점을 두고 협상과 사업을 추진, 북한은 중국과 전화교환기 구매계약을 체결하고 광케이블을 개설하는 등 전기통신 분야에서 협력을 강화(1994년 12월 1일).

3) 투자유치 경쟁 및 소강기

○ 1994년 7월 11일부터 15일 모스크바에서 열린 제4차 계획관리위원회에 북한은 김일성의 사망으로 인해 불참을 선언함.
- 한국, 중국, 러시아, 몽골 4개국은 '두만강 경제개발지역 및 동북아 개발을 위한 동북아위원' 구성에 합의.
- 동북아위원회는 두만강 개발을 전담하기 위해 설립된 최초의 정부 간 협의체로 다자간 개발원칙을 확정하고 추진하는 단계를 의미한다는 점에서 긍정적으로 평가.
- 협정을 완성하기 위해서는 우선 불참한 북한의 동의를 얻어야 되고 고위급회담 등 후속조치가 필요하다는 점에서 투자가 가능해지기까지 제도적 완비가 필요.

○ 1995년 5월 30일부터 6월 2일까지 베이징에서 열린 제5차 계획관리위원회에서는 개발계획을 추진하는 참가국들의 협의·의결기구를 결성하는 데 각국이 가서명하였으나 5개국 협력위원회와 3개국 조정위원회의 권한배분을 놓고 이견이 노출됨.
- 5차 회의를 통해 개발계획 추진을 위한 법적·제도적 기반이 갖추어졌지만 주요 쟁점에 대한 이견, 투자유인을 위한 법제도 정비, 사회간접자본의 부족은 부정적 요인으로 작용.

○ 1995년 12월 4일부터 7일까지 뉴욕에서 열린 제6차 계획관리위원회에서는 동북아개발 협의위원회 협정문과 환경양해각서에 서명, 사무국 구성방안과 소재지 선정과 경비부담과 같은 사무국 관련사항을 협의함.

- 접경 3개국은 사업추진과정에서 주권 관련사항에 대한 조정을 위해 3개국 조정위원회 설립협정 서명에 합의하는 등 진전을 보이는 듯했지만 두만강 개발계획이 실질적 답보상태로 돌입.

○ 1996년 4월 18일부터 19일 베이징의 5개국 차관급회의에서는 사무국은 베이징에 두고 각국이 매년 2만 5천 달러의 개발 분담금을 부담하기로 결정함.

- 상설사무국은 3년간 베이징에 두고 그 뒤 서울과 블라디보스토크에 차례대로 설치하기로 합의하였지만, 이때부터 두만강 개발은 4년간의 답보상태를 거쳐 소강상태에 돌입한 것으로 평가됨.

- 1996년 4월 북한은 두만강개발사업의 통신 및 관련 기반시설부문 작업반 구성과 관련하여 접경국가인 북한, 중국, 러시아만 별도로 구성해야 한다고 주장하면서 실무추진에서 공동 추진은 난항.

- 중국과 북한은 주변국에 대하여 직접투자를 유치하는 방안을 적극적으로 추진하였지만 결실은 제한적이었음.[2]

- 중국의 투먼 시장이 동해시를 방문하여 에너지 관련 산업, 의류 및 신발제조업, 식품제조업 등 다양한 산업의 유치를 희망 발표.

- 1996년 1월부터 북한 주민 300만 명이 아사하는 고난의 행군이 시작되자 북한은 경제난을 돌파하기 위한 방안으로 경제협력을 선택.

- 북한은 투자유치를 위해 1996년 9월 11일부터 15일까지 나진·선봉지역 투자설명회를 개최, 김복신 정무원 부총리와 김정우 대외경제협력추진위원장 등 경제 관리들이 두만강개발사업은 김일성의 유훈사업이라는 점을 강조하며 개발의지를 피력하고 투자유치를 홍보했지만 한국 기업은 불참.

---

2) 한국기업의 경우 현대강관이 600만 달러를 투자해 강관제품공장, 쌍방울은 7,000만 달러를 투자해 내의와 스타킹 공장 등 5개 공장을 건설하였다.

- 투자설명회에는 일본, 네덜란드, 덴마크, 독일, 폴란드, 홍콩, 태국, 미얀마, 멕시코 등 모두 17개국이 참가하였는데 북한이 국제투자설명회를 개최한다는 것이 새로운 지평이라고 해석되지만 한편으로 북한경제난이 심각했음을 보여 주는 단면.
- 1996년 9월 18일 북한잠수함 사건이 발생하자 남북관계는 경색국면으로 접어듦.

○ 1996년 10월 21일부터 23일까지 5개국 위원회 제2차 회의가 베이징에서 개최되었으나 남북당국자 간 경제협력관련 회담은 이루어지지 않고 북한은 나진·선봉개발에 최선을 다하고 있다는 원칙만 발표함.

○ 1997년 들어서 두만강 개발과 관련한 새로운 움직임으로 나진·선봉지역이 역사적 유물과 유적지가 많고 경관이 수려한 점을 들어 경제개발을 관광개발과 연계해서 추진한다는 계획이 발표되었는데 이는 외국자본의 유치와 현금의 확보를 위한 북한의 전략적 선회임.
- 투자유치를 위한 전략적 선회정책이 성과를 거두지 못하자 1997년부터 북한은 두만강 개발과 관련한 회의를 거부.
- 1996년 9월 북한이 투자포럼을 계획하고 남한의 기업인과 관료 53명을 초청하였으나 북한의 선별적 초청방침과 북한 잠수함 사건으로 방북과 투자설명회가 무산.
- 1997년 11월 남북한을 포함하여 중국, 러시아, 몽골 등 5개국의 차관급 수석대표가 참석하는 두만강개발계획 3차 회의와 관련하여 두만강개발사업 5개국위원회에 북한의 김정우 부위원장이 일방적인 불참을 통보함에 따라 두만강 개발의 논의가 난항을 노정.

○ 1996년 잠수함 사건 이후 북한의 관계개선에 대한 의지를 관측하면서 두만강 개발의 진전을 추구해 왔지만 결과는 만족스럽지 못했음.

- 1998년 7월 22일부터 25일까지 중국의 연길에서 UNDP가 주최하는 5개국 관광자원개발에 대한 회의는 당사자들의 기대가 높았으나, 북한은 나진·선봉지역에 외국인 관광객 유치를 희망했고 한국은 속초-나진-훈춘 간 직항로 개설에 주력하는 상황이어서 실무차원에서 회담의 진전을 희망했지만 북한은 일방적으로 UNDP 두만강개발사무국에 불참을 통보.
- 1998년 10월 14일부터 17일까지 몽골에서 열릴 예정이었던 두만강개발계획 4차 회의도 러시아와 북한의 대표단 구성문제로 회의 불참을 통보, 러시아는 국내정치 불안을 이유로, 그리고 북한은 내부 조직변화 등의 문제로 대표단 구성이 어려워 회의를 무기한 연기한다고 일방적으로 통보.
- 1999년에도 6월 1일 몽골의 울란바토르에서 열리는 두만강개발계획회의에 북한은 일방적으로 불참을 통보하면서 북한의 회의 거부는 계속.

4) 중국주도의 재시도기
○ 북한과 주변국의 두만강 개발과 투자에 대한 협상이 무산된 이후인 1998년부터 2009년까지 북한이 두만강 관련 논의에 소극적인 자세를 취하면서 북한을 포함한 주변 5개국의 두만강 개발 논의가 급감하여 소강상태를 지속함.

○ 2005년에 유엔개발계획(UNDP)은 소강상태에 빠진 두만강개발계획을 적극적으로 추진하기 위해 대상지역을 한국의 동해안까지 확대 포함하는 방안을 제안하였지만 실질적인 진전은 이루지 못함.
- 자유무역과 시장개방이라는 제도적 혁신은 투자의 확대와 산업개발과 교통 및 통신의 발달과 같은 경제 활성화로 이어져 낙후지역인 두만강 유역의 발전을 가져올 것으로 계획하였지만 큰 진전을 이루지 못함.

○ 유엔개발계획(UNDP)은 성과를 거두지 못하고 2005년 두만강지구 발전계획의 10년 연장을 발표했는데 이는 아이러니하게도 두만강개발계획의 사

실상 중단을 의미하는 것이었음.

- UNDP가 주도한 두만강개발사업은 두만강 하구일대의 개발에 초점을 두고 추진하였으나 자금부족으로 인프라가 정비되지 않는 내부적 문제와 주변 환경의 문제로 인해 계획추진이 지지부진한 상태로 20년 이상 방치.

- 2006년 7월에 남북한, 중국, 러시아의 관계자 160여 명이 참석하여 연해주 핫산에서 5회 동북아 경제포럼을 개최하였는데 기본적으로 각국의 입장을 다시 정리하는 자리였으나 실질적인 진전을 이루지 못하다가 2009년 들어서면서 북한의 정책전환이 감지되면서 중국의 적극적 행보가 진전을 보임.

- 중국이 독자개발을 내세우면서 2,800억 위안을 투자하는 '신두만강개발계획'을 발표하고 이에 따라 북한의 나진·선봉 및 청진을 연결하는 고속도로 건설의 주도를 표명함으로써 두만강 개발은 북한의 협력을 얻은 중국이 주도하는 모양을 갖춤.

- 2010년 3월 북한은 나진항을 중국에 10년간 추가 개방하는 방안을 검토 중이며 러시아에는 신규로 50년 사용허가를 해 준 것으로 알려지면서 두만강개발계획이 다시 추진력을 얻게 될 것이라는 기대가 증가.

3. 두만강 개발에 대한 당사국의 입장

○ 냉전시기부터 두만강 하구 개발은 접경 국가인 중국, 러시아, 북한 3국에는 전략적 및 경제적으로 중요한 지역임.

- 냉전시기였던 1973년 소련은 나진항 건설을 지원하였고 1984년에는 연간 400만 톤의 화물처리능력을 갖춘 국제무역항이 되었음.

- 월남전 당시 소련은 전략물자를 나진항을 통해 월남으로 수송하는 등 1977년에는 나진항 부두를 독점적으로 사용할 수 있는 전용권을 확보.

○ 1990년 9월 북한이 경제특구를 창설하면서 접경국가인 러시아와 중국 사이의 경쟁이 본격화되었고 이후 두만강개발계획의 전개에 따라 접경국가뿐 아니라 주변국가인 한국, 일본, 몽골을 비롯하여 미국과 유럽 국가들까지 관심을 가지기 시작함.

− UNDP의 지도적 역할과 주변국을 비롯한 다양한 국가의 관심에도 불구하고 20년간 두만강개발계획은 공전을 거듭해 왔음.

− 지난 20년간 각국이 견지해 온 입장 차이를 검토하고 논의함으로써 두만강 지역개발에 대한 방향설정에 도움이 될 수 있음.

가. 중국

○ 두만강개발사업에 적극적 관심과 추진의지를 보여 온 중국은 국내 다른 지역에 비해 경제적으로 낙후된 동북 3성 지역의 개발을 촉진하기 위한 돌파구로 활용함.

− 자원이 풍부한 동북 3성의 공업화를 목표로 두만강 개발을 추진하는 중국은 두만강 하구를 준설해 15㎞의 해로를 확보한 후 인근 훈춘지역을 제2의 홍콩으로 개발한다는 구상.

○ 중국 정부는 국무원과 국가계획위원회 등 중앙정부 차원에서 적극적으로 대응함.

− 1991년 두만강 개발 구상 제안 당시부터 중국은 자국선박이 두만강을 거쳐 동해로 나가는 출해 항행권을 반세기 만에 회복한다는 기대를 가지고 방천항을 개발한다고 발표.

− 1992년 국경도시인 흑하, 수분하, 훈춘을 개방지역으로 선포하고 훈춘시를 일급 개방도시로 승격 지정.

○ 중국은 두만강 개발의 비용보다는 역사적 관점 또는 주권의 관점에서 두

만강 통행권과 동해출해권을 확보하려고 노력했지만 현실은 거리가 있음.
- 중국은 북한에 대해 석유의존도를 어느 정도 충족시키고 두만강 통행권에
  대한 양보를 받아 낼 수 있다는 계산.
- 두만강 개발에 대한 북한의 기대에 비해 중국의 지원은 상당히 제한적이
  라는 점이 두만강 개발의 추진이 저조한 하나의 원인이 됨.

○ 두만강개발사업에 직접투자보다는 교역로 나진 · 선봉의 자유무역항을 활
  용하는 쪽에 중점을 두고 있음.
- 2005년 훈춘(琿春)의 동림무역이라는 업체가 북한과 합작으로 나진항 3호
  부두에 대한 50년 사용권을 얻었지만 자금 유치 실패로 개발 무산.
- 2010년 지린(吉林)성 연변조선족자치주 정부는 다롄(大連)에 있는 한 중국
  민간 기업이 북한 나진항 1호 부두에 대한 10년 사용권을 확보했다고 밝힘.

나. 러시아

○ 러시아는 두만강 유역개발에 중앙과 지방정부 차원에서 적극적인 자세를
  취하는 요인이 있음.
- 러시아는 구 소련시기부터 확보해 왔던 나진항에 대한 기득권은 부동항
  확보라는 국가전략차원과 극동지역개발을 위한 물류기지라는 지정학적
  교두보 확보차원에서 주목.
- 사회주의 체제 붕괴 이후 중앙의 재정지원이 급감하게 되자 경제적 활로
  를 확보하기 위해 적극적 자세를 취함.

○ 중국이 두만강변의 방천과 길림성 훈춘을 각각 자유무역항과 상품교역시
  장으로 육성하겠다는 발표를 하자 러시아는 경쟁적 입장에 있다고 인식하
  지만 이중적 태도를 보임.
- 초기에는 소극적인 입장에서 1989년 나홋카를 자유무역항으로 개발하겠

다는 발표를 한 이후 극동러시아의 개발에 대하여 의욕적인 태도.
- 러시아는 사할린과 시베리아 원유와 천연가스를 나진을 통해 주변국으로 판매할 수 있는 통로 확보라는 점에서 적극적 기대.
- 러시아는 자루비노항에 추가하여 나진항을 확보하면 경제적, 전략적으로 이익이 있다고 판단하지만 본질적으로 북한에 중국의 영향력 확대를 견제하려는 의도.
- 중국의 급속한 경제성장과 풍부한 인적 자원과 같은 구조적 요인에 대한 인식에 근거하여 두만강 개발에 대해 소극적 입장.

○ 러시아는 나진항의 확보를 위해 기반시설 투자의 필요성을 인정하지만 자국의 이해관계 때문에 소극적 입장을 취하고 대블라디보스토크계획에 관심을 보임.
- 두만강 유역 나진항보다 자국 영토인 나호트카, 블라디보스토크, 보스토치니 등 기존 연해주 지역의 주요 항만시설을 중심으로 개발을 추진해야 한다는 입장에서 두만강 개발에 대하여 중국이나 북한보다 소극적임.
- 대블라디보스토크계획을 통해 선진국 수준의 금융, 무역, 연구, 교통, 통신을 제공하는 투자기지로 연해주 지역을 자유경제지역, 공업단지, 항만물류 중심으로 육성하려고 계획하는 등 방향 수정이 있음.

○ 나진항 사용권확보에 러시아도 본격적으로 뛰어들어 북한이 나진항 3호 부두를 50년간 사용할 수 있는 권리를 이미 러시아에 제공한 것으로 알려짐.

다. 북한

○ 북한은 두만강 개발을 통해 외국자본유치 및 수출을 통한 경제 활로 확보 등 직접적 수혜를 볼 수 있지만 내부적 위기도 있는 것이 현실임.
- 급속한 개방화를 추진하여 외국자본의 투자를 유치할 경우 북한내부 체제

안정에도 위협요인이 될 수 있다는 점에서 신중한 행보를 취함.
- 북한의 개방은 체제안정을 전제로 가능한 것이라는 점에서 경제적 난관 때문에 개방을 한다기보다는 체제가 안정될수록 개방의 가능성이 높아질 것이란 해석.

○ UNDP와 중국이 주도한 두만강 개발 구상과 북한의 나진 · 선봉지구 자유 경제무역지대 설치구상은 상당한 차이가 있음.
- 중국은 두만강 통행권 문제에 대해서는 주권에 관한 문제가 얽혀 있기 때문에 있을 수 없다는 분명한 반대 입장을 보여 왔음.
- 표면적으로 환경보호와 영토주권을 내세우지만 실질적으로 중국으로부터 경제적 실리확보를 위한 사전포석으로 보임.

○ 북한은 접경국가인 중국뿐 아니라 러시아와 일정한 경쟁관계에 있다는 점에서 대외경제협력의 주요 창구로 UNDP와 유엔공업개발기구(UNIDO: United Nations Industrial Development Organization)와 같은 유엔의 전문기구를 활용함.
- UNDP를 통해 나진 · 선봉지역의 도로와 공단 건설 등 기반설비 투자에 대한 주변국 정부의 협력과 지원을 모색하고 이를 바탕으로 서방민간기업의 유치는 유엔공업개발기구(UNIDO)를 활용하겠다는 전략.
- 이러한 접근은 UNIDO가 블라디보스토크 자유경제권 구상에 중심적 역할을 수행해 왔다는 점에서 블라디보스토크 개발에 대한 견제라고 볼 수 있음. 이에 대해 UNIDO는 이들 구상에 대해 조정을 통해 구체적 투자계획 수립, 투자세미나 개최, 기업유치 과정에서 북한과의 협력 등을 언급.

○ 북한은 자유경제무역지대 지정과 외국인기업 활동보장의 선포를 통해 서방자본의 투자를 유치하여 북한경제의 활력을 불어넣으려는 의도를 보이나 신뢰를 주는 데 실패함.

- 북한은 통신, 도로, 항만 등 기본 인프라를 전적으로 외국자본에 의존하려
  고 한다는 점에서 서방 투자자의 신뢰를 얻지 못함.
- 북한경제의 개방은 단순한 법규의 개정만으로 되는 것은 아니라 각종 경
  제자료의 공개를 의미한다는 점에서 개방은 일방적 제도개선이 아니라 양
  방향적 제도의 조정과정으로 보이고, 북한의 자유경제구역의 설치와 운영
  에는 제도적·현실적 장애가 존재.
- 북한은 체제의 안정 등을 고려하여 한국보다는 서방의 투자를 선호하는
  태도를 보이는 등 남한의 투자에 대한 소극적 또는 배제의 의도를 보임으
  로써 서방국가의 투자에 대한 신뢰를 얻는 데 실패.

라. 한국

○ 한반도 문제의 일반 당사자인 한국의 경우 북한을 중심으로 전개되는 동
  아시아 경제협력체 구성에 많은 관심을 가지고 있으며 주변국으로부터 주
  요역할의 수행에 대한 요구를 받고 있음.
- UNDP가 추진하는 다자간 경제협력사업에 참여함으로써 남북한 교류와
  협력을 확대하고 궁극적으로 북한을 개혁·개방의 길로 유인할 수 있다
  는 기회가 공존함.
- 두만강 유역이라는 특수접경지역에 투자를 통해 주변국과 경제협력을 확
  대함으로써 통일한국을 대비하는 차원에서 적극적으로 대응.
- 한국정부는 1996년 4월 UNDP 신탁기금으로 100만 달러를 출연하고 두만
  강 개발 관련 투자촉진 지원센터 건립, 교육훈련 프로그램 운영 등의 사업
  에 92만 달러를 지원.

○ 북한과 협력 속에 진행되는 두만강개발계획은 북한의 내부 상황과 남북관
  계의 직접적 영향을 받으며, 특히 남북관계의 부정적 갈등이 발생하면 경
  제협력에 악영향을 끼침.

- 1994년 7월 김일성의 사망과 1996년 잠수함 사건 등의 악재가 발생하면서 두만강개발계획관리위원회에 북한이 불참을 선언하게 되고 한국도 이에 대하여 부정적 반응으로 일관.
- 북한의 고난의 행군이 시작된 1996년부터 북한은 주변국 투자유치에 적극적인 자세를 보였지만 궁극적으로 수세적인 입장을 취하게 되었고 한국도 1997년 말 금융위기를 거치면서 북한에 투자할 여력이 없었음.

○ 북한과 군사적 대치상황에 있는 한국의 입장에서 원칙적으로 북한의 핵사찰과 경제협력을 연계시켜서 핵문제와 관련한 신뢰회복이 우선되어야 한다는 원칙에서 미국과 의견을 같이함.
- 북한은 1997년 대포동 1호 미사일 시험 발사, 2002년 부시 대통령의 연두교서에서 악의 축 발언, 2002년 10월 2차 북핵 위기, 2004년 10월 제네바합의 폐기와 같은 일련의 사태를 계기로 군사적 신뢰가 무너지면서 경제협력의 긴 냉각기를 경험.
- 정확한 시기를 특정하기 어렵지만 1998년 초부터 2009년까지 북한은 동아시아 안보에 위협적인 일방적 조치를 취함에 따라 두만강 개발논의 자체를 어렵게 함.

마. 일본

○ 일본은 우선 내부적으로 두만강지역 개발을 니가타를 중심으로 한 일본 북서지역의 상대적 낙후지역 개발과 연계해 추진한다는 구상과 함께 동아시아 다자협의체와 경제통합의 움직임에 대하여 일본 주도의 환일본해(동해) 경제권을 구상한다는 목표를 설정함.
- 중국 동북부의 거대한 시장잠재력을 의식하고 1991년 제안단계에서부터 두만강하구 정비를 위한 엔화자본의 지원용의까지 표명하는 등 적극적 자세를 취함.

- 일본의 적극적인 행보는 오래전부터 시베리아, 연해주, 그리고 만주지역 일대를 포함한 동북아권 경제 진출 전략의 일환이라는 의심을 받기도 함.

○ 일본 정부는 두만강 개발 구상단계에서 북한과의 국교정상화를 추진하면서 북한이 요구하는 전후배상금의 일부 또는 상당부분을 나진·선봉 경제특구 건설에 사용하는 방안을 모색하는 등 일본 나름대로 현실적인 고려에서 출발함.
- 북한의 김정우 대외경제사업부 부부장은 북·일 간 국교정상화회담 타결 이전에 일본의 경제협력을 수용할 수 있음을 밝히는 등 적극적 일본 투자를 희망.
- 한편으로 8백억 엔에 달하는 북한의 대일 채무 불이행 문제에 대한 북한의 명확한 입장표명이 전제되지 않는 가운데 일본은 적극적으로 참여하는 의사를 표명하지 않음.

○ 1992년 8월 일본의 16개 기업과 단체가 두만강유역개발과 관련한 북동아시아경제위원회를 구성하여 일본 측의 공식창구로 발족하였다는 점에서 철저히 민간위주의 접근을 견지함.
- 두만강 개발 논의과정에서는 노무라 증권, 도쿄은행, 마루베니 상사, 닛쇼이와이, 니혼유센, 고마쓰, 내외정책연구회, 일본경제연구센터, 일중경제협회, 러시아동구무역회, 일조무역회, 동아시아무역연구회를 포함하는 북동아시아경제위원회를 구성하여 창구단체로 활용.

바. 미국

○ 미국은 원칙적으로 다자협력을 통한 지역 공동체 출현에 찬성하는 입장을 표명하지만 정책에 관한 실익에는 복잡한 고려가 있음.
- 두만강 개발에 미국은 정부차원에서 '동북아의 발전협력회의'를 통해 두

만강유역개발문제를 중점적으로 논의할 적극적인 관심을 보였음.
- 미국은 1991년 두만강 개발 논의단계에 평양에서 개최된 회의에 옵서버 자격으로 참가하여 국제 차관단 구성의 논의에 참가하는 등 관심을 보이는 한편 미국 하와이대 동서문화센터, 미국 상공회의소와 같은 1.5트랙을 이용하여 두만강 개발에 영향력을 행사.

○ 미국은 원칙적으로 비핵화 전략차원에서 북한의 경제협력은 핵사찰과 연계하여 추진되어야 한다는 입장을 견지하고 한국정부와 공조함.
- 남북한 경제협력과 북한의 핵사찰 수락의 연계전략에 따라 북한이 조기 핵사찰에 응하지 않을 경우 유엔 안전보장이사회를 통한 강제 사찰과 경제 봉쇄조처 등을 취할 것을 검토하는 상황에서 경제협력에 차질 발생.
- 미국은 동아시아에서 원칙적으로 북한의 핵사찰과 경제협력을 연계시켜서 핵문제와 관련한 신뢰회복이 우선되어야 한다는 원칙을 견지.

○ 미국은 비핵화 원칙에 우선순위를 두고 북한의 경제협력문제에 접근하였음.
- 1995년 미 상원의 북한핵 청문회에 제출된 보고서에 미국 기업 스탠턴이 나진·선봉지구의 전력생산과 관련된 기반시설 건설계획을 수립하는 등 나진·선봉지역 개발에 적극적 행보를 보임.
- 1996년 클린턴 행정부시기 북한의 폐연료봉 봉인작업이 진행되면서 북미 간 연락사무소 개설을 통한 관계정상화가 논의되면서 북한은 두만강개발계획 계획관리위원회 6차 회의에 참석한 뒤 뉴욕 인근에서 투자유치설명회를 개최.
- 1996년 미국의 AT&T사가 나진·선봉지역에 광케이블 매설작업을 하는 등 투자의 기미가 있었으나 이후 미국의 적극적인 행보는 사라짐.
- 표면적으로는 동아시아에 다자주의원칙에 입각한 경제협력에 동의하지만 두만강개발계획을 포함해 중국의 동북아 경제권, 일본의 환동해경제권 구상이 미국을 배제하는 형태로 진행된다는 점에서 경계하면서 북한에 강온

양면 전략을 구사한 것으로 보임.

::: 4. 두만강개발계획의 장애요인

○ 동아시아에서 두만강 개발이라는 사례를 통해 다자간 경제협력의 실패에
  대한 원인을 분석하는 것은 향후 다른 다자협력 추진에 중요한 의미를 가짐.

○ 다자협력을 포함한 국제관계의 주요 현상은 국제체제 변수, 지역변수, 양
  자변수, 국내변수로 나누어 분석할 수 있음.

○ 두만강개발계획의 장애요인은 우선 계획자체의 구조적 한계가 명확함.
 - 두만강 개발과 관련한 모든 합의에 대한 막대한 재원을 어떻게 조달할 것
   인가에 대해서는 구체적 대안이 없다는 점에서 모두 주변국의 투자를 활
   용한다는 막연한 기대만 무성.
 - 북한의 나진·선봉지역이 두만강 개발의 핵심적 투자처로 부상되었으나
   정작 당사자인 북한은 도로, 통신, 전기 등 사회간접자본까지 투자국에 의
   존하려는 의도를 밝힘으로써 개발계획의 추동력을 상실.
 - 남북한, 중국, 러시아, 몽골 5개 회원국 중에 재원 부담능력이 있는 국가는
   남한밖에 없었고 그나마 제한적임에 반해 접경 당사국들은 투자유치를 희
   망하고 직접 투자는 소홀.
 - 아시아개발은행이나 세계은행과 같은 국제기구들이나 유럽이나 미국과
   같이 재정능력이 있는 역외 국가들의 경우 현실적 투자유인이 존재하지
   않음은 물론 북한이라는 체제에 대한 신뢰가 확보되지 못한 상태임.

가. 국제체제변수

○ 두만강개발계획이 처음 공론화된 1990년 세계적인 탈냉전은 시작되었지
  만 동아시아는 그로부터 2010년까지 20년의 기간이 지나도록 냉전구도가
  지속됨.
- 북한이 정권의 생존차원에서 핵무기 개발을 추진하고 있다는 점에서 동아
  시아 냉전구도의 핵심에는 북한이 있고 북한 핵문제가 평화적으로 해결되
  지 않는 한 역내 다자간 경제협력의 성공은 기대하기 어려움.
- 여전히 동북아시아에는 한국 – 일본 – 미국으로 이어지는 남방 삼각관계와
  북한 – 중국 – 러시아로 이어지는 북방 삼각관계가 대치하는 상황에 있다
  는 점에서 구조적 제약으로 작용.

○ 기능주의이론에 따르면 비정치적 영역의 기능적 협력을 통해 신뢰를 축적
  하고 이를 통해 장기적으로 정치적 통합을 달성할 수 있다고 하지만, 이는
  어디까지나 안보에 위협이 존재하지 않는 상황이라는 최소한의 상호 신뢰
  가 담보된 상황에서 가능한 합리적 기대임.
- 동아시아에서는 남북한의 군사적 휴전상태의 지속과 북한의 핵개발이라
  는 기본적인 군사적 대치상황에 주변국들의 군사적 대립상태가 상존하고
  있다는 점에서 공동체 건설에 대한 기대와 노력은 제한적일 수밖에 없음.
- 군사적 대결과 이념적 대결이 동일한 방향에서 동맹을 형성하고 있는 상
  황에서 개별국가가 이익을 위한 기능적 협력과 이를 통한 다자간 상호 신
  뢰 구축은 달성하기 어려운 체계적 한계가 있음.

나. 양자관계변수

○ 두만강 개발을 통한 상대적 이익에 대한 고려는 중국과 러시아의 협력을

통한 두만강 개발에 결정적인 장애물이 됨.
- 두만강 개발을 통해 중국은 출해권과 경제성장이라는 이익을 얻게 되고 러시아는 극동지역 경제개발 자원수출통로확보의 이익을 얻게 되지만 절대적 의미의 이익보다 상대적 이익에 관심을 가지게 되므로 우려가 됨.
- 지속적인 협력을 통해 중국의 누적된 상대적 이익은 궁극적으로 역내에서 러시아의 이익에 부정적 영향을 미치게 될 것이라는 러시아의 우려가 러시아로 하여금 두만강 개발에 적극적으로 나서지 못하게 하는 부정적 요인으로 작용.

○ 두만강 개발과 관련한 상대적 이익에 대한 고려는 군사적으로 대치상태에 있는 남북한에 더욱 중요한 변수로 작용하고 있음.
- 북한의 인프라 증대라는 가시적 성과에 비해 남한은 경제교류와 협력이라는 다소 추상적인 차원의 이익을 논의한다는 점에서 상대적 이익의 고려에서 협력의 동기가 미약함.
- 이런 상황에서 군사적 수단이 개입된 남북한 사이의 긴장상태는 점진적으로 진행되는 남북협력의 노력에 강력하고 장기적인 제동을 거는 부정적 효과를 가짐.

○ 두만강 개발에 대한 일본의 환일본해(동해)경제권 구상은 장기적으로 두만강개발계획이 본 궤도에 진입할 때를 대비하여 원대한 비전을 제시하고 있지만 현실적 차원에서 한국은 회의적인 입장을 취함.
- 일본의 환일본해 경제권 구상은 역사문제에 명확한 해결을 제시하지 못한 일본의 경험으로 인해 주변국 특히 한국과 중국이 경계의 시선을 가지고 있음.
- 일본의 두만강 개발 참여는 국가차원의 준비보다는 기업인들이 중심이 되어 논의를 전개하고 있다는 점에서 주변국의 의심을 희석하려는 의도가 보이나 추진력은 낮아 보인다는 점에서 두만강 개발과 관련하여 일본은

딜레마가 있음.

○ 동아시아의 국제관계는 본질적으로 미국을 중심으로 한 중첩된 양자관계에 기초해 있다는 점에서 다자적 협력에 미국의 입장은 부정적으로 작용함.
- 미국은 동아시아에 전통적 동맹국인 한국, 일본과 양자관계를 통해서 군사 안보적인 측면에서 그리고 경제적 측면에서 기득권을 확보하고 있는 상황에서 다자협력은 미국의 전략적 기득권에 대한 도전으로 간주될 수 있음.
- 동아시아에서 제한적이나마 중국, 러시아, 북한이 주도하고 미국이 배제된 다자경제협의체의 출현에 대하여 미국의 국익과 일관된 방향으로 작용할지에 대한 확신이 없는 상황에서 미국이 두만강 개발에 적극적인 지원을 제공하기 어려움.

다. 국내변수

○ 주요 투자국이라고 할 수 있는 한국의 경우, 북한의 핵무기 개발과 미사일 실험과 같은 군사적 모험주의는 북한과의 경제협력에 대한 부정적 의견을 확대함.
- '고난의 행군'으로 불리는 북한의 대량 아사사태에 직면해서 북한은 핵무기를 개발하는 한편 나진·선봉 투자설명회를 개최하는 이중적 태도에 외국 기업의 투자와 경제협력은 비합리적인 것으로 평가되며, 한국 기업은 불참.
- 이러한 상황에서도 한국 기업에 대한 북한의 선별적 초청 방침은 시장원리보다 정치논리에 따라 국제투자를 유치하려는 시도로 한국의 시장경제질서와 조화를 이루지 못함.
- 한국은 1997년 12월 IMF 구제금융을 신청하는 경제위기가 발생하자 그나마 투자여력이 부족한 상황이 됨.

○ 북한의 경직된 국내정치 상황과 경제적 후진성은 주변국가와 지속적인 협

력의 전개와 이에 기초한 평화적 교류를 현실적으로 불가능하게 함.

- 북한은 두만강 개발을 통해서 사회간접자본을 확충하고 장기적으로 외화
를 획득할 수 있는 특수지역으로 활용하기를 바라지만 북한주민들에 대한
통제력을 상실하는 것은 김정일 체제의 안정성에 위협이 되기 때문에 이
에 대한 이중적 접근.

- 북한 경제위기가 지속되는 가운데 주변국으로부터 투자를 유치해 기반시
설을 확보하고 기업투자를 유치하려는 계획은 투자국의 신뢰를 얻는 데
실패.

5. 결론: 두만강개발계획의 전망과 우리의 대응

○ 두만강개발계획의 지난 20년간의 역사는 접경당사국의 기대에 비해 결실
을 맺지 못한 것으로 평가됨.

- 1991년부터 UNDP가 주도적으로 논의를 수행하여 1993년 접경국가인 중
국, 러시아, 북한을 중심으로 1993년 두만강지역개발계획(TRADP)을 수립
하고 1995년에 한국과 몽골이 참여하여 공식적 정부 간 기구로 출범하였
으나 협의기구 수준에서 논의를 지속.

- 실질적인 협의를 통해 공동체 구성을 추진하려는 노력에도 불구하고 2005
년 장춘회의에서 Greater Tumen Initiative(GTI)로 전환은 사실상 두만강개
발계획의 중단을 의미하였음.

○ 두만강 개발의 핵심은 냉전시대 공산국가였던 러시아와 중국 현재의 공산
국가로 남아 있는 북한이 접경지대를 개발하여 다자경제협력의 장으로 발
전시키려 한다는 점임.

- 이들은 사회간접자본 투자부터 외국의 자본에 의지하려고 했다는 점에서
투자대상국의 신뢰를 얻기 어려운 점이 있었음.

○ 두만강 개발에 대하여 중국과 러시아는 2000년대 들어서 경쟁적인 입장에
  서 투자계획을 추진했으나 아직은 가시적 성과를 거두지 못함.
- 2005년도에는 북·중은 총자본금 6,090만 유로(약 942억 원)를 투자해 50
  년간 사업권을 보장받은 나선국제물류합영회사가 설립되고 이 회사를 통
  해 나진항 현대화와 나진-훈춘 연결도로 건설 사업을 추진하였으나 북핵
  위기와 자본조달 곤란으로 실패.
- 러시아는 2004년에 나진과 러시아 하산역 간 철도노선 56㎞ 구간에 대해
  북한과 공동조사를 실시하고, 2008년에는 나진-하산 간 철도 및 나진항
  3호 부두 현대화를 위한 북-러 합영회사를 설립한 바 있음. 2009년에는
  나진항 연결 철도 현대화사업 기공식도 성대히 개최하였으나 사업은 다시
  중단함.

○ 지난 20년간 두만강개발계획은 개발에 대한 기대에 반해 투자를 주도하는
  국가가 없어서 추진이 어려웠으나 최근 들어 이러한 공백을 중국이 맡으
  려 하고 있다는 점에서 새로운 돌파구가 마련될 것으로 평가됨.
- 2009년 두만강 개발에 가장 적극적인 중국은 '신 두만강개발계획'을 통해
  독자 개발을 추진하는 과정에서 2,800억 위안(약 50조 원)을 투입할 계획
  을 수립.
- 중국이 직접 투자하여 창춘-지린-투먼 경제벨트 구축과 투먼-창춘 간 고
  속철도 건설 및 지린과 북한의 나진·선봉 및 청진의 속도로 건설을 표명.
- 후진타오 중국 국가주석과 드미트리 메드베데프 러시아 대통령이 합의하
  여 훈춘에 러시아산 석유를 들여와 1,000만 t급 정유 산업단지도 조성할
  계획을 발표.

○ 최근 북한의 화폐개혁 실패와 경제난에 따라 북한의 경제개혁 움직임이
  부상하고 이에 중국의 동북진흥 개발과 맞물리면서 중국과 북한의 밀착관
  계가 강화되고 중국은 북한으로부터 필요한 협력을 얻고 있고 한국은 소

외되는 모양을 보인다는 우려가 있음.
- 화폐개혁 실패에 따른 돌파구로 두만강 개발을 검토하고 있다는 분석이 제기되고 있음. 김정일이 2001년과 2006년에 이어 2010년에도 중국의 개혁개방지구를 방문.
- 북한은 지린성 정부에 나진항 1호부터 10년 장기사용권 부여와 러시아에 나진항 3호 부두를 50년간 사용할 수 있는 권리를 부여하는 등 두만강개발계획을 재개.
- 북한은 중국 자본에 대풍그룹 설립 등 북방협력을 전면화하고 있음.

중국과 동아시아 지역협력

김재철(가톨릭대학교 교수)

국력의 증대와 함께 중국은 동아시아의 전략적 중요성을 인식하게 되었다. 동아시아의 중요성에 대한 인식은, 다자주의에 대한 재평가와 함께, 중국으로 하여금 아세안이 추진하던 동아시아 지역협력에 적극적으로 임하도록 작용했다. 지역협력에 대한 중국의 적극성은 동아시아정상회의 출범을 조기에 실현한 데서 가장 단적으로 드러났다. 이러한 적극성은 중국이 지역협력의 주도권을 장악할 가능성을 가시화시킴으로써 지역 국가의 대응을 촉발시켰는데, 동아시아 지역에서 전개된 국가 간의 치열한 상호작용은 지역협력을 가속화시키는 데 기여한 측면도 있지만 궁극적으로 주도권을 둘러싼 경쟁으로 이어짐으로써 지역협력의 진전에 장애요인으로 작용했다. 지역 국가 간의 경쟁으로 인해 동아시아에는 서로 중첩적인 지역협력의 틀(framework)이 중첩되어 경쟁하는 현상이 초래되었다.

동아시아정상회의가 아세안이 회의개최와 구성원 선정의 권한을 독점하는 '아세안+6'의 기제로 변질된 이후 지역협력과 동아시아 공동체에 대한 중국의 열의는 급속하게 감퇴했고, 소지역 협력과 양자 차원의 협력으로 그 초점이 실질적으로 이동했다. 중국의 유보적 태도는, 최근 결정된 미국의 참가에도 불구하고, 동아시아정상회의가 단기간에 동아시아 지역 협력의 핵심적 협력기제로 발전하는 데 장애요인으로 작용할 것이다.

⣿ 1. 중국의 부상과 동아시아 질서

○ 중국의 부상이 국제질서에 심대한 영향을 끼친다는 사실은 이미 잘 수용
되는 사실이 되었음. 세계금융위기를 계기로 중국의 국제적 지위가 더욱
제고되면서 중국의 대외정책의 향방이 국제질서에 영향을 끼치는 현상은
더욱 분명해짐.

○ 중국의 국제적 영향력은 중국이 위치한 지역인 동아시아에서 가장 현저할
수밖에 없으며 이러한 맥락에서 중국의 부상이 동아시아 질서, 특히 동아
시아 지역협력에 끼치는 영향을 검토할 필요성을 찾을 수 있음.

○ 지난 10여 년간 동아시아 지역협력에 대한 중국의 정책은 변화를 경험했
는데, 동아시아 지역협력에 대한 중국의 정책과 그 파급효과를 이해하기
위해서는 동아시아 지역과 다자주의에 대한 중국의 평가뿐 아니라 중국의
정책에 대한 지역 국가의 대응도 검토할 필요가 있음. 이러한 검토는 동아
시아에서 전개되는 지역협력의 동학을 밝히는 데 기여할 것임.

⣿ 2. 동아시아와 다자주의에 대한 재평가

가. 동아시아의 발견

○ 중국은 지리적으로 동아시아에 위치하고 있지만 중국의 전략적 사고 속에
서 동아시아에 대한 인식이 싹트기 시작한 것은 비교적 최근의 현상임(이
절의 논의는 부분적으로 김재철의『중국의 외교 전략과 국제질서』제4장
에서 끌어 왔음).

○ 냉전기 중국은 미국 및 소련과의 관계를 중심에 놓고 주변 국가들에 대한 정책은 강대국과의 관계라는 보다 중요한 고려에 종속시켜 설정하는 등 자신을 동아시아 국가로 규정하기보다 초강대국과의 관계에 대외정책의 초점을 집중시킴.

○ 중국의 급속한 성장은 이러한 상황에 변화를 가져옴. 국력의 증대와 함께 중국에서는 대외전략과 관련하여 동아시아의 중요성이 강조되기 시작함. 자신이 속한 지역에서 주도권을 장악하지 않고는 세계적 강대국으로 성장할 수 없다는 자각임.

○ 이러한 인식과 함께 중국은 점차 자신을 동아시아 국가로 규정하고 지역 차원의 정책을 추구하기 시작함. 그 시작은 경제위기가 동아시아를 강타한 1990년대 후반으로 이 시기 중국은 아시아 지역에 대한 '책임'과 '동아시아 의식'을 거론하기 시작함.

○ 이후 동아시아 정책은 중국이 추진한 주변지역 정책과 선린우호 정책의 핵심으로 자리 잡는 등 중국 대외정책의 주요 초점으로 부상함.

나. 다자주의 수용

○ 동아시아 지역협력에 대한 중국의 정책을 이해하기 위해서는 다자주의에 대한 중국의 평가에 나타난 변화에도 주목할 필요가 있음.

○ 냉전기 중국은 국제기구나 레짐 같은 다자적 장치에 대해 강대국의 이익을 강요하는 강대국의 무기라는 의구심을 보임. 기본적으로 중국은 다자주의가 중국이 중시하는 주권원칙과 상충한다는 인식을 지님.

○ 이러한 인식에도 불구하고 개혁 개방기에 들어 중국은 국제사회에 참여하
고 있다는 메시지를 창출하고 또 경제발전에 필요한 국제적 지원을 확보
하기 위한 의도에서 국제기구에 가입하기 시작함.

○ 동아시아 지역에서의 다자주의에 대한 중국의 의미있는 참여는 1991년
APEC 가입에서부터 시작됨. 이 당시 중국의 APEC 가입은 다자주의의 원
칙이나 가치를 수용한 결과이기보다 APEC이 급속하게 확대되던 흐름에
서 배제되지 않기 위한 노력의 일환이었음. 이러한 사실은 APEC에 참여
한 후 중국의 관심이 다자주의가 지나치게 빠르게 확대됨으로써 개별국
가의 주권을 제약하는 것을 방지하는 데 주어졌다는 사실에서 단적으로
확인됨.

○ 1990년대 중반을 계기로 다자주의에 대한 중국의 평가에 중대한 변화가
발생함. 그동안 강대국의 무기로 간주되었던 다자주의가 중국이 추구하는
미국의 패권적 행위의 제약이라는 목표를 달성하는 데 기여할 수 있다는
평가가 제기됨. 이는 개혁개방 이후 중국이 다양한 다자기구에의 참여를
통해 집적한 경험과 자신감이 복합적으로 작용한 결과임.

○ 이후 중국은 다자주의에 적극적으로 임하기 시작했으며, 이러한 변화가
중국으로 하여금 당시 진행되고 있던 동아시아 지역협력에도 적극성을
보이도록 작용함.

○ 다자주의에 대한 중국의 정책변화는 다자주의에 대한 인식이 변화한 결과
이기보다는 다자주의가 중국의 국익을 실현하는 데 유용할 수 있다는 전
략적 또는 실용적 판단을 반영함. 이를 반영하듯 중국은 자국의 주권을 제
약할 수 있는 강제력을 지니지 않거나 자신이 협력을 주도할 수 있는 다자
적 틀에 보다 더 적극적으로 임하는 경향을 보임. 이러한 사실은 중국이

아세안(ASEAN)＋3와 상하이 협력기구(SCO) 등에 보다 적극적으로 임한 다는 데서 드러나는데, 이 기구들은 모두가 강제력이 상대적으로 약하고 또 미국을 포함하고 있지 않다는 공통성을 지님(반면에 중국이 적극성을 보이는 또 하나의 다자적 협의체인 6자회담은 미국을 포함하고 있지만 중 국이 개최를 실질적으로 주도하는 등 일정한 영향력을 행사하고 있음).

다. 의구심 해소와 영향력 증대

○ 중국이 동아시아에 관심을 보이고 또 동아시아에서 진행되는 다자협력에 적극적으로 임하는 데는 크게 두 가지 고려가 중요하게 작용함.

○ 한편으로 중국은 동아시아 지역협력에 적극적으로 참여하는 것이 자신에 대한 의구심과 경계를 해소하는 데 기여할 것으로 판단함. 동남아 국가들 은 아세안이라는 틀을 통해 다자적 차원에서 중국의 부상에 대응하려 들 었는데, 중국은 동남아 국가에서 '중국위협론'이 제기되고 확산되는 것을 방지하기 위해서 아세안의 노력에 호응함.

○ 동시에 중국은 이처럼 자신에 대한 의구심을 해소하는 것이 궁극적으로 이 지역에서 자신의 영향력을 제고시키는 데 기여할 것이라고 판단함. 아 세안의 의구심을 해소하는 것은 동남아 국가로 하여금 미국이 동아시아에 서 추구하던 반중연합에 참여하지 않도록 하는 데 기여할 뿐 아니라 동남 아 국가와의 관계를 강화시킴으로써 미국이 유지해 온 주도권을 약화시키 는 데도 기여할 것으로 기대됨. 이는 다시 중국이 중시하는 세계질서의 다 극화에 기여할 것으로 간주됨. 이러한 고려에서 중국은 미국과 밀접한 관 계를 형성해 온 국가들과의 관계를 강화하려 듦.

○ 이러한 두 개의 고려는 일견 상충적으로 보이지만 실제로는 밀접하게 연

결되어 있으며 이후 지역협력에 대한 중국의 정책에 반영됨.

3. 동아시아 지역협력 정책의 전개

○ 동아시아와 다자주의에 대한 평가가 변화했음에도 불구하고 중국이 동아
  시아 지역차원의 협력에 본격적으로 참여하는 데는 많은 시간이 필요했음.

○ 동아시아 지역협력에 대한 중국의 적극성은 동남아 국가에 대한 공세로
  표출되기 시작함. 2000년 아세안-중국 정상회의에서 중국의 주룽지(朱鎔
  基) 총리가 아세안에 대해 자유무역협정 체결을 제의함. 주총리의 제의는
  당시 가시화되었던 중국의 WTO 가입이 아세안 국가들 사이에서 중국위
  협론을 확산시키는 것을 방지하고 나아가 아세안에 대한 중국의 영향력을
  확대시키려는 의도가 복합적으로 작용한 결과였음.

○ 동아시아 지역협력에 대한 중국의 공세는 동아시아정상회의(EAS) 개최문
  제에서 가장 분명하게 드러남. 아세안+3 국가의 민간 전문가들로 구성된
  동아시아 비전그룹(EAVG)에 의해 처음 제기되었던 동아시아정상회의 구
  상은 아세안+3 국가의 고위관료로 구성된 동아시아 연구그룹(EASG)에
  의해 장기적인 과제로 미루어진 바 있음(동아시아정상회의 개최에 대한
  중국의 적극성과 이에 대한 지역 국가들의 대응에 관한 보다 자세한 내용
  은 Jae Cheol Kim, "Politics of Regionalism in East Asia: The Case of the East
  Asia Summit," *Asian Perspective Forthcoming*을 참조).

○ 이러한 결정에도 불구하고 아세안 내에서 주도권 확대를 추구하던 말레이
  시아는 동아시아정상회의의 조기개최를 추진함. 전직수상 마하티르가 동
  아시아 국가들로만 구성된 조직을 선호했던 말레이시아는 아세안+3 국

가들로 동아시아정상회의를 조기에 출범시킬 것을 제의함.

○ 중국은 아세안 국가의 합의 없이 추진된 동아시아정상회의의 조기개최를 적극적으로 지지함. 대표적으로 중국은 2004년 6월 칭다오(靑島)에서 개최된 아세안 – 중국 외교장관회의와 7월 자카르타에서 개최된 아세안+3 외교장관회의 등에서 동아시아정상회의의 조기개최를 적극적으로 지지한다는 입장을 표명함.

○ 중국은 아세안+3을 동아시아정상회의로 전환시키는 것이 지역협력에 대한 자국의 주도권을 강화하는 데 기여할 것으로 판단함. 아세안+3가 아세안이 회의개최와 의제설정을 독점하는 등 아세안에 의해 주도되는 데 반해 동아시아정상회의는 13개 구성 국가 모두가 회의를 개최하고 의제를 설정할 권한을 갖는 등 동등한 자격에서 참여할 토대를 제공할 것이라고 기대함.

○ 아울러 동아시아정상회의 구상에 미국이 포함되지 않았다는 사실 또한 주도권 강화에 대한 중국의 기대를 제고시킴. 중국은 동아시아 국가들, 특히 자국이 보다 큰 역할을 할 때가 왔다는 인식을 지님.

○ 중국의 기대와 희망에도 불구하고 동아시아정상회의는 일본의 견제와 인도네시아·싱가포르 등 일부 아세안 국가의 균형정책으로 인해 호주와 인도 등이 참여하고 아울러 주도권 또한 아세안이 계속해서 장악하는 형태로 귀결됨. 중국이 동아시아정상회의의 소집과 관련하여 자신의 선호를 반영하지 못했다는 사실은 지도력에 대한 중국의 기대와 추구가 지나치게 성급한 것이었음을 보여 줌.

○ 동아시아정상회의가 아세안이 회의개최와 구성원 선정의 권한을 독점하

는 '아세안+6'의 기제로 변질된 이후 지역협력과 동아시아 공동체에 대한 중국의 열의는 급속하게 감퇴함. 중국은 동아시아정상회의가 아세안+3을 대체하는 데 반대하고 아세안+3이 지역협력을 주도해야 한다는 입장으로 정책을 선회함.

○ 중국은 동아시아정상회의에 비해 아세안+3을 선호하지만, 호주 및 인도와의 관계를 고려하여 공개적으로 동아시아정상회의를 배척하려 들지도 않음. 공식적으로는 개방적이고 포괄적인 지역주의 원칙을 지지하지만 실질적으로는 포괄적인 동아시아정상회의가 상대적으로 폐쇄적인 아세안+3을 약화시키는 것을 방지하려 노력함.

○ 중국은 기존 틀을 선호한다는 입장임. 아울러 동아시아 지역협력에 관한 중국의 논의는 동아시아정상회의 문제 자체를 논의 대상에서 배제하기도 함. 아세안+6의 형태를 띤 동아시아정상회의가 동아시아 지역협력을 촉진시키기보다 지체시킬 것이라는 판단을 반영함.

○ 이러한 중국의 정책은 동아시아에서 다양한 지역협력의 틀이 혼재하는 현상(multi-layered approach)을 초래하는 데 기여함. 중국은 이러한 현상이 당분간 지속될 것이며 단기간 내에 지역협력과 공동체 실현을 위한 단일의 지역기구를 출범시키기는 어려울 것으로 판단함.

○ 중국은 지역협력의 과정(process)이 지속되도록 하는 데 정책의 초점을 둠. 과정이 지속될 경우 중국위협론이 제기되거나 지역의 불안정이 초래되는 것을 막는 데 기여할 것이라고 판단함.

○ 이처럼 중국은 한편으로 아세안+3을 지지하면서도 다른 한편으로 동아시아정상회의의 조기 출범을 지지하도록 작용했던 요인 가운데 하나인 아세

안이 주도하는 지역협력의 한계를 계속해서 인식함. 중국은 지역협력이 실질적인 진전을 이루기 위해서는 한·중·일 간의 협력, 특히 중·일 협력이 전제되어야 한다고 인식함. 한·중·일 협력의 필요성에 대한 중국의 인식은 최근에 제기된 한·중·일 간 공동통화 창출제안(A3)에서도 표명된 바 있음.

○ 동아시아 공동체는 장기적인 목표로 규정되며 또 점진적 방식을 통해 달성될 것이라는 입장임. 다시 말해 동아시아 공동체의 실현은 장기적이고 또 곡절이 많은 과정이 될 것이라고 판단함. 아울러 이렇게 실현될 동아시아 공동체는 경제협력 위주의 공동체가 될 것이고, 협력의 수준 또한 EU보다 낮을 것이라고 인식함.

○ 동아시아 지역정책의 실질적인 초점은 다시 양자관계로 이행됨. 그 제1의 초점은 아세안과의 관계를 강화하는 데 집중됨. ACFTA 출범 및 100억 달러 규모의 아세안인프라펀드 출범 등이 그 구체적 표현임.

○ 이는 '시간은 중국편'이라는 자신감을 반영함. 지금 차선을 실현하기 위해 타협하기보다 기다리면 최선을 실현할 수 있을 것이라는 판단을 반영함.

○ 호주나 일본의 지역협력구상 등 새로운 제안에 대해 중국은 긴 침묵을 유지함. 일본 하토야마정부의 동아시아공동체 제안에 대해 중국은 '이성적'으로 대응한다는 입장을 표명함. 이는 중국이 여전히 그 진의를 탐색하는 단계에 있으며 일본 민주당 정부가 이를 추진할 의지와 능력을 갖고 있는지에 대해 확신하지 못하고 있음을 보여 줌. '하토야마가 난징을 방문하고 후진타오가 히로시마를 방문'하는 구상이 좌절됨에 따라 중국은 자신의 '이성적' 대응이 옳았다는 판단을 할 가능성이 있음. 후텐마 기지 이전문제에 대한 하토야마 정부의 최종적인 결정은 이러한 판단을 더욱 강화시

킬 가능성이 있음.

○ 미국이 동아시아 지역협력의 진전에 장애요인으로 작용한다는 뒤늦은 각
성을 함. 이러한 평가는 동아시아정상회의 출범을 통해 체득했으며 오바
마 행정부 들어 동아시아 지역협력에 대한 미국의 관심이 다시 제고되면
서 더욱 강화됨. 아세안과의 대화관계 수립 및 동아시아정상회의 참여 등
은 동아시아 국가와 중국 간의 관계가 급속하게 증대되는 것을 제어하려
는 미국의 시도로 인식됨.

○ 중국은 개방성을 강조하면서도 동시에 '동아시아 협력은 지리적으로 동아
시아에 위치한 국가들만으로 진행되어야 한다'는 선호를 계속해서 견지
함. 중국은 공식적으로는, 회원국 숫자가 적은 기제에서 시작하여 토대를
공고히 한 후 회원국 숫자가 많은 기제로 확장하는 것이 더 효과적이라는
논리를 제시함. 실질적으로는 미국과 그 우방국이 참여할 경우 자신의 영
향력이 약화될 것이라는 우려가 작용함.

4. 중국의 정책과 동아시아 지역협력

○ 중국의 적극성은 동아시아에서 지역협력의 움직임을 활성화시킴과 동시
에 지역협력의 진전을 방해하는 일견 상충적인 역할을 동시에 수행함.

○ 아세안에 대한 중국의 공세는 지역협력에 소극적이었던 일본의 경쟁심을
촉발시킴으로써 지역협력의 움직임을 활성화시키는 결과로 이어짐. 일본
은 중국의 적극성을 자신이 누려 온 지역의 주도권을 장악하려는 시도로
간주하고 중국의 영향력을 견제하기 위한 노력을 전개함.

○ 이러한 경쟁심이 일본으로 하여금 동아시아 지역협력에 적극적으로 임하도록 작용함. 대표적으로 중국이 아세안과 2010년까지 자유무역협정을 체결하는 데 합의한 직후인 2002년 초 고이즈미 일본 총리가 아세안 5개국을 순방하여 동아시아 공동체 구상을 제의함. 아울러 일본은 싱가포르를 시작으로 필리핀, 말레이시아, 태국, 브루나이 그리고 인도네시아 등과 순차적으로 일본판 자유무역협정인 경제연대협정(EPA)을 체결함.

○ 이러한 일본의 공세는 다시 한국으로 하여금 아세안과의 자유무역협정 체결을 추진하도록 작용함으로써 동아시아에서 자유무역협정 체결이 연쇄적으로 확산되는 결과를 초래함. 동시에 중국으로 하여금 동아시아정상회의의 조기창설을 적극적으로 지지하도록 작용하는 등 지역협력의 움직임을 활성화시키는 데 기여함.

○ 중국의 적극성은 일본으로 하여금 중국이 주도권을 장악하는 것을 방지하는 데 주안점을 두도록 작용함으로써 지역협력을 둘러싼 경쟁도 초래함.

○ 일본은 동아시아정상회의의 출범과 관련하여 중국이 주도권을 장악하는 것을 방지하는 데 초점을 집중시킴. 일본은 미국을 포함시키려는 노력이 좌절된 후 호주와 인도 등을 포함시키고 제2차 동아시아정상회의를 개최하려는 중국의 시도를 좌절시키는 등 동아시아정상회의의 출범이 중국의 영향력 강화로 이어지는 것을 차단하는 데 전력함.

○ 중국이 동아시아정상회의에 대한 열의를 접은 후에도 일본은 동아시아정상회의 구성국을 회원국으로 하는 자유무역협정(CEPEA) 구상을 제기하는 등 동아시아정상회의를 강화하기 위한 노력을 계속해 옴.

○ 아세안 국가들 또한 지역협력의 주도권을 놓치지 않으려 시도함. 아세안

의 최대 관심은 지역협력의 주도권/중심성(centrality)을 유지하는 데 집중
됨. 이에 따라 아세안 국가들은 인도와 호주를 동아시아정상회의에 포함
시키는 데 동의함.

○ 동아시아 지역협력은 지역의식이나 공동체 의식을 창출하기보다 주권, 주
   도권, 균형, 경쟁 등에 의해 규정되는 특징을 노정함. 중국이 지역협력을
   자국의 영향력 강화라는 시각에서 접근한 것처럼 일본 또한 중국의 영향
   력 확대 방지에 초점을 집중시킴.

○ 중국이 아세안+3을 지지하고 일본이 동아시아정상회의를 지지함에 따라
   가까운 시기에 동아시아에서 지역협력을 위한 다양한 틀이 혼재하는 현상
   에 의미 있는 변화가 발생할 가능성은 크지 않음. 비록 최근 오바마 미국
   대통령이 동아시아정상회의에 참석할 것으로 알려졌지만 지역 강대국 중
   국의 소극성은 동아시아정상회의를 활성화시키는 데 부정적 요인으로 작
   용할 가능성이 있음. 동아시아 지역에서 전개되는 협력은 실질적으로 지
   역차원의 다자적 협력보다 FTA와 같은 양자차원에서 전개되는 협력에 의
   해 주도될 가능성이 있음.

5. 한국의 선택

○ 동아시아에서 지역협력을 위한 다양한 기제가 경쟁함에 따라 지역협력이
   실질적인 진전을 이룰 가능성은 크지 않음. 미국의 동아시아정상회의 참
   가가 가시권에 들어섰음에도 불구하고 이러한 전망에 근본적인 변화가 발
   생할 가능성은 크지 않음.

○ 동아시아 지역협력의 필요성은 계속해서 제기될 가능성이 높음. 무엇보다도 세계적 차원에서 진행되는 구조적 변화가 동아시아 국가들로 하여금 지역협력을 추진하도록 작용할 것임. 미국의 국력이 상대적으로 쇠퇴하고 중국의 국력이 증대되는 현실 속에서 동아시아 국가들은 새로운 질서를 모색할 수밖에 없으며, 이 과정에서 동아시아 지역협력은 중요한 대안으로 계속해서 제기될 가능성이 높음.

○ 이러한 상황에 대한 우리의 대응과 관련하여 크게 다음과 같은 3가지 대안을 상정할 수 있음.

○ 첫째, 지역 강대국들과 경쟁적으로 아세안과의 관계를 강화하는 현재의 정책을 유지하는 대안임. 중국과 일본이 지역협력을 위한 서로 다른 틀을 선호하고 아세안이 주도권을 잃지 않기 위해 중-일 경쟁을 활용하는 상황에서 아세안과의 관계를 강화시키기 위해 노력하는 것은 우리에게 불가피한 선택으로 다가옴. 그럼에도 불구하고 궁극적으로 우리가 중국 및 일본과 맞서 경쟁력을 유지할 수 있을 것인가라는 의문이 제기될 수 있음.

○ 둘째, 중국으로 하여금 미국을 동아시아 지역협력에 포함시키도록 설득하는 대안임. 중국이 미국이 참여하는 지역협력을 수용할 경우 동아시아 지역협력을 둘러싼 많은 갈등이 해소될 수 있음. 이러한 현실을 고려하여 중국으로 하여금 미국을 지역협력에 포함시키도록 설득하는 것은 동아시아에서 중-미관계를 증진시키는 데도 기여할 수 있음. 반면에 과연 중국이 동의할 것인가라는 중대한 의문이 제기될 수 있음. 아울러 미국이 참여할 경우 지역협력은 동아시아 차원보다 아시아-태평양 차원의 협력이 될 가능성이 큰데, 이러한 상황이 전개될 경우 우리의 경쟁력을 확보하기 쉽지 않을 가능성이 높음.

○ 셋째, 역내 국가 중심의 지역협력을 추구하면서 동시에 이에 대한 역외국
가의 우려를 해소시킬 수 있는 방안을 병행시키는 대안임. 동아시아 지역
협력이 실현되기 위해서는 중국과 일본 간의 협력이 불가결한데 이를 위
해 한국이 주도적으로 타협안을 마련함으로써 지역협력의 움직임을 주도
할 필요성이 있음. 구체적으로 중국이 강조하는 아세안＋3 중심의 공동의
이익에 근거한 협력과 일본이 강조하는 동아시아정상회의 중심의 공동의
규범을 추구하는 협력을 조합시켜 "공동의 이익과 동등한 정도로 보편적
규범과 가치도 중시하는 아세안＋3"를 동아시아 지역협력의 주요 통로로
채택할 필요가 있음. 이 경우 동아시아정상회의는 동아시아 지역 국가와
역외 국가(아세안＋3 국가와 미국, 러시아, 인도, 호주, 뉴질랜드 등) 간의
대화와 협력을 위한 포럼으로 설정함.

○ 동 대안은 지역 국가만의 협력을 추구하는 중국과 규범 및 가치를 중시하
는 일본의 이익을 조화시킬 수 있음. 아울러 공동의 가치와 규범에 대한
합의를 통해 중국으로 하여금 지역 국가의 우려를 인식하고 수용하도록
유도할 수 있는 장점이 있음. 마지막으로 아세안＋3를 기반으로 하는 지
역협력은 상대적으로 한국의 역할과 영향력 제고에 상대적으로(동아시아
정상회의, 아세안＋8, Asia－Pacific concert of Powers 등에 비해) 유리하게
작용함. 반면에 과연 일본과 중국이 수용할 것인가의 문제가 있음.

○ 미국의 동아시아정상회의 참가로 아세안＋3와 동아시아정상회의 간의 분
업을 새롭게 설정하는 문제가 제기될 수밖에 없는데, 이 경우 하나의 대안
으로 제기해 볼 수 있을 것임.

중국의 대북 정책: 변화와 지속

최명해(외교안보연구원 객원교수)

중국은 한반도 평화·안정을 최우선시하면서 남·북 모두와 '우호적' 관계를 유지하는 가운데 현상의 점진적 변화를 유도할 때, 자국의 전략적 이해에 가장 부합한다고 보았다. 이러한 관점에서 볼 때, 중국에게 북한은 "당장 해결되어야 할 문제라기보다는 능숙한 관리를 요하는 이슈"이다. 북·중 관계는 "전통 우의"라는 외양으로 포장되어 왔지만 상호 전략적 이해의 편차, 외적 위협 평가의 상이성, 북한의 개혁·개방 거부 등으로 말미암아 상당한 내면적 긴장감이 내재되어 있다. 현재 북한은 정권 생존을 위한 재정확충이 대중 관계의 성공 여부에 달려 있는 듯한 상황에 직면해 있다. 따라서 중국의 이해(한반도 안정화, 비핵화, 개혁·개방)에 부합하는 전술적 제스처를 보일 필요가 있을 것이다.

그러나 북한이 중국의 이해구도에 완전히 부응할지는 과거 역사적 사실과 북한정권의 구조적 속성에서 볼 때 상당히 회의적이다. 북한의 입장에서 볼 때 중국의 대북 경제협력에는 정치적 동기가 내재되어 있다고 인식할 것이고, 결국 양국 경협은 한계를 보일 수밖에 없을 것으로 전망된다. 따라서 향후 북한은 일정한 냉각기를 거친 후 대외관계 개선을 위한 '이벤트'를 강구하여, 대외 '의존'의 재균형을 모색할 것으로 전망된다.

⠿ 1. 문제 제기

○ 중국의 대한반도 정책 기조를 한마디로 표현할 수 있다면, 그것은 '현상유지 플러스(*status quo* plus)' 정도일 것임.

− 한반도의 평화와 안정을 최우선하면서 남·북한 모두와 '우호적' 관계를 유지하는 가운데 한반도 현상의 점진적 변화를 유도할 때, 중국의 전략적 이해(경제발전을 위한 안정적 안보환경 마련 및 상대적 영향력 유지)에 가장 부합한다는 것임.

− 이러한 기조의 유지를 위해 북한 체제생존(안정), 북한 체제개혁, 한국과의 관계발전 유지, 적대적 외세 개입 방지, 남·북 간 기능적 통합 유도, 한반도 비핵화 및 비확산 등을 필요로 하고 있다고 볼 수 있음.

− 이러한 중국의 전략적 이해관계의 관점에서 바라볼 때, 중국에게 북한은 '당장 해결되어야 할 문제라기보다는 능숙한 관리(skillful management)를 요하는 이슈'임.

○ 그렇다면 (1) 중국은 어떤 방식으로 북한을 '관리'하고자 하였으며, 어느 정도 효과가 있었는가? (2) 표면적으로 볼 때 그 효과성은 미미한바, 그것은 어디에서 연유하는 것인가? (3) 중국은 최근 대북 상황을 어떻게 인식하고 있으며, 어떤 전략적 의도를 가지고 있는가? (4) 그러한 중국의 의도에 북한은 어떻게 반응할 것인가? 등에 대한 질문을 중심으로 논의를 전개하고자 함.

■

* 이 글은 졸고, "북한의 2차 핵실험과 북·중 관계," 『국방정책연구』, 제25권 제3호(2009년 가을); "2010년 북한의 대외 행태 전망: 신년공동사설의 함의를 중심으로," 『주요국제문제분석』(외교안보연구원, 2010. 1. 25); "북한의 대중 '의존'과 중국의 대북 영향력 평가," 『주요국제문제분석』(외교안보연구원, 2010. 6. 11) 등을 종합 보완한 것임을 밝힙니다.

2. 중국의 대북 '관리' 방식과 효과성

가. '정상외교' 중심의 의사소통과 기능부전 시현

○ 1956년 '8월 종파사건' 이후 북한 당·정·군 내 '연안계'의 숙청으로 중국의 대북 인적 채널이 소멸되고 인민지원군 철수로 조·중 연합군 체제가 종결됨. 이에 따라 중국은 김일성의 유일지배체제가 확립된 상황에서 김일성 '개인'을 통제함으로써 북한의 행보를 관리해야 할 필요성에 기인해, '중·조 간 수뇌방문에 관한 협정'(1958. 2.)을 체결함.

○ 사실 김일성은 자신의 유일지배체제를 위협하는 정치적 도전세력을 중국이 후원할 가능성에 대해 끊임없이 경계해 왔으며, 중국과 관련된 사안은 자신이 직접 처리했음.
- 북한 건국 이후 주중 북한대사 10명, 외무상 7명 중 친중(親中) 인사(연안계)가 단 한 명도 없었다는 것은 그만큼 중국의 북한내정 개입을 우려했음을 반증하는 것임.

○ 이러한 불신의 역사적 경험으로 양국은 정부 간 공식적 외교채널이 아니라, 최고지도자 간 상호 왕래를 통해 의사소통이 진행된 경향을 보임.

○ '정상외교' 중심의 의사소통은 무엇보다 최고지도자 간 정치적 신뢰문제가 가장 중요한바, 최고지도자 간 신뢰하락과 그에 따른 '정상외교'가 진행되지 못하면 양국 간 긴밀한 의사소통은 기능부전을 보였음.
- 1960년대 후반 중·소 분쟁과 문화대혁명으로 1964년부터 1970년 4월까지 중국과의 정상외교를 진행하지 못해 이 기간 양국 당·정·군의 모든 의사소통 채널이 일거에 마비됨.

- 한·중 수교 및 김일성 사후부터 2000년 5월 김정일의 방중 시기까지 양
  국은 의례적 수준의 교류를 제외하고는 실질적 협력을 위한 의사소통은
  거의 절연에 가까운 수준이었음.

나. 경제적 대북 '매수 방식'의 한계성

○ 중국은 "돈을 주고 한반도 안정을 사자" 식의 대북 접근을 했음. 즉 북한
  을 자국의 전략적 이해구도(남·북 간 긴장완화, 북한 비핵화, 북한의 점
  진적 개혁·개방 등) 내로 유인(inducing)하기 위해 경제적 '매수 방식'을
  선택함.

○ 그러한 '매수 방식'은 북한정권 안정에는 다소 효과가 있었을 수도 있으
  나, 북한을 자국의 이해구도 내로 유인하는 데는 한계성을 노정시켰음.
- 1970년대 중국은 미국과 화해하는 과정에서 '경제합작협정'(1971. 8.)을 체
  결하며 남북관계 개선을 요구했으나, 북한은 1974년 이후 중국의 '중재 역
  할'에 의존하기보다 긴장고조 조치를 통해 '북·미 평화협정' 체결을 주장
  했음.
- 1980년대 중국은 미국과 긴밀한 협의를 통해 한반도 평화정착을 위한 '남·
  북·미 3자회담의 베이징 개최'에 적극적 이니셔티브를 취했음. 이 과정에
  서 중국은 북한에 '군사·경제원조 증가를 위한 합의서'(1982. 9.)를 체결했
  으나, 북한은 1983년 미얀마 랭군 테러를 감행해 회담 성사 자체를 차단함.
- 1990년대 중국은 4자회담에 북한을 참여시키기 위해 '경제기술합작협
  정'(1996. 5.) 등을 통해 지원했으나, 북한은 1998년 대포동 미사일 발사로
  4자회담의 무용화를 시도하며 북·미 양자구도를 구축했음.
- 2000년대 2차 북핵 위기 시 중국은 적극적 중재 외교 역할을 위해 '투자장
  려 및 보호협정'(2005. 3.), '경제합작협정'(2005. 10.), '경제기술협조 협정'
  2009. 10.) 등을 체결하여 대북 지원 의사를 표명했음에도, 북한은 2번의

핵실험으로 6자회담의 형해화(形骸化)를 시도했음.

⁝⁝⁝▶ 3. 북·중 간 전략적 이해의 편차와 중국 역할의 변화

가. 북한의 동맹 딜레마

○ 북한은 동맹 체결과 같이 외부역량을 이용하는 '국제안보 전략'에서 치명적 결함을 경험했음. 그것은 다름 아닌 중·소 분쟁에 기인한 것이었음. 어느 일방에 대한 '편승'은 다른 일방으로부터의 보복을 의미했음. 따라서 북한에게 중국과 소련은 '진정한 동맹국(true allies)'은 되지 못했음.

○ 북한은 자체 군비증강이라는 자구책을 강구하지 않을 수 없었음. 역시 가장 효과적인 방법은 핵을 보유하는 것이었음. 공개된 동구 구공산권 자료에 따르면, 북한은 이미 1960년대 초반부터 핵 보유의 야망을 품고 있었음.
- 이것은 1970년대 박정희 정권이 미·중 화해와, 그로 말미암은 미국으로부터의 '방기 우려'로 핵개발을 시도했던 것과 같은 논리임.

○ 중국과 북한 간 군사관계의 가장 큰 문제점은, 1958년 중국인민지원군 철수로 안보협력과 관련한 통일된 지휘체계(Unit of Command) 형성이 거의 불가했다는 사실은 차치하고라도, 양국 간 동맹유지의 기본적 존재조건인 '포괄적 위협평가(comprehensive threat assessment)'가 상이했다는 사실에 기인함.
- 중·소 분쟁 시기에는 소련위협 평가에 있어, 그리고 1970~1980년대 미·중 화해 시기에는 미국위협 평가에 있어 서로 다른 입장을 견지했음.
- 최근 중국은 관영언론 매체의 사설을 통해 "북한이 직면한 심각한 위협은

외세의 침략이 아니며, 북한의 핵무기 보유 자체가 실제로는 더욱 위험하다.”라는 반응을 보임(*Global Times*, May 13, 2010).

○ 북한은 ‘모험주의적 돌출행동’을 통해 자국의 지정학적 위상을 부각시키는 방법이나 핵무장과 같은 ‘자구책’으로 중국에 대한 군사적 의존을 낮추는 대안을 선택함.

나. 북한의 핵 보유 전략과 북·중 관계의 딜레마

○ 북한의 핵 보유 과정에서 가장 큰 걸림돌이 미국일 수밖에 없음. 김정일은 “조선 문제는 세계 최강 군사국가인 미국과의 군사문제”로 보고 있으며, “미국을 백 년 숙적으로 보려 하지 않으며 조·미관계가 정상화되기를 바라고 있다.”라고 천명해 왔음.

○ 북한은 미국이라는 핵보유의 걸림돌을 미국과의 ‘전략적 관계’ 설정을 통해 극복하고자 하는 의도를 가진 것으로 보임.
- 북핵은 동북아(한반도) 차원에 국한된 게임임을 미국에 인지시키려 하고 있음. 북한은 동북아에 국한된 ‘제한된 핵 억지력’을 인정받고, 미국의 우려 사항(중·장거리 미사일, 핵 이전)을 최대한 해소해 주고자 함.
- 더 나아가 미래 동북아 전략구도에서 미국이 여전히 우위에 있을 수 있도록 주한미군을 용인하고, 대중 견제에도 협조할 수 있다는 것임. 이것이 북한이 말하는 “조·미관계 정상화”의 진정한 의미처럼 보임.

○ 미국과의 ‘전략적 관계’를 설정하려는 북한의 의도는 사실상 탈냉전 이후 지속된 것으로, 1991년 북·미 고위급대화에서의 김용순의 발언, 2000년 6월 남북정상회담 시 김정일의 발언, 동년 10월 올브라이트 미 국무장관 면담 시 김정일의 발언, 2007년 3월 코리아 소사이어티 주최 비공개 토론회

에서의 김계관의 발언, 2009년 10월 전미외교정책협회(NCAFP)·코리아 소사이어티 주최 비공개 세미나에서의 리근의 발언 등을 통해 유추해 볼 수 있음.

○ 이것이 바로 북한이 6자회담이라는 다자기제를 거부하고 북·미 양자 구도를 선호하는 근본적 이유로 보임. 이러한 북한의 전략적 의도에서부터 북·중 관계의 딜레마가 출현했던 것임.

- 중국은 한반도 평화문제는 우선 남북 화해와 긴장완화가 선행되고, 한반도의 항구적 평화를 미·중이 보증하는 '2+2' 기제를 통해, 북핵문제는 6자회담 기제를 통해 해결하는 구도를 가장 선호함.

- 북한은 남북관계 개선 그 자체에도 관심이 없었고, 다자기제의 등장도 원치 않았음. 다자대화의 공고화는 대북 관리 체제의 등장만을 의미하는 것일 수 있기 때문임.

- 북한은 핵 이슈를 포함한 한반도 문제는 '미국의 대북 적대시 정책'의 소산이므로 미국과 논의를 대상이라는 논리로 대응해 왔음. 북한은 여전히 '핵 문제는 미국, 경제협력은 한·중'이라는 이중성을 유지하고 있음.

○ 북한은 한반도의 안정적 현상유지를 목적으로 미·중에 의해 추진된 다자대화의 판이 출현할 때마다 '모험주의'라는 돌출행동으로 그 판을 흔들었던 것임.

다. 북핵문제와 중국 역할의 변화

1) '방관자'에서 '이익상관자'로

○ 1차 북핵 위기 시 중국은 사실상 '방관자'의 지위를 담당함.

- 당시 중국은 북·미 간 중재를 통해 외교적 부담을 떠안기보다는 서방의 대북 압박 및 제재에 분명한 반대 입장을 천명하면서 소극적 행보를 보였음.

- 당시 중국은 한·중 수교로 인해 북한과 정치적 소원 상태에 있었으므로 실질적 대북 개입의 루트가 부재했음.

○ 중국의 적극적 외교 노력은 2차 북핵 위기 이후 후진타오의 '신사고 외교' 와 미국의 대중국 북핵문제 '아웃소싱'이 맞물리면서 나타남.
- 중국은 1기 부시 행정부의 대북 강경기조에 대해 적어도 북·미 간 '정직한 중재자'의 역할을 담당하고자 했음.
- 2기 부시 행정부 시기의 중국은 미국 외교안보팀의 '새로운 포괄적 접근 방안(new broad approach)'에 적극 동참하며 '이해상관자(stakeholder)'로서의 역할을 담당하게 되면서 북·미 간 중재 외교의 균형감을 상실함.

○ 이러한 중국의 역할은 미국과의 '전략적 관계'를 설정하려는 북한의 목표 실현에 중대한 방해물로 부상했음.
- 북한은 2006년 10월 핵실험을 단행함으로써 미·중 협력구도를 견제하고 중국 역할의 최소화를 시도했음.

○ 역설적이게도 북핵 실험은 북핵 협상의 새로운 모멘텀을 마련해, 사실상 6자회담을 주도했던 중국 역할은 북·미 협상의 뒷자리로 소외됨.

2) '균형자'적 역할로의 회귀와 지경학적 접근
○ 북핵 실험 이후 중국 내에서는 북핵 협상이 자국이 소외된 '2(미·북)+0' 구도로 고착되고, 대북 입지 약화라는 결과만이 초래되었다는 자성의 목소리가 대거 등장했음.
- 2009년 5월 북한의 2차 핵실험이 있은 이후에는, 부시 2기 중국의 대북 접근의 '균형감' 상실과 같은 '과오'를 다시 반복하지 않겠다는 의지를 분명히 피력함.

○ 중국은 미·북 간 균형 잡힌 '중재자' 역할을 다시 수행함으로써 대북 입지를 강화하고, 문제의 궁극적 해결(resolution)보다는 상황의 안정적 관리(management)에 정책의 주안점을 맞춤.

- 이를 위해 북한에 대해서는 '전통 우의'라는 기치 아래 외교적 의사소통과 경제협력 관계를 유지하고, 여타 관련국에 대해서는 상황 관리 기제로서의 6자회담의 유용성을 강조함.

- 이는 현 단계에서 북한이 핵을 포기할 가능성이 낮고, 북핵 협상이 장기 공전될 것이라는 판단에 근거한 것임.

- 중국은 6자회담을 북한뿐만 아니라 한국, 미국의 행위도 관리할 수 있는 기제로 인식하고 있음. 각 행위자를 최소한 대화의 틀에 묶어 놓을 수 있다면, 상황의 돌발변수의 등장을 예방할 수 있다고 판단하고 있음.

○ 2009년 10월 원자바오 총리 방북을 전후하여 '북핵이슈'와 '북한문제'를 분리하고, 종래의 핵문제 중심의 지정학적 접근을 벗어나 지경학적 접근 경향을 구체화해 감.

- 즉 상황전개의 '주도권'을 유지하는 가운데 관련 당사국들을 일단 6자회담이라는 대화의 트랙으로 불러내어 상황을 안정시키고자 하고 있으며, 북한을 자국의 동북지역 개발전략에 자연스럽게 참여하도록 유도하여 북한의 변화를 촉구함.

- 랴오닝 연해경제벨트 규획(遼寧沿海經濟帶發展規劃) 국무원 비준(09. 7. 1.) → 창춘-지린-투먼 개발개방 선도구 규획 요강(以長吉圖爲開發開放先導區的中國圖們江區域合作開發規劃綱要) 국무원 비준(09. 8. 30.) → 원자바오 총리 방북(09. 10.)→ '창춘-지린-투먼' 요강 공개 반포(09. 11. 18.)와 함께 동시 다발적으로 '대북한 육로-항만-구역 일체화 프로젝트'(신압록강 대교, 황금평·위화도 개발, 훈춘-권하-원정 도로 현대화, 나진·청진항 개건, 동변도 철도 복원 등)를 추진하고 있음.

출처: 오마이뉴스

⋮⋮ 4. 중국의 최근 상황인식과 대북 전략의도

가. 상황인식: 단기적 이미지 비용과 장기적 기회요인

○ '천안함 정국'과 같은 불안정이 고조되는 상황에서 중국 스스로 강조하는 국제적 '책임성'을 시현해 보이지 못하고 있다는 이미지 비용이 증대되고 있다는 인식은 하고 있음.

○ 현재 북한은 후계체제 정착을 위해 긴급 외부 수혈이 필요하고, 기존 유엔 대북 제재 및 한·미·일의 개별적 제재가 예상되는 상황에서 북한이 더욱 중국에 의존할 것이라 판단하고 있음.

○ 이는 '북한문제'에 대한 적극적 관여(engagement) 정책을 시행할 수 있는 전략적 기회의 시기가 될 수 있다고 인식함.
- 북한의 후계구도 정착 문제, 북한의 대중 경제적 의존심화는 대북 레버리지 강화에 호기로 작용할 것이라 판단함([표 1, 2] 참조).

[표 1] 북한의 대외무역 규모 및 대중 무역의존도 추이

(단위: 억 달러, %)

구분	00	01	02	03	04	05	06	07	08	09
전체 대외무역(A)	19.7	22.7	22.6	23.9	28.6	30.0	30	29.4	38.2	34.1
북·중 총 무역(B)	4.9	7.4	7.4	10.3	13.9	15.8	17	19.7	27.8	26.8
수출	0.4	1.7	2.7	4	5.9	5	4.7	5.8	7.5	7.9
수입	4.5	5.7	4.7	6.3	8	10.8	12.3	13.9	20.3	18.9
무역수지	-4.1	-4	-2	-2.3	-2.1	-5.8	-7.6	-8.1	-12.8	-11
비중(B/A)(%)	24.9	32.6	32.7	43.1	48.6	52.7	56.7	67.0	72.8	78.5

자료: KOTRA, 북한의 대외무역 동향, 각 연판

[표 2] 북한의 전략물자 도입실적 및 중국의 비중

(단위: 만 톤, %)

구분 / 연도	원유 전체	원유 중국	곡물 전체	곡물 중국
2000	38.9	38.9(100)	122.5	28.3(23.1)
2001	57.9	57.9(100)	140.5	43.6(31.1)
2002	59.7	47.2(79.1)	100.5	21.9(21.8)
2003	57.4	57.4(100)	80.9	34.9(43.1)
2004	61.3	53.2(86.8)	58.1	9.0(30.0)
2005	52.3	52.3(100)	86.0	33.1(38.5)
2006	52.4	52.4(100)	10.0	7.9(79.0)
2007	52.3	52.3(100)	37.9	13.6(35.9)
2008	52.9	52.9(100)	28.2	11.9(42.2)

자료: KOTRA, 북한의 대외무역 동향(2008)

나. 적극적 대북 관여

○ 2010년 5월 5일 후진타오는 김정일에게 "내정·외교의 중대 문제, 국제· 지역 정세, 치당치국(治黨治國)의 경험"에 대한 소통을 제의했고, 원자바 오는 "중국의 개혁·개방과 건설의 경험"을 소개해 주고 싶다는 점을 강 조함. 이는 중국의 적극적 대북 관여 의도를 보다 명확히 하고 있음.

− 향후 중국은 북한 유인을 위한 '매수방식'에서 벗어나, 내정 및 외교문제 에 대한 전략적 소통 강화, 무상원조에서 경제무역 협력 심화 방식으로의 전환, 개혁개방 등을 보다 적극적으로 요구할 것으로 전망됨.

○ 현재 중국은 북한 민심의 밑으로부터의 압박을 관망하고 있는 상태로, 이 는 90년대 "고난의 행군" 시기 북한 내부 상황 및 국제사회의 대북 지원 규모 변화를 보아 가며 식량원조 규모를 조정했던 것과는 다른 행동의 패 턴을 보임.

− 2009년 11월 화폐교환 조치 이후 북한 민심은 최악의 상황으로, 인구 1/3이 넘 는 900만 명이 식량 부족에 처해 있으며 평양에서 시위가 발생하고 수천 명이 식량을 찾아 중국으로 탈출한 것으로 전해짐(국제엠네스티, 2010. 5. 27.).

− 김정일 방중에서 긴급 식량원조 10만 톤 지원설이 제기되었으나, 현재까 지도 중국은 관망하고 있음.

− 결국 북한 중앙당 조직지도부는 식량배급 및 물자공급 중단, 시장 허용, 각종 무역 통제와 규제 철폐 등을 골자로 하는 '5.26 당 지시'를 각 부문, 단위에 하달한 것으로 알려짐(좋은 벗들, 2010. 6. 16.).

○ 중국의 관망은 북한 내 시장화 확산을 유도하기 위한 고려에 기인한 것으 로 판단됨.

− 중국 정부는 북한의 최소지배집단의 통치 자금을 위한 경화 공급을 간접 적 방식으로 시행하여, 북한정권의 불가예측성(unpredictability)을 관리하

면서 후계구도의 안착을 희망하는 것으로 관측됨.

- 중국은 2009년 10월 원자바오 총리 방북 시, '중국 관광단체의 조선관광실현에 관한 량해문'에 조인했으며, 2010년 4월을 전후해 중국 전역을 대상으로 동시다발적으로 대북 관광(관광대금 1인당 5천 위안)을 허용함.

○ 향후 중국은 북한 내 시장화 확산 유도, 대북 경제무역협력 심화, 최소한의 통치자금 공급 등을 통해 북한정권의 안정 및 점진적 변화를 유도하겠다는 보다 장기적인 전략적 이해를 염두에 둔 것으로 보임.

5. 북한의 예상 반응

가. 반개혁적 개방정책을 통한 정권 재정 확충 시도

○ 북한정권은 유일지도자를 정점으로 하여 혈연적-동지적 결합에 바탕을 둔 최소 지배집단의 가족사회주의 형태로, '분파주의' 형성을 근원적으로 차단해 "최소 지배집단의 최대 응집력"을 유지하는 것이 정권안보의 선결 요건임.

- 이를 위해서는 대내적으로 중공업·경공업, 국방·경제 우선 등과 같은 정책노선 경쟁을 일소하고 경제자원의 분배권한을 집중시켜야 하며, 대외적으로는 자체적인 군사적 억지력을 확보해 특정 국가에 대한 의존도를 없애야 함.

- 후계구도의 구체화 단계에서는 이러한 '응집력'이 더욱 요구될 것임. 최근 북한의 일련의 경제적 보수화 조치 시행 및 핵·미사일 능력 강화 노력 등도 내적 응집력 유지의 일환으로 평가할 수 있음.

○ 재정이 최악의 상황으로 '시장 세력'(군부 외화벌이, 장마당 등)에 대한 양

보를 위한 물질적 조건이 결여 내지 부재함. 따라서 김정일 지배집단 수중으로 재원(특히 외화)을 집중시키는 것이 가장 시급한 과제임.

- 이를 위해 2008년 이후 외화벌이 무역기관(특히 군부 산하 중소 회사)에 대한 집중 단속을 벌여 왔으며, 급기야 2009년 11월 화폐교환과 올 1월 외화사용 금지라는 극단 조치를 시행함.

- 1개월여 만에 시장 통제를 완화했으며, 박남기 당 계획재정부장("선군정치 이전과 마찬가지로 당이 무역과 외화 관련 업무를 독점하기 위해 노동당으로 국가재정과 무역을 단일화해야 한다"고 고무한 인물)의 처형설이 전해졌고, 급기야 '5.26 당 지시'가 하달됨. 이는 '시장 세력'에 대한 반발이 그만큼 컸다는 것을 반증하는 것일 수 있음.

○ 현재로선 후계구도 정착을 위한 정권 재정 확충은 개방을 통한 외자(중국 자본) 유치의 방법밖에 없음. 그러나 이는 개혁지향적 개방이 아니라, '반개혁적 개방'의 행태를 보일 것으로 전망됨.

- 2005년 이후 지속된 반개혁적 보수화 정책(2005년 10월의 양곡 전매제, 2006년 4월의 부동산 전면 실사, 2007년 2월의 주민 외화 사용 금지, 동년 10월의 종합시장 통제 개시, 2008~09년 시장 폐쇄 조치, 2009년 11월 화폐교환 조치 등)은 장성택이 총괄하는 중앙당 보수세력과 공안 공작 기관(인민보안성, 국가안전보위부 등)의 연합에 의해 추진되었으며, 이들이 후계자로 지명된 김정은의 기본 세력 기반으로 알려짐.

- 대내적 화폐교환 조치와 함께, 올해의 해외 투자유치 및 개방성 조치(1월 라선 특별시 지정 및 조선대풍국제투자 그룹 이사회 개최, 2월 국가개발은행 설립 및 김영일 국제부장 랴오닝, 지린성 방문; 3월 국방위에 용각산 지도총국 설립; 8개 도시 경제특구화 개방설 등)는 장성택 계열 인물(김양건, 전일출, 이광근 등)이 관여하는 것으로 알려짐.[2)]

---

2) 이상 내용은 박형중, "김정일, 군과 당, 그리고 김정은: 시장확대와 시장억제 배후의 권력정치학," 통일연구원 Online Series(2010. 5. 12.); "장성택의 과거 정책 행보와 향후 전망," 통일연구원 Online Series(2010. 6. 8.).

나. '의존'의 재균형 모색

○ 현재 북한은 정권 생존을 위한 재정확충이 대중 관계의 성공 여부에 달려 있는 듯한 상황에 직면해 있음. 따라서 중국의 이해(한반도 안정화, 비핵화, 개혁 · 개방)에 부합하는 전술적 제스처를 보일 필요가 있을 것임.

○ 북한이 중국의 이해구도에 부응할지는 과거 역사적 사실과 북한정권의 구조적 속성 등을 통해 볼 때 상당히 회의적임.
- 최근 '천안함 정국'이 말해 주듯 북한은 상황전개를 자신의 페이스로 끌고 가기 위해 도발적인 지정학적 게임을 언제든 할 수 있는 입지에 있음.
- 북한은 2010년 4월 21일 외무성 비망록을 통해 재차 반복했듯이, 핵보유국 지위를 인정받고자 하고 있으며, 향후 6자회담이 재개된다 하더라도 그것은 비핵화 협상이 아니라 국제적 핵 군축 협상이 되어야 한다고 주장하고 있음.
- 2010년 5월 8일 북한은 북 · 중 정상회담 결과를 중국 측보다 늦게 발표하면서, 중국 지도부가 강조한 '내정 · 외교문제에 대한 소통'이나 '개혁 · 개방 소개' 등의 내용을 누락시켰음.

○ 중국의 대북 투자가 지속될 수 있을지도 회의적임. 중국이 노동당 통치 자금을 담당하는 39호실 출신 전일출을 이사장으로 하는 국가개발은행에 대규모 개발원조 차관을 제공하지는 않을 것임. 설사 중국이 대규모 차관을 제공한다고 하더라도 북한이 자체적으로 산업인프라 개발을 할 능력이 있는지도 미지수임.
- 현재까지 북한은 중국 차관을 자국기업의 대중 채무 변제에 대부분 사용하여, 개발원조 차관이 북한 경제성장에 실질적으로 기여하는 측면이 매우 적은 것으로 알려짐.
- 중국은 대북 개발원조 차관 형식보다, 현재로선 자국이 직접 북한 인프라

건설을 추진할 개연성이 더 큼.
- 이는 엄격히 말하면, 중국의 대북 투자라기보다는 중국의 동북 3성과 국내 타 지역 및 해외 여타 지역 연계 사업의 일환으로써 중국의 동북지역 개발을 의미함.
- 무엇보다 북한이 6자회담에 복귀하지 않고, 긴장고조 조치를 지속하고, 경제개혁 조치를 취하지 않는 상태에서 중국기업의 대북투자를 중국 정부가 고무하지도 못할 것임.

○ 북한의 입장에서 볼 때 중국의 대북 경제협력에는 정치적 동기가 내재되어 있다고 인식할 것이고, 결국 양국 경협은 한계를 보일 수밖에 없을 것으로 전망됨.

○ 북한은 냉전시기뿐만 아니라, 1990년대에는 중국과 일본을 통해, 2000년대에는 중국과 남한을 통해 대외 거래의 균형을 유지하며, 어느 일국에 일방적으로 '의존'하지 않으려 했음.

[표 3] 1990년대 이후 북한 무역 중 한·중·일 비중(%)

	1995	2000	2002	2005	2007	2009
중국	23.5	20.4	25.4	38.9	41.7	52.6
한국	12.3	17.8	22.1	26	37.9	33
일본	25.4	19.4	12.7	4.8	0.2	0.05

자료: KOTRA, 통일부

○ 향후 북한은 일정한 냉각기를 거친 후 남북관계 개선을 위한 '이벤트'를 강구하여, 대외 '의존'의 재균형을 모색할 것으로 전망됨.

일본의 한국병합 100년 한일관계의 과제와 전망: 동아시아 평화를 위한 한일갈등의 해결방안과 협력의 전망

전진호(광운대학교 교수)

한일은 21세기 새로운 협력관계를 열어 가야 하는 중요한 시점에 도달해 있다. 21세기를 20세기와 같은 대립과 갈등의 시대로 방치할 것인가, 그렇지 않으면 새로운 협력을 만들어 가는 신시대로 열어 갈 것인가는 향후 몇 년간의 한일관계의 재정립이 결정적인 역할을 할 것이다.

21세기 한일관계를 열어 가는 새로운 패러다임의 중심에는 한일이 공유할 수 있는 미래담론의 형성이 가장 중요하다. 양국은 미래담론의 공유를 통해 함께 이익을 나누고, 함께 만들어 가는 21세기 양국 협력의 큰 그림을 그려야 한다.

또한 중·장기적으로 한일관계를 안정시키고 발전시킬 수 있는 구체적이고 실천적인 프로그램을 개발시켜야 하며, 양국 간의 2국 간 협력을 지역협력 및 국제협력으로 발전시킬 수 있는 협력 대상의 발굴도 필요하다.

▒ 1. 서론: 21세기 한일협력의 방향

○ 2010년은 일본의 한국병합 100년이 되는 해이며, 한일국교정상화 45주년임. 한일 양국은 지난 반세기에 걸친 협력의 기반 위에서 새로운, 미래지향적 협력관계를 열어 나가야 할 중요한 시점에 도달해 있음.

○ 이명박 정부 출범 이후, 양국은 표면적으로는 안정적인 협력의 기반 위에 있으나, 한일협력의 새로운 장(場)을 열어갈 협력의 패러다임을 찾지 못하여, 제한적이고 현상유지적인 협력의 단계를 넘어서고 있지 못함.

○ 21세기 한일 양국은 양국 간 관계를 한 단계 도약시킬 수 있는 한일협력의 새로운 패러다임의 창출을 요구받고 있음. 한일협력의 새로운 패러다임은 한일관계의 기존의 틀을 깨고 미래지향적인 협력의 토대를 만들 수 있는 내용과 방향이어야 함.

○ 현재의 한일협력의 기본 틀이라고 할 수 있는 1998년의 '21세기의 새로운 한일 파트너십을 위한 행동계획'[1]을 향후도 구체적으로 추진하여야 하나, 한일관계의 변화에 따른 중요한 보완이 이루어져야 할 것임. 이런 점에서 21세기 한일협력은 다음과 같은 방향과 내용을 담아야 할 것임.
- 한일이 공유할 수 있는 21세기 미래담론의 설정을 통한 협력의 제도화: 21세기 한일관계를 상징하고 주도할 수 있는 새로운 한일 간의 미래담론의 설정이 무엇보다 필요하며, 한일 양국은 한일협력을 미래담론의 공유에서 시작하여 협력의 제도화로 구체화시켜야 함.
- 한일 간의 2국 간 협력을 통한 국제협력의 모색: 한일협력이 한일의 2국

---

1) 외교통상부, 『김대중 대통령 일본 공식방문 결과, 1998년 10월 7일—10일』, 행동계획(액션플랜)의 실천방향에 대해서는 김영작 외, 『21세기 한일 파트너십을 위한 〈액션플랜〉의 바람직한 실천방향에 관한 연구』(1999년 학술진흥재단 협동연구 특별정책과제 결과보고서, 2001) 참고.

간 협력에 거치지 않고 한·미·일, 한·중·일, 혹은 다국 간 국제협력으로 발전시킬 수 있는 방안 및 협력 대상의 발굴이 중요하며, 또한 21세기 한일 협력은 지역협력, 국제협력을 시야에 둔 한일협력으로 재설정되어야 함.
- 실질적인 한일 2국 간 협력 증진방안의 모색: 한일협력을 제도화할 수 있는 새로운 협력대상의 발굴 및 협력관계의 창출이 중요하며, 기존 협력의 틀에 얽매이지 않는 과감한 협력을 전제로 한일이 새로운 시대를 열어 가야 함.

2. 국교정상화 이후 한일관계의 현황 및 문제점

가. 기존의 한일 2국 간 협력의 현황 및 문제점

○ 1988년 '21세기의 새로운 한일 파트너십을 위한 행동계획'이 양국 간에 합의된 이후 한일 간에는 새로운 협력의 프레임워크가 합의되지 못하고 있음. 특히 고이즈미, 아베, 아소 정권을 거치면서 양국의 협력관계는 기존의 협력 수준에도 미치지 못할 정도로 후퇴한 것이 사실임.

○ 기존의 한일협력은 현안문제대응 위주의 제한적 협력관계라고 평가할 수 있음. 즉, 기존의 한일관계는 양국 간의 현안문제의 해결에는 기여하나, 장기적 한일관계의 안정화에 크게 기여하지 못하는 한계를 안고 있음. 따라서 한일 간의 장기적 안정화에 기여할 수 있는 새로운 패러다임의 창출이 요구되는 이유가 여기에 있음.

○ 한일관계를 보면, 역사/영토문제 등 민족 국가적 문제에 한일관계가 종속되는 경향이 강함. 즉, 현재의 한일관계는 다양한 분야가 상호 협력하면서

발전하는 구조가 아니라, 역사/영토문제 등 민족 국가적 문제가 타 분야를 압도하는 상황임. 따라서 협력이 가능한 다양한 분야가 독립적으로 발전하며 협력할 수 있는 메커니즘의 확립이 요구됨.[2]

○ 기존의 한일협력의 대부분이 2국 간 협력의 수준에 머무르고 있는 한계가 있음. 따라서 한일 협력이 2국 간 협력에 머무르지 않고, 21세기적 국제환경에 걸맞게 2국 간 협력을 동아시아 지역협력, 국제협력으로 발전시켜야 함.

○ 김대중 정부까지 양국이 구축해 온 정부 간, 민간의 인적 네트워크가 와해되어, 양국 간에 현안문제가 발생하였을 때 문제를 수면 하에서 해결할 수 있는 네트워크가 와해된 상태임. 정부 간 레벨의 논의와 함께 수면 하에서 문제해결을 주도해 온 양국 간의 인적 네트워크의 와해는 양국 간의 갈등과 대립의 확대, 재생산으로 이어지고 있음. 따라서 양국 간의 인적 네트워크를 재건하는 노력이 보완되어야 할 것임.

나. 한일이 지향해야 할 2국 간 협력방향의 제시

○ 한일 협력의 문제점을 보완하기 위해서는, 먼저 21세기 한일이 처한 국제적 환경 및 한일이 공유할 수 있는 미래비전에 입각한 다양한 2국 간 협력과제의 개발이 필요함.

○ 기존의 협력 분야를 넘어선 미래지향적인 협력이 가능한 새로운 협력분야의 모색과 실천을 통해 21세기 한일 협력의 방향성을 정립하여야 하며, 이러한 새로운 협력을 지속시키기 위한 협력의 제도화가 요구됨.[3]

2) 이명박 정부 초기의 대일정책 및 한일관계에 대해서는 전진호, "한일관계와 이명박 정부의 대일정책"(『한일군사문화연구』 제8집, 2009) 참조.
3) '미래지향적 한일협력'의 구체적인 방법에 대해서는 전진호, "실용주의 대일외교: 구동존이(求同存異)인가, 동상이몽(同床異夢)인가,"(미래전략연구원, 2008) 참조.

○ 기존의 한일협력이 각 분야에서의 협력을 개별적으로 증진해 왔다면, 21
   세기 한일협력은 양국 간 협력의 큰 그림을 먼저 그리고, 양국 간 협력의
   큰 틀 아래에서 각 분야별 협력의 구체적인 그림을 그리는 형태로 진행되
   어야 할 것임. 이는 개별사안에 대한 협력의 수준을 넘어, 양국이 21세기
   에 협력할 수 있는 새로운 분야를 개발하고 새로운 협력을 제도화하는 데
   있어 매우 중요함.

○ 한일협력이 임기응변식 대응에서 미래를 향해 같이 나아가는 협력으로 도
   약시키기 위해서는 협력의 전체 틀과 이에 연동하는 세부협력의 조정이
   매우 중요함.

3. 21세기 한일협력의 방향

가. 한일이 공유할 수 있는 미래담론의 구축

1) 21세기 한일 미래담론의 공동 천명
○ 한일 양국이 21세기를 공유할 수 있는 양국 간의 미래담론의 구축과 실천
   이 요청되며, 새로운 미래담론은 기존의 한일협력 관계를 획기적으로 발
   전시킬 수 있는 형태가 되어야 함.

○ 미래담론은 '21세기의 새로운 한일 파트너십을 위한 행동계획'을 계승, 발
   전시키는 형태가 바람직할 것이며, 정부뿐만 아니라, 국가와 시민사회가
   동시에 참여, 공유할 수 있는 담론의 형태이어야 할 것임. 따라서 다음과
   같은 담론의 모색이 필요함.

○ 먼저, 환경 및 자원담론(환경, 에너지, 에코 등)이 21세기 한일 미래담론의 중심이 되어야 할 것임. 안보협력과 경제협력이 이미 일정한 수준에 도달하였거나, 혹은 더 이상의 진전을 기대하기 어려운 현재의 상황에서, 양국이 가장 적극적으로 협력할 수 있는 분야가 환경 및 자원 분야이며, 따라서 21세기 한일 미래담론의 중심적인 부분으로 환경, 에너지, 에코 등을 전략적으로 위치시키는 것이 바람직함.

○ 다음으로 21세기 한일 미래담론은 양국 국민이 중층적이고 복수의 아이덴티티를 가지게 하여야 함. 양국 국민들이 한국, 일본 국민이면서 동시에 동아시아 공동체의 일원이라는 인식을 가지게 하는 것임.

○ 한·중·일 3국은 민족주의적, 그리고 국가 간의 갈등이 가장 첨예한 국가이며, 따라서 한일 양국이 이러한 갈등상황을 타개하기 위해서는 민족주의적 갈등을 최소화할 수 있는 공동의 아이덴티티를 가지도록 하는 것이 중요함.

○ 또한 한일 양국이 중장기적으로 구축할 수 있는 공동체에는 경제공동체, 통화공동체, 역사문화공동체, 환경 및 에너지공동체, 안보공동체 등의 다양한 형태가 있겠지만, 한일 환경, 문화, 경제공동체 구상이 비교적 현실적이며, 환경 - 문화 - 경제 공동체의 순으로 접근하는 것이 바람직함.

○ 마지막으로 21세기 한일협력은 현실적인 공동이익을 추구할 수 있는 협력의 형태가 되어야 함. 앞에서 제안한 내용의 협력을 우리 정부가 일본 정부에게 미래담론으로 제시하고, 정부 간 협의를 개시하는 방법을 검토할 필요가 있음. 만약 가능하다면, 2010년에 양국 정부의 공동성명의 형태로 발표하는 것이 적절함.[4]

2) 한일 간의 장애요인의 관리, 갈등해소 방안의 공유

○ 21세기 한일의 미래담론에는 과거사 및 역사인식 문제, 일본의 군사적 보통국가화문제, 독도문제, 북한문제 등의 양국 간의 장애요인을 관리하고 갈등을 해소하는 방안이 포함되어야 함.5)

○ 먼저, 미래담론의 공유 및 실현을 위해서는 과거사 및 역사인식 등의 양국 간의 갈등요인을 지속적으로 관리하는 제도적 접근이 필요하며, 양국 간의 다양한 대화채널의 확보를 통해 인적 네트워크를 재구축함으로써 이러한 갈등요인을 관리해야 함.

○ 과거사 및 역사인식 문제에 대한 대처는 '한국 대 일본'이라는 국가 간의 대결구조보다 '일본의 보수, 우경세력에 대한 국제사회의 연대'라는 측면에서 문제해결을 시도하는 것이 바람직함. 일본사회의 건전한 시민세력, 진보적 지식인은 물론 국제기구 및 국제사회의 다양한 국가, 세력과 연대하여 일본 내의 우익, 보수진영을 압박해 나가는 방법이 효과적임.

○ 과거사 및 역사인식 문제가 불러올 수 있는 양국 간의 마찰을 회피하기 위해 이 문제들을 그냥 묻어 두는 것은 문제해결을 위한 바람직한 방법이 아님. 이는 향후 일본이 같은 문제를 재발시킬 가능성이 높으며, 따라서 문제를 회피하는 방법이 아니라 다양한 채널을 통해 문제발생을 억제하며, 발생한 문제를 효과적으로 수습하는 접근이 효과적인 문제해결 방법임.

○ 일본의 군사적 보통국가화에 대해서는, 민주당 정부 출범 이후 군사적 보통국가화는 숨고르기에 들어간 것으로 보이나, 군사적 보통국가화는 일본

---

4) 일본의 한국병합 100년이 되는 2010년은 한일 양국이 새로운 미래담론을 천명할 수 있는 적기이며, 실제로 양국 정부 간에는 실질인 움직임이 있는 것으로 알려지고 있음("한일 신시대 공동연구").
5) 한일관계의 현안문제에 대한 대처방안에 대해서는 전진호, "21세기 한일관계의 현안과 전망"(『한일군사문화연구』 제3집, 2005) 참조.

의 21세기 국가전략인 것을 전제로 대일 전략을 수립해야 함. 일본의 군사적 보통국가화를 기정사실로 받아들이고 이러한 인식의 토대 위에서 한반도와 동북아, 크게는 국제평화에 기여할 수 있는 방안을 모색해야 함.

○ 일본의 군사력 증강과 자위대의 역할 확대가 동아시아 지역에서의 긴장조성이나 군비확장 경쟁으로 이어지지 않도록 대일 설득을 병행해야 함. 동아시아의 안정과 평화를 정착시키기 위해서 관련 당사국의(특히 중국과 일본의) 군사적 투명성을 높이고, 상호 신뢰를 구축해 가는 것이 중요함.

○ 일본의 군사화를 효과적으로 제어하기 위한 수단으로서 동아시아 지역안전보장 기구를 활용하여, 아세안지역포럼(ARF)이나 ASEAN+3 확대정상회담 등에서 지역의 안전보장을 위한 군사협력, 정보공개, 상호방문 등을 의제로 상정하여 각국의 군사정보의 교환과 투명성을 제고하는 방법도 고려해 볼 만함.

○ 세 번째로 독도문제에 대해서는, 역사교과서 등에 의한 독도문제 쟁점화는 언제나 가능하다는 전제 하에서, 문제의 발생을 억제하고 관리하는 측면에서의 접근이 바람직함. 독도문제를 영토문제로 접근하면 해결이 사실상 불가능하며, 영토문제는 군사적 해결 이외의 해결방법은 없다는 점을 양국 정부가 인식하여, 독도문제가 양국 관계의 경색을 초래하지 않도록 관리하는 노력이 필요함.

○ 이러한 대일 전략과는 별도로, 독도가 국제법적으로나 역사적으로 한국 영토임을 국제사회에 알리고 증명하는 다양한 정보발신이 중요함. 또한 일본이 주장하고 있는 독도 영유권 주장에 대해 이를 객관적이고 논리적으로 비판할 수 있는 객관적 정보의 수집, 연구 촉진도 필요함.

○ 동북아역사재단 등에서 이러한 활동을 하고 있으나, 외교통상부 및 관련 부서도 이러한 연구지원 및 논리개발에 적극적으로 참여해야 함. 또한 일본의 다양한 세력에 의한 독도문제 도발에 일일이 정부가 공식적으로 대응할 필요는 없으며, 일본 측의 다양한 도발에 걸맞은 대응 매뉴얼의 준비가 필요함.

○ 마지막으로 한일의 미래담론에는 북한문제 해결에 대한 입장도 공유해야 함. 북핵실험 및 천안함 사태 등으로 6자회담 재개가 불투명해져 있으나, 김정일 위원장의 중국방문 이후 6자회담 재개에 대한 가능성이 거론되고 있음.

○ 북한문제 해결을 위해 남북한 간의 직접접촉 및 협상도 중요하지만, 북미대화 및 북일대화를 지지하고 지원하는 형태의 대북정책도 중요함. 우리가 북미대화나 북일대화에 지장할 초래할 외교적 선택은 득보다 실이 많을 것이기 때문임.

○ 북일관계 개선과 관련하여 일본 총리의 방북이 이루어질 가능성이 없지 않으며, 총리의 방북이 성사될 경우, 북일관계 해빙이 급진전될 가능성이 있음. 따라서 북일 국교정상화에 대한 구체적인 준비를 해 둘 필요가 있으며, 한일 간의 공동성명에서 남북한과 일본이 새로운 시대를 열어 가는 내용이 포함되면 좋을 것임.

○ 이와 동시에 한 · 미 · 일에 의한 다자간 대북 협력체인 6자회담과 같은 다국적 협력의 틀을 유지하여, 우리 정부는 일본으로 하여금 북일 수교에 전향적인 자세로 임할 수 있도록 유도해야 할 것임.

나. 중단기적인 한일 2국 간 협력방안 모색

○ 미래담론의 공유와 함께, 한일은 2국 간 협력을 기존의 접근과는 다른 새로운 차원에서 설계해야 함. 이를 위해서는 다음과 같은 협력방안을 모색할 필요가 있음.

1) 한일 간의 중층적 네트워크의 형성 및 교류(시민, 학술, 지역 등)
○ 먼저, 한일 시민에 의한 공통된 가치를 지향하는 시민사회 네트워크를 구축을 지원해야 함. 한일 간의 시민사회는 개별적으로 발전·확장되고 있으나, 시민사회 간의 교류는 매우 미약하며, 특히 양국의 시민사회가 공유할 수 있는 가치의 창출은 거의 이루어져 있지 않은 상황임. 따라서 양국의 시민사회가 공동의 가치를 모색하며 이를 공유하는 공동 시민의식의 함양이 절실함.

○ 시민사회 간의 네트워크 형성은 양국 간의 미래담론 실천의 중요한 주체가 될 것이며, 한일이 공유하는 미래담론의 실천 가능성을 한층 높이게 될 것임. 한일 간의 중층적 네트워크의 형성과 교류는 국가 정책적 차원에서 추진하기보다 시민사회 차원으로부터의 협력과 개선이 중요하며, 시민사회의 활동을 정부가 지원하는 형태로 접근하는 것이 효과적일 것임.

○ 이와 동시에 학술적 교류의 획기적 확대도 중요함. 한일 간에는 다양한 형태의 학술적 교류가 이루어지고 있으나, 양과 질 모두 빈약하며 일회적 이벤트로 끝나고 있는 것이 현실임. 보다 장기적이고 중층적인 한일 공동연구 조직의 발족 및 운영이 요구됨.

○ 양국의 정부기관, 혹은 민간이 추진하고 있는 장기적이고 구체적인 연구 프로젝트도 일부 진행되고 있으나 아직은 걸음마 단계라고 판단됨. 따라

서 정부기관이 후원하는 다양한 형태의 학술교류를 획기적으로 확대할 필요가 있음.

○ 마지막으로 지자체 간의 교류확대를 위한 양국 정부의 지원도 중요함. 현재 지자체 간에는 다양한 형태의 교류·협력이 시도되고 있으나, 지자체 간의 교류가 체계적·장기적으로 이루어지지 못하고 있음. 학술교류 지원과 마찬가지로 양국 정부가 이를 지원하는 구체적인 프로그램을 설립하여 정부 차원에서 교류를 촉진하기 위한 지원이 필요함.

2) 문화협력: 한일 문화교류와 새로운 문화상품의 공동 창조
○ 한일 간의 문화교류와 문화협력은 단기적으로 큰 성과를 얻을 수 있는 분야이며, 기존의 인프라도 일정한 정도 구축되어 있는 상황임. 양국이 공동으로 참여하거나 개발할 수 있는 분야의 특성화를 통해 집중지원하면 기대 이상의 성과를 얻을 수 있는 분야임.

○ 예를 들면, 한류 엑스포와 같은 문화/홍보 프로그램을 개발하거나, 한일에 의한 합작영화, 드라마에 대한 지원을 통해서 한류와 일류를 하나로 묶어내는 새로운 장르의 개발이 가능할 것임. 또한 한일의 기술력과 공동문화를 결합하면, 세계 시장에서도 통용될 수 있는 새로운 문화상품의 창조도 가능한 상황이므로, 양국이 기술과 콘텐츠, 자본을 교류하고 공유하는 프로그램의 개발도 중요한 협력방안이 될 것임.

3) 역사인식 공유: 연구 및 출판 분야의 교류
○ 한일 간의 역사인식 마찰과 과거사 문제는 양국 간의 긴장과 갈등의 근원이며, 이의 해소를 위한 노력은 매우 중요함. 양국 간의 갈등 최소화를 위해 이를 덮어 놓고 넘어가는 정책선택은 장기적으로 유익하지 못함. 따라서 양국 간의 합의와 조정을 이끌어 낼 수 있는 방향으로 양국이 접근할

필요가 있음.

○ 이에 대한 구체적 대안으로는 기존의 한·중·일 역사교과서의 공동 집필 노력을 계속하며, 청소년에 대한 공동 역사교육의 확대와 시민 네트워크의 확대를 통해 국가와 민족주의의 테두리를 넘은 역사인식의 공유가 필요함.6)

다. 전통적 및 비전통적 안보분야에서의 실천적 협력7)

1) 전통적 안보분야에서의 협력의 지속
○ 한일 간의 안보협력은 1990년대 이후 급속히 증진되었지만, 아직 협력할 수 있는 다양한 선택지를 남겨 두고 있음. 한일 간에 해상 공동훈련 등의 교류·협력이 이루어지고 있지만 이는 평화목적의 재난 구호훈련이며, 실질적인 군사협력의 수준에 도달해 있지 않음.

○ 현재의 한일 간의 군사교류를 군사협력으로 격상시키기 위해서 양국 간의 신뢰구축, 동북아 정세의 안정 등 사전의 환경정비가 필요함과 동시에 새로운 영역으로 협력대상을 넓혀 나갈 필요가 있음.

○ 전통적 안보분야에서 한일이 향후도 지속·발전시켜야 할 협력분야는 군인사 및 군사교류, 부대 간 교류, 유학생 교류 및 연구교류, 안전보장 문제에 대한 협력, 동북아 평화질서 유지에 대한 협력, 한·미·일 협력의 유지, 강화 등이 될 것임.

○ 한일이 군사동맹을 체결할 수 없는 현실적 상황을 감안하면, 전통적 안보

---

6) 한·중·일 3국 공동역사편찬위원회편, 『미래를 여는 역사』(2005).
7) 전진호, "한일 안보협력의 새로운 모색"(『일본연구』 제13집, 2010).

분야에서의 한일 협력은 상당한 한계를 가질 수밖에 없음.

2) 비전통적 안보분야에서의 새로운 협력의 모색

○ 전통적 안보분야에서의 협력을 유지, 강화함과 동시에 새로운 협력분야에
  서의 협력을 모색해야 함. 21세기의 한일이 지향해야 할 안보협력은 한·
  미·일 혹은 한·중·일 협력 등 지역협력에서 국제협력으로 발전할 수
  있는 방향으로 설정해야 함. 이를 위해 우선 한·미·일 협력이 중심이 되
  는 국제협력을 지향하는 것이 현실적인 대안이 될 것임.

○ 한일이 동아시아 안전보장의 중요한 중심축으로 기능하기 위해서는 기존
  의 군사교류 차원의 협력관계를 넘어 실질적 군사협력이 가능한 차원으로
  발전시킴과 동시에, 기존의 2국 간 협력을 지역협력, 글로벌협력으로 협력
  범위를 넓히는 노력이 병행되어야 함.

○ 한일은 전통적 안보위협에 대한 대응과 2국 간 협력중심의 냉전형 안보협
  력에서, 비전통적 안보위협에 적절히 대처하기 위해 국제협력, 지역협력
  의 성격을 강화해 나가는 새로운 안보협력의 틀을 구축해야 할 것이며, 이
  러한 관점에서 21세기 한일 안보협력은 다음과 같은 방향성을 가져야 할
  것임.

○ 지금까지 한일이 협력해 온 현안문제에 대한 협력, 교류에 더해, 예방외교
  및 장기적인 관점에서의 안보협력이 추구되어야 함. 특히 전통적 안보위
  협에 대한 협력뿐만이 아니라 비전통적 안보위협에 대해서도 적극적인 협
  력을 모색해야 함.

○ 한일 간의 2국 간 협력으로 그치는 협력이 아니라, 지역협력, 국제협력으
  로 연계될 수 있도록 해야 함. 예를 들면 재해, 재난 시의 긴급구조 활동이

나 해양에서의 불법행위 퇴치 등의 협력이 이에 해당됨.

○ 위협의 해소뿐만이 아니라 위협의 예방, 불확실성에 대한 대비도 중시하
는 방향으로 협력해야 함. 한일 간의 해양수송로의 공동방위와 같은 협력
은 현존하는 위협에 대한 협력을 넘어서, 미래의 안전보장에도 직결되는
협력대상이라고 할 수 있음.

○ 한일 간의 협력이 한·미·일 혹은 한·중·일 협력으로 발전시켜야 함.
한·중·일 혹은 한·미·일 협력 네트워크의 구축은 한국정부가 21세기
외교안보전략으로 구상 중인 '성숙한 세계국가' 건설을 위한 협력 네트워
크의 강화와도 직결되며, 한일관계에 관해서도 양국이 협력할 수 있는 영
역을 다양화해 나가는 전략과도 일치함.8)

○ 21세기 한일 안보협력은, 전통적 안보협력에 더하여, 유엔의 평화유지활동
(PKO), 대테러 국제협력(사이버테러 포함), 해양에서의 불법행위 방지(공
동 치안유지)와 해양수송로(SLOC) 공동방위 등의 해양에서의 협력, 재해
및 재난, 환경 분야의 협력으로 확대함.

라. 한일협력을 통한 국제협력의 모색

○ 한일의 2국 간 협력을 한 단계 발전시키기 위해서는 한일협력을 국제협력,
지역협력으로 발전시키는 방향이 되어야 하며, 안보협력뿐만 아니라 경제
협력, 인적교류협력 등의 분야에서 국제협력을 시야에 넣은 협력의 형태
를 취해야 함.

---

8) 청와대, 『성숙한 세계국가』(2009).

1) 경제공동체 논의의 확산
○ 최근 동아시아 경제공동체 논의가 확산되고 있으며, 한일 양국은 경제공동체 구상에 적극적인 관심을 표명하고 있음. 한일 FTA 체결과 한·중·일 FTA 논의를 통해서 '한·중·일＋ASEAN 경제공동체' 혹은 '동아시아 공동경제권'에 관한 출발점이 될 수 있도록 경제공동체 논의를 활성화해야 함.

○ 고이즈미 정부 출범 이후 일본은 동아시아 지역공동체 구축이나 ASEAN과의 포괄적 경제연대를 제안하는 등 지역의 광범위한 협력을 공식적으로 천명하고 있음. 이러한 일본의 변화는 중국의 부상에 대응하여 일본이 ASEAN을 리드하며 지역경제협력을 주도하기 위한 전략이며, 이러한 일본의 전략은 지속될 것으로 보임.

○ 중국과의 지역 패권경쟁, 동아시아 경제권의 성장, 세계적인 지역통합의 움직임, 동아시아의 경제적 상호 의존의 증대와 같은 요인들은 일본의 동아시아 경제협력을 향후도 가속화시킬 것임. 따라서 한국은 이러한 일본의 입장을 활용하여 지역공동체 구상에 양국이 협력할 수 있도록 유도해야 함.9)

2) 안보협력(6자회담)
○ 북미관계와 북일관계의 호전 가능성에 따라 북한의 6자회담 복귀가 거론되고 있음. 6자회담은 북핵문제를 논의하는 한정적 목적의 임시기구이나, 북핵문제의 해결 이후에도 6자회담은 동아시아의 안전보장을 논의하는 유효한 안보협력기구가 될 수 있음.

9) 전진호, "일본의 동아시아 구상과 일본외교"(『일본근대학연구』 제27집, 2010).

○ 한국은 6자회담을 동아시아의 다자간 안보협력의 대화체로서 향후도 이를 유지할 필요가 있으며, 6자회담을 항구적 기구로 전환함과 동시에 이를 통한 동북아 안전보장대화의 재개를 추진하는 것이 바람직함.

○ 탈냉전 이후 일본은 동아시아 경제협력이나 다자간 안전보장 논의에 보다 적극적으로 참가하기 시작하면서, 미일동맹과 지역안보협력을 병행하기 위한 전략적 사고를 시작했음. 일본은 안전보장의 핵심인 미일동맹을 기축으로 하되, 그 위에서 한국, 호주 등과 개별적인 안전보장 협력체계를 구축하는 한편, 6자회담과 같은 동아시아의 다자간 안전보장협의에도 적극적으로 참가하고 있음.

○ 다시 말해 일본은 기존의 양자동맹 관계, 지역의 협력적 안전보장, 2국 간의 안전보장협력 등을 복합적으로 네트워크화하는 안전보장정책을 구사하고 있으므로, 한일 양국의 안보전략은 기본적으로 일치함. 따라서 '한일 안보 공동선언' 등을 통하여 한일 안보협력을 지역협력, 국제협력으로 발전시키는 방안의 검토가 요구됨.

3) 경제협력

○ 경제협력 분야는 양국 정부가 실질적인 협력할 수 있는 가능성이 높은 분야이며, 한일 협력을 지역협력으로 발전시킬 가능성 역시 가장 높은 분야임. 예를 들어, 한일 중소기업 CEO 포럼을 동아시아 중소기업 CEO 포럼으로 발전·운용할 수 있으며, 노동력의 교류와 전문적 기능인의 활용에 있어서도 국제협력 및 지역협력을 활용할 수 있음.

마. 기타 분야에서의 한일 협력

1) 인적 교류의 확대와 교육특구의 지정
○ 미래지향적인 한일관계를 열어 가기 위해서는 시민단체나 지자체의 교류
뿐만이 아니라, 청소년, 학생, 지식인, 경제인, 정치인 등 각계각층의 교류
가 확대되어야 함. 따라서 다양한 형태의 인적 교류가 실시될 수 있도록
프로그램을 정비하는 것이 필요함.

○ 청소년과 학생 교류가 매우 중요하며, 대학생의 경우 학생들이 한국과 일
본에서 각각 2년씩 공부하고 양국 대학의 학위를 받는 '2+2 학위 제도'
나, 대마도 혹은 제주, 부산 등을 교육특구로 지정하는 등의 한일 학생 교
류 사업을 확대하기 위한 제도에 대한 검토도 필요함.

2) 인터넷 교류의 장(場), 사이버 교류의 확대
○ 최근 인터넷 공간은 양국 젊은이들의 중요한 삶의 공간이 되어 있음. 따라
서 사이버 공간에서 한일이 교류할 수 있는 방법의 검토가 필요함. 또한
일본어를 모르는 한국인이나, 한국어를 모르는 일본인들이 사이버 공간에
서 상대국의 사이트를 웹 서핑할 수 있도록 전문적인 한일 자동번역 웹 서
비스의 확대도 필요함.

3) 스포츠 교류
○ 스포츠는 양국 국민을 민족적 감정으로 대립시키기도 하지만, 스포츠를
통해 양국 국민이 더 가까워질 수도 있음. 예를 들면, 2002년 월드컵의 공
동 개최와 같은 이벤트는 양국 국민들에게 동일 의식을 고양시키는 역할
을 함.

○ 프로야구 및 프로축구를 중심으로 한 프로리그 교류의 확대나 공동의 리

그 창설 등도 장기적으로 검토해 볼 만함.

⠿ 4. 결론: 협력의 전망

○ 한일은 새로운 21세기 협력관계를 열어 가야 하는 중요한 시점에 도달해 있음. 21세기를 20세기와 같은 대립과 갈등의 시대로 방치할 것인가, 그렇지 않으면 새로운 협력을 만들어 가는 신시대로 장식할 것인가는 향후 몇 년간의 한일관계의 재정립이 결정적인 역할을 할 것으로 판단됨.

○ 2010년은 한일 양국에게 의미 있는 해가 될 것이므로, 한일은 1998년의 '21세기의 새로운 한일 파트너십을 위한 행동계획'을 뛰어넘는 새로운 협력의 패러다임을 만들어야 할 중요한 시점임.

○ 21세기 한일관계를 열어 가는 새로운 패러다임의 중심에는 한일이 공유할 수 있는 미래담론의 형성이 가장 중요할 것임. 양국은 미래담론의 공유를 통해 함께 이익을 나누고, 함께 가는 21세기를 그릴 수 있음.

○ 중·장기적으로 한일관계를 안정시키고 발전시킬 수 있는 구체적이고 실천적인 프로그램을 양국이 새롭게 고안하여야 하며, 양국 간의 2국 간 협력을 지역협력 및 국제협력으로 발전시킬 수 있는 협력 대상의 발굴도 필요함.

○ 1998년의 '21세기의 새로운 한일 파트너십을 위한 행동계획'은 구체적이고 실제적인 좋은 프로그램을 포함하고 있음. 그중에서 아직 실행되고 있지 않거나 혹은 실천이 미진한 부분은 사업의 우선순위를 정하여 양국이 실천하는 방안의 모색도 필요함.

○ 21세기 한일관계는 20세기 한일관계의 벽을 허무는 과감한 제안과 실천이 뒤따라야 함. 지난 세기 동안 시도되지 않았던 새로운 협력대상을 제시하고, 양국이 진지하게 협의할 수 있는 제안과 협력자세가 무엇보다 중요함.

○ 이런 점에서 한일 양국이 지난해 2월에 구성하여 추진해 온 '한일 신시대 공동연구'가 주목받고 있음. 양국의 학계인사로 구성된 '한일 신시대 공동연구'는 양국의 미래 공동비전을 담은 최종 보고서를 준비 중이고, 보고서 내용 중 일부를 양국 정상회담에서 공동으로 제안될 가능성이 있음. 21세기 한일 양국의 협력관계의 밑그림이 될 수 있는 공동제안이 이루어져, 1998년의 김대중 대통령과 오부치(小淵) 전 총리가 합의한 '신 한일 파트너십 선언'을 넘어선 실천적인 미래구상을 양국이 공유하기를 기대함.

중국의 대미얀마 전략

이선진(한림대학교 교수, 前 주인도네시아 대사)

중국은 미얀마─운남성(云南省) 간 송유관/가스관 건설 공사를 2013년 5월 완공을 목표로 건설 중이다. 중동에서 수입하는 석유와 미얀마 앞바다에서 생산되는 가스 수송을 위한 송유관이 될 것이다. 인도의 앞마당이 되었던 벵갈만에 중국이 출현하게 된다.

필자는 2010년 7월 미얀마와 중국 국경도시를 여행하였다. 이 지역은 외국인 여행 제한 구역이라 어렵게 여행하였다. 많은 대형 화물트럭이 국경을 통하여 이동하는 것을 목격하였다. 미얀마로 넘어가는 화물의 상당량이 인도로 바로 넘어간다. 역사적인 "남부 실크로드"가 다시 형성되고 있으며, 동남아 화교 상인들이 뒤에서 움직이고 있다.

중국은 미얀마 진출을 위하여 매우 험준한 산맥을 뚫고 도로들을 완공하였으며, 국경 지역까지 연장하는 철도건설도 진행 중이다. 매번 동남아 여행 때와 마찬가지로 중국 외교 전략의 깊이와 저력에 전율을 느꼈다.

⁛ 1. 서론

○ 중국은 1990년대 들어 미얀마 공산당 반군(叛軍)에 대한 지원을 중단하였음. 그 후 1988년 군사 쿠데타, 그리고 아웅산 수지여사의 가택 연금 등 인권 탄압으로 비롯된 국제적 제재와 고립 하에서도 미얀마 군부정권을 지지하여 옴.

○ 중국은 2000년대 중반 이후 운남성(云南省)을 교두보로 하여 미얀마와의 국경무역의 활성화와 경제 진출 전략을 본격화하는 가운데 2010년 6월 원자바오 총리가 미얀마를 방문, 미얀마 경유 송유관 및 가스관을 건설하기로 합의하고 계약을 체결함(2013년 5월 완공 목표).

- 중국은 2000년 이후 동남아에 대하여 연성외교(soft power diplomacy)를 추진하여 왔는바, 대미얀마 전략도 이의 일환.[1]

○ 중국의 전략은 아세안-중국 남부-인도 북부를 연결하는 거대한 물류 및 교통 네트워크를 활성화하여 새로운 경제권의 부상을 예고하고 있다는 점과, 중국의 대북한 전략과도 매우 유사하다는 점에서 우리의 정책적 대응이 요구됨.

⁛ 2. 1988년 쿠데타 이후 미얀마 국내외 정세

가. 주요 국내외 정세

- 1988년   대규모 유혈시위, 군부 쿠데타 및 집권.

---

1) 졸고, "동남아에 대한 중국 전략: 현황과 대응"(JPI 정책포럼 No. 2010-7, 2010. 3.) 참조

- 1990년   총선거, 아웅산 수지의 NLD 당 압승하였으나 군부퇴진
                  거부, 아웅산 수지 가택 연금.
- 1988 / 1991년   미국 대미얀마 통상 제재.
- 1992년 이후   소수민족 게릴라 그룹과의 평화 협상.
- 1997년   미얀마의 ASEAN 가입.
- 2003년   아웅산 수지 재감금과 미국의 대미얀마 제재 강화.
- 2004년 10월   온건 성향의 Khin Nyunt 미얀마 총리 경질.
- 2005년 12월   유엔 안보리, 미얀마 문제 논의(처음).
- 2007년   반정부 유혈 시위.
- 2008년   대홍수 Cyclone Nargis 발생(십여만의 사망자).
                  헌법 제정(2010년 총선거 및 민정이양 예정).

나. 미국의 대미얀마 제재[2)]

- 1988년   일반특혜관세(GSP) 혜택 철폐.
- 1990년   통상 및 관세 제재법안 의회통과.
- 1996년   미얀마에 대한 경제원조 금지 조치.
- 1997년   미국 기업의 신규투자 및 신규 무역거래 금지 조치.
- 2003년   미국 내 미얀마 재산 동결, 무역거래 전면금지 등 제재 강화.

---

2) Michael Ewing—Chow, "First Do No Harm: Myanmar Trade Sanctions and Human Rights"(Northwestern Journal of International Human Rights, Spring, 2007).

3. 중국의 대미얀마 진출 전략 전개

가. 중국의 대미얀마 전략의 행태

○ 중국의 대미얀마 전략은 아세안의 여타 국가들에 대한 전략과 동일하게 연성외교 전략(soft power diplomacy)을 구사하고 있는바, 다음과 같은 특징을 가지고 있음.
- 국제적으로 고립된 미얀마 군부정권에 대한 지지.
- 고위인사 교류와 함께 경제인 교류 활성화가 특히 주목됨.
- 경제 교류 강화, 무역 확대와 양국 교통망 연결 등 인프라 건설 지원.
- 지방정부(云南省)를 앞장세워, 중국의 서부대개발(西部大開發)전략과 연계.
- 그 외 다자(소)지역협력 형태로 접근.

나. 미얀마 군부에 대한 정치, 군사적 지원

○ 중국은 종래의 미얀마 공산당 무장 반군에 대한 지원을 청산하고 "정부 대 정부(state-t-state)" 관계만 지지하는 정책으로 선회함.[3]
- 미얀마 정권의 최대 현안은 소수민족의 분립독립 투쟁을 종식하는 문제인바, 표면상 군부 정권의 존재이유(raison d'etre)이기도 함.
- 중국은 1980년대 말까지 중국/미얀마 국경지대에 준동한 미얀마 공산당 무장 세력을 지원하면서 미얀마 정부도 지지하는 이중적 외교관계를 유지.
- 1990년대 들어 '당 대 당(part-to-party)' 관계는 청산하면서 미얀마 공산당 세력에 대한 지원을 전면 중단하였으며, 태국 정부도 국경지역의 카렌(Karen)무장 세력에 대한 지원을 중단.

---

3) T. Kudo & F. Mieno, chapter 3 of "the Economic Transition in Myanmar after 1988" (2009 National University of Singapore Press).

188 | 동아시아 평화와 협력을 위한 구상 I

- 이에 따라 미얀마 정부도 '메콩강유역개발(GMS)', 'ASEAN' 등 지역협력 기구에의 참여 등 국내외 정책에 있어서 개방적 자세로 전환.

○ 중국은 미얀마에 대한 최대 군사 지원국으로 알려져 있음.[4] 2009년 1월 중국 인민군 총참모장이 방문하였으며, 하위 사령부단위의 군 인사 교류도 활발함.

○ 미얀마에 대한 국제적 제재에도 불구, 중국은 미얀마 정권을 지지해 왔으며, 유엔 기구 등 각종 국제무대에서 미얀마에 대한 제재 움직임을 저지하는 데 앞장섬.
- 2005년 12월 최초 유엔 안보리 비공식 논의, 2006년 9월 안보리 공식의제 채택, 2007년 안보리 결의안 채택 움직임.
- 중국과 러시아는 미얀마 정권에 대한 강경 조치에 반대하거나 결의안 채택에 거부권 행사.
- 아세안은 ARF 등 지역협력 대화체 논의 과정에서 미국의 강경정책에 동조하지 않았으며, 이로 인하여 미·아세안 간 갈등(2005년 미국무부 장관의 ARF 불참이 그 예).[5]

다. 고위인사 교류

○ 중국은 지속적으로 정부 고위층 간의 교류를 활발히 하고 있음. 지난 6월 원자바오 총리의 미얀마 방문이 있었으며 2009년 이후 금년 7월까지 장관급 이상의 교류는 [표 1]과 같음.

---

4) David Steinberg, "Murma/Myanmar What everyone needs to know"(2010, Oxford University Press), 중국의 대 미얀마 군사 지원액은 30억 미불이 넘는 것으로 보고 있음(121쪽)
5) 2005년 ARF 참석한 중국 외교부장도 동 회의 종료 전 미얀마 방문을 이유로 회의장을 떠나 아세안의 불만을 사기도 하였는바, 미얀마 문제에 대한 미국, 중국 간의 극명한 입장 차이를 보여준 예이기도 함.

[표 1] 장관급 이상의 고위층 인사교류

중국인사 미얀마 방문
2009년: 인민군 총참모장(1월), 리창춘 정치국상무위원(3월), 외교부장(12월) 2010년: 당 대외연락부장(3월), 상무부장(3월), 원자바오 총리(6월), 부총리(6월)

미얀마인사 중국 방문
2009년: 총리(4월), 국가평화발전위원회(SPDC) 부위원장(6월), 정보부장관(10월), SPDC 1 서기(10월) 2010년: 외교부장관(6월), SPDC 1 서기(7월) 외 다수

○ 정부 인사의 교류에 추가하여 중국기업들의 미얀마 방문도 매우 활발하다
   는 점이 특이함([표 2] 참조).
－ 일본, EU 기업들의 미얀마 활동이 여전히 저조. 미국 등의 경제제재가 지
   속되고 있어 국제적으로 불이익을 당할까 하는 우려 때문임(미얀마 주재
   일본경제인 설명).

[표 2] 미얀마 방문한 주요 중국 기업 예[6]

2009년
중국개발은행 총재, XJ 그룹회장, 중국 Grid 공사 이사장, 안휘 해외건설 그룹 회장, 윈난 대외 전력투자 대표단, CDOI 사장, 화넝 난창 수력발전소 대표단, Northern Int's Holding Co. 회장, 산동 기계장비 수출입공사 대표단, 중국비철금속 광업공사 회장, 중국 수출입은행장, 중국 석유회사 CNPC 대표단, 중국전력투자공사사장, CTTIC 그룹 사장(겸 부이사장) 등

2010년 상반기
윈난 수력전력 사장, Sino 전력 대표단, 윈난 건설 그룹 대표단, CAMC 건설그룹 사장, 중국 전력투자 공사 부사장, Hanergy 사 CEO, Northern Int'l Holding 사 부사장, 중국 Guodian 사 부사장 등

---

6) 현지 보도와 상주 기관들의 자료를 종합하여 작성한 자료.

라. 경제교류: 무역[7)]

○ 중국은 동남아 다른 나라에 대한 진출 형태와 마찬가지로 초기 단계에서는 무역의 확대와 인프라 건설에 중점을 두고 있음.

○ 중국 / 미얀마 무역의 특징은 첫째, 1990년대 이전에는 교역이 거의 없었으나, 1990년대 들어 크게 증가한 사실임.

– 1988년 미얀마가 중국과의 국경무역을 공식 허용한 이후[8)]와 2000년 이후에도 매년 22.7% 증가하였음. 2000년 이후 증가분은 중국의 정부 지원(비공개)과 관련된 것으로 추정됨.[9)]

○ 둘째, 국경무역의 증가 추세인바 양국 수출, 수입액의 57.8%, 81.5%가 운남성 지역과의 국경무역을 통하여 이루어지고 있음([표 3] 참조).

– 중국 / 미얀마 국경 무역도시는 화물과 현지거주인 / 제3국 인사 통과가 가능한 '국가 1급지' 4곳과 화물과 현지 거주인의 통과만 허용하는 '국가 2급지' 7곳이 있음. 이에 추가하여 자연발생적인 국경 통로 70곳도 있다고 함.[10)]

---

7) T. Kudo & F. Mieno. ibid.
8) 미얀마와 중국의 첫 번째 국경무역합의서는 1988. 8. Myanmar Export&Import Services와 "윈난 기계 수출입공사" 사이에 서명되었으며 그 후 정부 차원의 합의서로 승격됨.
9) T. Kudo & F. Mieno. ibid. Chapter 3 참조.
10) 石田正美 편, "메콩지역 국경경제를 보다" 10장(아시아경제연구소, 2010. 3. 발간). 1급지 4곳은 (1) 猴橋 / Kambalti (미얀마) 2000년 개방, (2) 瑞麗 / Muse 1978년 개방, (3) Wangding(중국) / Kyukok 1952년 개방, (4) 清水河 / Chinshwehaw 1991년 개방 등.

[표 3] 중국 / 미얀마 무역에서 국경무역의 비중

	1999년	2001년	2003년	2005년
중국의 수출 중 국경무역 비중	64.8%	52.5%	49.1%	57.8%
중국의 수입 중 국경무역 비중	54.3%	69.8%	79.3%	81.5%

source: 중국해관

○ 셋째, 국경무역의 상당부분이 비공식적으로 이루어지고 있다는 사실도 특
  기사항인바, 상기 공식 통계에 추가하여 비공식 무역을 합할 경우 국경 무
  역의 실제 비중은 훨씬 클 것이라는 것이 전문가의 일치된 견해임.
– 예로, 2009년도 미얀마 수출입 통계는 대중국 수입이 12억 미불임. 그러나
  중국 통계(대미얀마 수출)는 22억 불로 계상하고 있어 10억 불 이상의 통
  계 차이가 있음.

○ 현재 미얀마의 교역에서 중국, 태국, 인도, 방글라데시[11] 등 국경을 접하
  고 있는 국가들이 차지하는 비중은 수출입 공히 50%를 상회함.
– 1988년 군부 정권 이전 미얀마의 최대 무역 파트너는 일본, 유럽 등공적
  자금(ODA) 지원국들이었음. 그러나 이들의 ODA 지원 중단 및 경제제재
  가 발효되면서 이웃 국가, 특히 중국, 태국 등과의 국경무역이 크게 증대
  됨([표 4, 5] 참조).

■
11) 미얀마가 공유하고 있는 국경선의 길이는 중국 2,185km, 태국 1,800km, 인도 1,463km, 라오스 235km, 방글라데
   시 193km.

[표 4] 미얀마의 주요 수출대상국의 점유율 / 총수출

	1985년	1990년	1995년	2000년	2003년
중국	0.0%	20.9%	11.3%	6.4%	6.2%
태국[12]	9.5%	26.5%	16.9%	13.3%	33.0%
인도	7.9%	0.0%	12.3%	9.4%	14.9%
미국	3.6%	4.8%	6.6%	25.9%	10.9%
일본	8.8%	8.3%	7.1%	6.1%	5.1%

[표 5] 미얀마의 주요 수입대상국의 점유율 / 총수입

	1985년	1990년	1995년	2000년	2003년
중국	0.0%	20.8%	25.0%	19.5%	33.3%
태국	2.2%	4.7%	14.2%	19.8%	16.1%
인도	0.1%	0.0%	1.2%	2.1%	3.2%
싱가포르	11.5%	25.0%	25.8%	17.1%	23.8%
한국	3.1%	4.3%	3.5%	11.4%	6.7%
말레이시아	2.5%	5.8%	9.3%	9.1%	5.1%

source: UN Comtrade

마. 경제교류: 투자 및 경제 지원

○ 중국 상무부 통계에 의하면 중국 기업의 대미얀마 직접 투자는 2007년 및
2008년 급격히 증가하고 있음([표 6] 참조). 2007년 말 현재 미얀마에 대한
비금융(非金融) 직접투자 누계잔액은 134백만 불임.

[표 6] 중국 기업의 대미얀마 직접 투자[3]

(단위: 백만 U$)

	2003년	2004년	2005년	2006년	2007년*	2008*
미얀마	–	4.0	11.5	12.6	92.3	232.5

* 주: 2006년까지 비금융 직접 투자, 2007 / 2008년 금융 / 비금융 직접 투자 합계

■
12) 태국에 대한 수출이 1999년 이후 급증하였는바, 동 수출의 80% 이상은 가스 수출.

○ 이에 반해 중국의 미얀마 지원 규모에 대한 중국 측 발표와 미국의 조사결과는 큰 차이를 보이고 있음. 미국의회연구소(CRS) 조사결과는 2002년과 2007년 사이 중국 정부의 대미얀마 지원 규모(투자 및 차관)를 31억 불로 추산함.[14]

- 2010년 1월 중국 수출입은행 발표에 의하면 중국은 미얀마 최대 수력발전소 사업에 4.3억 불을 지원할 것이라고 발표.[15]

- 실제 중국은 미얀마 내 다수의 댐건설과 수력발전소 건설에 참여한 것으로 알려지고 있음.

○ 외국직접투자(FDI)에 관한 미얀마 통계에 의하면, 최대 투자국은 태국, 싱가포르, 중국 순이며, 투자 분야는 전력(전체의 46.8%), 석유/가스 개발(23.86%), 탄광개발(9.8%) 순임.

- 태국은 발전소 건설(생산 전력은 태국 수입), 가스전 개발에 참여하여 최대 투자국이 되었음.

- 중국이 대규모 건설 사업(후술)을 본격화할 경우 중국이 최대투자국으로 될 전망.

바. 대미얀마 경제 진출은 중국 서부대개발전략과도 연계

○ 중국의 대동남아·미얀마 경제 진출 전략은 중국 내륙 발전계획인 서부대개발전략(西部大開發戰略)과도 연계되어 있어서 강한 추진력을 가지고 있음.

○ 이에 따라 운남성은 2000년부터 동남아 진출 전략을 수립하고 독자적으로, 또는 메콩강유역개발계획(GMS)[16] 틀 속에서 미얀마, 라오스, 베트남

---

13) 중국 상무부 통계는 2003~06 비금융 직접투자, 2007부터 금융/비금융 투자를 통합하여 발표.

14) CRS 보고서 "China's Foreign Aid Activities in Afrida, Latin America and Southeast Asia"(2009. 2. 25.)

15) 2010. 1. 7. 廣西省 南寧 개최 중국/아세안 FTA 발효기념 국제포럼에서 중국 EXIM 부행장 언급.

과의 수송망 연계를 위한 도로, 철도 건설을 지속해 옴.
- 쿤밍(昆明) – 시쌍반나(西双版納) – 라오스(태국) 연결 고속화도로 건설 완료.
- 쿤밍(昆明) – 대리(大理) – 루이리(瑞麗) – 미얀마 연결 도로(일부 구간 고속도로) 건설 완료.
- 쿤밍(昆明) – 옥계(玉溪) – 하구(河口) – 베트남 연결 고속도로 건설 완료 (이상 모두 개통 완료).
- 이에 추가하여 철도 건설, 수력 발전소 건설 등 인프라 건설 사업을 진행 중.

○ 운남성은 중국 / 미얀마 국경의 대부분을 차지하고 있으며, 2003년도 중국 / 미얀마 국경무역의 73%를 차지[17]할 정도로 중국의 대미얀마 전략의 전위 (前衛)적인 위치에 있으면서 중추적 역할을 수행하여 오고 있음.

○ 한편, 중국 정부는 2006년 중동, 아프리카산 원유 및 미얀마산 가스 수송 경로로 미얀마 / 운남성 경유 루트를 최종 선정함.
- 중국은 2004년 동북 방향(러시아 시베리아 원유 / 가스), 서북 방향(CIS 원유 / 가스)송유관에 추가하여 서남 방향(중동, 아프리카산 원유 / 가스) 에너지 수송로 개척을 추진.
- 이와 관련 미얀마 / 운남성, 방글라데시 / 서장(西藏), 태국 경유 3개 방안을 검토하던 중 2006년 최종 미얀마 / 운남성 경유 노선으로 확정.[18]

사. 미얀마 상주 중국인 증가

○ 미얀마는 중국이 발주한 공사에 중국 노동자의 투입을 정식 허가함. 미얀 마 통계는 약 300,000명의 중국인이 미얀마에 체류하고 있는 것으로 되어

16) 亞洲開發銀行(ADB)이 1992년부터 추진.
17) T. Kudo & F. Mieno. ibid.
18) 云南經濟信息網, "云南 – 中國下一個出海口"(2010. 7. 16.).

있으나 최근 불법 체류 중국인이 급증하는 추세라고 함.19)
- 불법 체류까지 포함하면 200만 중국인이 체류하고 있다는 설도 있음. 중국
  의 두 번째 큰 도시이자 최대 상업도시인 만달레이는 20% 이상, 중국과의
  국경무역 도시 라쇼, 무세 지역인구의 반수 이상이 중국계 화교임.
- 필자가 접촉한 태국 학자는 중국의 경제 진출보다 중국인의 미얀마 체류
  규모가 지역 안보를 위협할 정도라고까지 언급.

4. 미얀마에 대한 중국의 대규모 건설 사업추진과 그 영향

가. 중국의 대규모 건설 사업 합의

○ 2013년 5월까지 미얀마 / 운남성 경유 송유관을 건설예정임.
- 2010년 6월 원자바오 총리, 미얀마 방문 시 정부 간 건설 협정을 마무리하
  였으며, 2013년 건설 완료와 함께 원유 수송 개시 목표.
- 미얀마 해안 - 만달레이 - 무세(이상 미얀마) - 루이리(瑞麗) - 대리(大理) -
  쿤밍(昆明)까지 800km~900km 거리이며, 다음 단계로 쿤밍(昆明)에서 중
  국 타 도시 귀주(貴州), 광서성(廣西省)지역까지 연장할 계획.
- 중동과 아프리카 지역으로부터 수입한 원유를 연간 1,200만 톤 수송할 계
  획.20) 이 양은 현재 말라카 해협(싱가포르 - 인도네시아) 통과 원유 수송량
  의 70%에 해당되며 원유 수송로의 다변화가 가능.

○ 미얀마산 가스 수입 및 가스송유관을 건설할 계획임.

---

19) David Steinberg ibid. 121쪽.
20) 상기 云南經濟信息網, "云南 - 中國下一個出海口"(2010. 7. 16.).

- 중국은 한국기업(대우 인터내셔널)이 미얀마 앞 바다에서 새롭게 발견한 대규모 가스전에[21] 대한 생산을 개시하는 대로 전량 수입하기로 결정하고 양국 정부 간 협정 타결(민간 기업 간 계약도 체결 완료).
- 2015년 3월 가스 생산 개시와 함께, 가스관 개통이 가능하도록 한다는 목표이며, 가스송유관의 건설 경로는 상기 송유관 경로와 동일.

○ 운남성 / 미얀마 도로 확충 및 철도망을 신규 건설할 계획임.
- 운남성에서 미얀마로 연결되는 도로망은 미얀마 경유하여 인도 방면으로 향하는 북선(北線), 방글라데시 방면으로 향하는 중간선(中間線), 미얀마 해안 방면으로 향하는 남선(南線, 송유 / 가스관 경로와 동일)의 3가지 노선이 있음.
- 중국은 현재 남선(南線)에 이르기 까지 일반도로(일부 고속도로)를 몇 년 전에 완성하였으나 앞으로 동 도로의 개선과 함께, 현행 쿤밍(昆明) - 대리(大理) 철도 노선을 미얀마 국경까지 연장하는 공사를 진행 중(금년 또는 내년 중 완공).
- 미얀마 도로 건설에 대한 중국의 지원도 예상.

○ 미얀마 수력 발전소를 건설 지원예정임.
- 미얀마 정부는 미얀마에서 가장 큰 이라와디(Irrawaddy)강의 북부 상류를 중심(중국 국경 인접 지역)으로 다수의 댐과 수력발전소를 건설 중이거나, 건설할 계획([표 7] 참조).

---

21) 대우 인터내셔널 설명에 의하면, 2004-2006년에 걸쳐 3개 광구(Shwe, Shwe Phyu, Mya)에서 대규모 가스田을 발견하여 2007년 국제적 매장량 인증작업을 완료. 가채매장량 합계 4.5 TCF(2P, 공인인증 기준, 원유환산 8.1억 배럴). 생산 가스의 판매문제와 관련 여러 방안이 논의되었으나 중국이 전량 수입하기로 합의.

[표 7] 미얀마의 발전소 현황 및 추가건설 계획

	발전소 개수	발전용량(MW)
현행(2008. 11. 현재)	29	1,719.9
건설 중	29	19,413.8
향후 건설계획	14	13,971.5
합계	72	35,105.2

*주: 건설 중이거나 향후 건설계획중인 발전소는 전부 수력발전소임.

- 미얀마 측은 상기 건설 중(29개) 사업과 향후 건설계획(14개) 중 19개 사업이 이웃 GMS 국가들과의 협력 사업이라고 밝히고 있으나 2~3개를 제외하고 대부분이 중국과의 협력 사업.
- 중국 수출입 은행은 2010년 1월 미얀마 수력발전사업에 3.4억 미불 지원계획을 발표. 이 협력의 특징은 발전량의 80% 이상을 중국으로 송전하기로 합의한 것임.

나. 중국 입장에서 본 대미얀마 전략의 성과

○ 중국이 2013년까지 미얀마를 경유하여 송유관/가스관을 완공하고, 벵갈만/인도양으로 통하는 수송로를 확보할 경우 중국은 중동과 서남아 진출의 지름길 확보, 에너지 수송로의 다변화 등 다양한 전략적 목표를 달성할 수 있게 됨.

○ 중국의 에너지 안보 성과
- 동남아에 위치한 믈라카 해협은 중국이 중동과 아프리카에서 생산되는 원유와 가스의 유일한 수송로. 동 해협의 봉쇄는 중국 에너지 수급에 결정적 타결을 줄 수 있는 에너지 안보상 취약점. 미얀마 송유관 건설로 중국 에너지 다변화 전략에 큰 도움.

- 최근 관심이 높아지고 있는 벵갈만 해역의 가스전 개발 참여에 보다 용이.

○ 인도양 및 서남아 진출의 전략적 요충지 선점
- 미얀마는 중국의 벵갈만과 인도양 진출의 전략적 요충지이며, 특히 인도
  해군의 주요 기지가 벵갈만 해안 쪽에 위치하고 있어 지역 정세에 큰 영
  향을 미칠 것으로 예상.22)
- 미얀마는 중국의 서남아 진출, 인도의 동남아 진출에 공히 전략적으로 매
  우 중요한 지리적 위치에 있음. 중국은 향후 대규모 건설을 통하여 전략적
  요충지를 선점하게 됨.

○ 중국의 동남아 진출 전략 및 서부대개발계획 실행에 큰 기여를 함.
- 중국은 2000년부터 중국 내륙지역의 경제성장과 중국남부의 지방경제와
  동남아 경제를 연결하려는 전략을 추구해 왔는바, 이러한 중국 전략에도
  큰 진전을 가져올 것임.23)

○ 경제적으로 낙후된 운남성 등 내륙지역의 경제발전을 도모

○ 바다가 없는(land‒locked) 서부내륙 육로 수송로를 통킹 및 벵갈만의 해상
  수송로로 연결

○ 세계 금융위기 이후 미국, 유럽 수출시장의 침체에 대비, 유사한 경제구조
  를 가지고 있는 동남아 지역 경제와의 연합 필요

○ 강대국(global power)으로 성장하기 위한 세력권(sphere of influence)확보 등

---

22) David Steinberg ibid. 160쪽.
23) 졸고 JPI 2010-7(2010. 3.) 참조.

다. 미국, 인도 및 일본의 대응

○ 미얀마에 대한 중국 진출의 성과가 가시화되면 미국, 인도, 일본의 전략에도 큰 타격을 줄 것으로 예상되며, 동남아 / 서남아 지역의 정치, 경제 정세에도 구조적 변화를 가져올 것으로 예상됨.

- 인도와 연합하여 중국을 견제하려는 미국의 전략.

- 동(남)아시아 경제와 연결하려는 인도의 동방정책(Look East Policy).

- 일본은 동남아 지역의 최대 투자국으로서 중국의 동남아 남진 정책을 견제하기 위하여 동남아 / 인도 경제를 연결하려는 전략을 가지고 있음(Nikai 제안).

○ 이에 따라 미국, 인도는 정책전환을 시도하고 있으나 일본 민주당 정부는 국내정세의 불안정 때문에 아직 별다른 정책 전환의 움직임을 보이지 않고 있음.

- 2009년 오바마 미국 정부는 과거 부시 정부의 '제재 일변도'정책을 수정하여 '제재와 대화 병행'정책으로 전환.

- 인도는 미얀마 군부 실권자 탄 슈웨를 2010년 7월 25 ∼ 29일 공식 초청하여 2.5억 불 상당의 재정 지원을 약속하고 양국 도로/철도 연결망, 농업지원 등 다양한 협력 사업에 합의.24)

- 미국의 경제 제재는 아직 유효하며, 미얀마 총선거 실시 예정인 가운데 미국, 일본, 유럽의 기업들은 관망하는 자세.

○ 11월 총선거 이후 민정이양이 이루어지더라도 미얀마 경제의 구조적 문제점 때문에 외국 기업의 미얀마 투자 진출은 극히 제한적일 것으로 예상됨.

---

24) 2010. 7. 27 인도/미얀마 공동 성명 및 Eurasia Review 2010. 8. 5자(C. Raja Mohan 교수 기고).

- 미얀마는 그간의 산업화에 실패하여[25] 아직도 농업위주의 산업 구조.
- 사회주의 경제 체제와 군 통제경제 하에서 관변 기업인 외의 기업가를 육성하지 않았다는 문제점 등.

○ 더욱이 중국은 정부 차원에서 전략적인 진출을 꾀하고 있는 만큼 중국을 견제하기가 쉽지 않을 것임. 이에 추가하여 미얀마 화교 기업인들이 최근 해외 화교 기업(특히 싱가포르, 대만)들의 지원 하에 중국, 인도 등과의 국제무역을 활발히 추진하고 있다고 함.

5. 한국의 대응

○ 중국의 미얀마 진출 전략과 관련, 우리가 특별히 관심을 가져야 할 점은 ① 동남아 / 중국 남부 / 인도 북부 지역에 걸쳐 새로운 경제권이 서서히 부상하고 있으며, ② 중국의 대동남아 전략이 한반도에 미칠 영향임.

가. 새로운 경제권의 등장(emerging economic bloc)

○ 중국, 아세안, 아시아개발은행은 지난 10여 년 동안 중국의 남부 국경지역과 아세안 각국 사이 교통망을 상호 연결하고 전력, 항만 등 인프라 건설을 추진해 옴.
- ADB는 1992년부터 약 100억 미불을 들여 남북 통로(중국과 아세안), 동서 통로(베트남 / 캄보디아, 라오스 / 태국 / 미얀마), 남부 통로(베트남 - 캄보디아 - 태국) 교통 연결 사업을 추진.

■
25) Koichi Fujita et al. "Myanmar's Economic Transforamtion after 1988" 서문: 미얀마는 2004년도 GDP 대비 농업과 제조업의 비중이 각각 54.6%, 9.2%인바, 1990년도 57.3%, 7.8%와 비교하여 별 차이를 보이지 않고 있으며, 베트남, 캄보디아, 라오스와 비교해도 한층 낙후된 산업화

- 중국은 지난 10여 년간 CLMV[26)]와의 초보적 교통망 구축을 거의 완성하고, 추가적으로 250억 불 아세안 기금 설립, 환 북부만 개발 등 2단계 사업 추진.
- 아세안은 2015년까지 ASEAN Economic Community(AEC) 설립합의, 역내 관세 철폐 및 역외 관세 단일화 창구 설립 등 경제 통합 추진계획을 진행 중.
- 중국 / 아세안 FTA는 2010년 1월 전면 발효.

○ 향후 중국의 인도양 진출, 총선 이후 미얀마의 민정이양 등도 아세안 - 중국 남부 ~ 인도 북부를 연결하는 교통 및 물류 체계의 발전에 촉매작용을 할 것임.
- 미얀마 현지에서 탐문한 바에 의하면, 현재 국경무역을 통하여 미얀마에 입국하는 중국 화물 20~30%가 인도로 향하고 있다고 함.
- 탄 슈웨 장군의 7월 인도 방문 시 인도 / 미얀마 철도, 도로 등 교통로 연계가 최우선 사업으로 논의됨.

○ 아세안 - 중국 남부 - 인도 북부 경제의 연결은 거대한 인구, 풍부한 지하자원, 산업화(부품산업) 기술 및 빠르게 성장하는 소비시장이 공존하는 거대한 경제권이 형성될 것임.
- OECD 분석에 의하면, 일본을 제외한 아시아 지역의 중산층 소비시장이 2000년도 10%에 불과하나, 2040년도에는 미국을 앞서 40%가 될 것으로 전망.[27)]
- 일본 통상백서 2010년 판, 2020년 동아시아 소비시장이 미국, 유럽 시장 규모를 초월할 것으로 전망.

---

26) CLMV: Cambodia, Laos, Myanmar, Vietnam 4개국. 아세안 10개국 중 경제적으로 가장 낙후되어 있으며, 캄보디아를 제외하고 중국과 국경을 맞대고 있는 국가들임.
27) Homi Kharas, "The Emerging Middle Class in Developing Countries"(OECD Development Center Working Paper No.285, 2010.1.).

나. 중국의 대동남아 전략에 비추어 본 대한반도 정책

○ 중국은 최근 대외관계에 있어서 과거의 수세적 성향을 탈피하고, 특히 지난 몇 년간 동남아 지역에서 자신의 전략구상을 공세적(aggressive)으로 실천해 나가려는 성향을 보이고 있음.
- 2008년 세계금융위기 이후 국제 금융 / 무역환경의 변화, 자원 및 에너지 자원 확보, 국제적 문제에 대한 대응, 오바마 정부의 아시아 정책 등 국제정치, 경제적 환경의 변화에 대응함.
- 아세안 / 대만 / 홍콩과의 FTA, 인민폐의 국제화, 에너지 및 자원안보외교, 지역협력 / 소지역 협력에서 미국의 배제 등.

○ 동남아에 대한 연성외교의 성과에서 오는 자신감과, 주변 지역에서 자신의 외교영역을 확보해 나가려는 새로운 외교성향은 중국의 대북한 정책에서도 나타나고 있음.
- 북한 핵문제와 북한 북한문제의 분리(핵 관리) 자세, 교통망 연결 및 인프라 건설을 앞세운 경제 지원, 고위층의 교류, 중국경제발전과의 연계(및 지방 정부를 앞세운 정책 추진).
- 미얀마, 베트남에서 경험한 바와 같이 북한이 국제적으로 고립될수록 중국의 연성외교는 그 효과를 더욱 발휘함.

다. 한국의 대응 방향 제언

○ 11월 미얀마 총선 이후 미얀마에 대한 정부 정책을 검토

○ 동남아 진출 기업은 장래 동남아시아에 거대한 경제권의 부상에 대비하여 '국가별' 전략에 병행하여 '지역별' 전략도 마련할 필요

천안함 사건 이후 미중관계와 한중관계:
중국 외교 전략의 변화를 중심으로

이동률(동덕여자대학교 교수)

세계 금융위기 이후 중국의 국제적 위상과 영향력이 현저하게 제고되고 있다. 그럼에도 중국이 가까운 장래에 기존 국제 질서에 도전하고, 미국과 본격적인 세력경쟁을 촉발하려는 의도가 있는 것으로 보이지는 않는다. 중국은 여전히 체제 내에서의 점진적 부상이 현실적이라고 판단하고 있다.

그런데 천안함 사건은 중국의 부상이 동아시아에서 선행되면서 동아시아발 미중 갈등이 향후 빈번하게 발생할 수 있는 가능성을 시사해 주고 있다. 비록 동아시아에서의 미중 갈등이 본격적인 세력경쟁으로 발전하지 않는다 할지라도 취약한 안보 구조를 지닌 한반도에 미치는 파장은 적지 않을 것으로 보인다.

따라서 미중관계의 변동이 한반도에 미칠 영향을 최소화하기 위한 사전 대비가 한국의 당면과제로 대두되고 있다. 한국은 강대국 정치의 틈바구니에서 독자적인 생존 공간을 확대하고, 국제적 위상과 전략적 가치를 제고해 가야 한다. 그 출발은 우선 북한 문제를 포함한 한반도 문제의 주도권을 회복해야 한다. 아울러 다양한 형태의 미니 다자주의를 주도하여 글로벌 네트워크가 강한 국가를 만들어 가야 할 것이다.

2010-10-01

1. 세계 금융위기 이후 중국의 대미 인식 및 전략의 변화

가. 경제영역에서의 중국의 발언권 강화

○ 세계 금융위기는 중국의 강대국으로의 부상 의지를 강화시키는 촉매제 역할을 하였고, 실제로 세계 금융위기 이후 중국은 경제영역을 중심으로 국제사회에서의 발언권과 영향력 행사도 강화되고 있음.

○ 미중 양국관계에서 지난 30여 년간 유지되어 왔던 '미국 주도와 중국의 전략적 수용'이라는 기존 관성에도 미묘한 변화의 조짐이 나타나고 있음. 최근 중국 내에서는 미국발 세계 금융위기는 미국식 자본주의의 실패와 미국 힘의 상대적 쇠퇴를 반증한 것으로 국제사회에서 중국의 위상과 영향력을 제고할 수 있는 호기라는 인식이 확산되고 있음.[1] 요컨대 세계 금융위기는 중국이 국제사회에서의 위상과 정체성에 대해 새롭게 인식하는 계기가 되었음.

○ 중국이 그동안 국제 정치경제질서의 개혁에 대해 공정, 합리, 평등, 호혜, 조화 등 추상적이고 모호한 담론을 제시하는 단계에 있었다면, 금융위기를 계기로 중국은 보다 명료하고 구체적인 목소리를 내기 시작했다는 점이 주목됨.

- 예컨대 원자바오 총리가 미국 금융시스템의 안전에 대해 문제제기를 하였고, 특히 G-20 회의의 개막을 앞둔 시점에서 저우샤오촨(周小川) 중국인민은행장은 달러를 대체할 새로운 화폐를 만들자는 제안도 하였음.[2]

1) 張家棟, "力量對比變化, 中美關係面臨新局面,"『解放日報』, 2009年 3月 3日; 陳玉剛, "金融危機, 美國衰落與國際關係格局扁平化,"『世界經濟與政治』, 2009年 5期.
2) 『한겨레』2009. 3. 24.

- 중국 국무원은 2020년 이전에 상하이에 세계 무역 및 해운 센터를 건립하
  겠다는 정책을 발표하여 장기적으로는 독립적이고 자율적인 세계 금융 센
  터를 건립하여 이를 중국이 주도하겠다는 의지를 암시.
- 중국은 2009년 12월 코펜하겐 기후변화회의에서 미국이 제안한 장기적 온
  실가스 감축목표와 검증 등에 반대의사를 분명히 표명.

나. 중국 부상과 미국 변수

○ 세계경제위기는 미중관계에서 과거에 비해 중국의 상대적 목소리가 강화
  되는 계기가 되고 있음은 분명해 보이지만, 중국의 이러한 태도 변화가 바
  로 기존 국제 질서에 대한 도전과 미국과의 세력경쟁을 촉발하려는 의도
  가 있는 것으로 보이지는 않음.
- 우선 중국의 부상은 여전히 기존 체제 내에서 진행되고 있고 향후에도 상
  당기간 이러한 추세가 지속될 것으로 보이기 때문임. 예컨대 중국은 동아
  시아국가들과의 긴밀한 경제협력, 동반자관계의 확대, 그리고 다자주의의
  적극적 참여를 통한 부상을 진행하고 있을 뿐만 아니라 최근 내수시장 확
  대 노력에도 불구하고 여전히 대외의존도가 64%(2008)에 이르는 세계 제2
  위의 교역대국.
- 중국은 창당 100년이 되는 2020년을 겨냥하여 '소강(小康)사회의 전면적
  실현', '사회주의 조화(和諧)사회의 구축'이라는 국가발전전략의 비전을
  설정하고 있음. 그리고 이러한 국내 안정과 발전을 기반으로 '국제사회에
  서 책임 있는 강대국으로의 평화적 부상'을 실현하고 궁극적으로 '중화민
  족의 위대한 부흥'을 구현하겠다는 것임. 이 시기 중요한 과제는 대내적으
  로 개혁·개방 30년의 과정에서 누적된 사회 문제를 해결하면서 지속 가
  능한 발전을 위한 기반을 구축하는 데 집중해야 하는 상황임. 따라서 대외
  적으로는 기본적으로 저비용의 안정적인 외교관계를 유지해야 하는 현실
  적 필요가 존재.

○ 중국이 강대국으로 부상하는 데 있어 미국은 여전히 핵심적 협력 대상임. 뿐만 아니라 초강대국 미국은 상대적 쇠퇴에도 불구하고 여전히 중국의 부상을 제어할 수 있는 다양한 수단을 확보하고 있음.

– 예컨대 미국은 중국의 2대 교역국이고 최대 무역 흑자국인 동시에 중국의 지속발전의 동력원인 원유 수급에 결정적 영향력을 행사할 수 있는 수단을 보유. 즉 중국은 미국에 이어 세계 2위 원유수입국으로 수요의 2/3를 수입하고 있으며 수입의 약 절반 정도를 미국이 주도권을 쥐고 있는 중동지역에 의존하고 있음. 뿐만 아니라, 수입하는 석유 수송의 80%가 믈라카해협을 통과하고 있어 미국의 절대적 영향권에 있음.[3]

– 중국의 입장에서 미국과의 협력적 관계 유지 여부는 중국의 강대국 부상을 실현하는 가장 중요한 열쇠임. 요컨대 중국은 부상을 실현하기 위해서는 앞으로 최소한 2020년까지는 기본적으로 미국과의 협력을 유지해야 하는 것이 현실.

다. 중국의 대미 인식

○ 중미 양국은 세계경제위기라는 같은 배를 타고 협력의 공감대(同舟共濟)가 형성되기도 했지만 그럼에도 중국은 여전히 미국에 대한 전략적 불신을 떨쳐 버리지 못하고 있음.

– 중국은 여전히 미국에 대해서 역내 미국중심 동맹체제의 강화, 9·11 이후 중앙아시아와 서남아시아 지역에 대한 군사적 영향력 증대, 북한에 대한 압박, 대만에 대한 전략적 모호성의 견지 등 일련의 조치들이 중국의 주변정세를 불안정하게 할 뿐만 아니라 궁극적으로는 중국에 대한 포위 전략을 통해 중국의 부상을 견제하려는 의도가 있다는 근본적인 전략적 불신을 떨쳐 버리지 못하고 있음.[4]

■

3) Stuart Harris, "China's regional policies: how much hegemony?" *Australian Journal of International Affairs* 59/4 (2005), p.483.

- 최근 미국이 한국, 아세안, 인도 등 중국의 인접 국가들과 관계 강화를 시도하고 있고, 특히 중국이 스스로 핵심이익으로 규정한 남중국해에 대해 클린턴 장관이 하노이 ARF회의에 참석하여 남중국해에서의 자유항해권 보장 주장을 하여 아세안 국가들의 입장을 공개적으로 지지한 것에 대해서도 중국은 미국의 대중 포위 전략의 연장선상에 있는 것으로 인식하고 있음.

○ 최근에 회자되고 있는 G-2 또는 '차이메리카(Chimerica)'에 대해 중국은 부정적 입장을 표명하고 있음. 이 역시 중국이 미국에 대한 전략적 불신을 갖고 있음을 반증해 주는 것임. 중국에서는 세계경제위기가 미중 간 국력 격차를 축소시켰을 수는 있지만 그럼에도 여전히 국력 격차가 엄연히 존재하는 것이 사실임에도 불구하고 이러한 논의를 제기하는 것은 이른바 G-2라는 명명을 통해 중국의 더 많은 책임과 의무를 요구하는 중국위협론의 변형으로서 '중국책임론'이라는 우려를 지니고 있음.[5]

라. 중국 부상을 위한 대미 전략: 제한적 국제규범 경쟁

○ 중국은 한편으로는 대국으로서 국제적 지위를 확보하면서 동시에 이러한 중국의 노력이 결코 미국의 세계 초강대국으로서의 지위에 도전하거나 이익을 훼손시키지는 않을 것이라는 점을 틈틈이 암시해 왔음.[6]

○ 중국의 미국 패권인정에는 단서가 있음. 중국은 미국이 중국의 '핵심 이익'을 위협하지 않는다면 미국이라는 패권국가와 공존할 수 있다는 입장

---

4) Peter Hays Gries, "China Eyes the Hegemon," *Orbis*, Vol.49, Issue 3 (Summer 2005), p.403.
5) 원자바오 총리는 2009년 5월 EU 정상회담에서 소위 G2론은 전적으로 근거가 없는 것이라고 분명한 반대의사를 표명한 바 있다. 『人民日報』, 2009年 5月 21日.
6) 삼보(Shambaugh) 교수는 그의 논문에서 중미 회담시 중국관리가 동아시아에서의 미국의 이익을 존중할 것이라는 얘기를 했었다고 기술하고 있다. David Shambaugh, "Sino-American Relations since September 11: Can the New Stability Last?" *Current History*, Vol.101, No.656(2002), p.249. 아울러 2004년 중국 외교관과의 인터뷰에서도 아시아에서의 미국의 역할 필요성을 재차 확인했다고 한다. David Shambaugh, "China Engages Asia," *International Security*, 29(3) (2004/05), p.91.

임. 즉, 중국은 비록 미국의 패권적 지위 자체는 인정하지만 '패권적 행태 (hegemonic behavior)'에 대해서는 다른 국가와 협력하여 견제하고자 함.[7] 여기서 패권적 행태는 다름 아닌 중국의 부상에 대한 견제를 의미하는 것이며, 따라서 중국의 부상에 장애가 되지 않는 한 미국의 패권을 당분간 인정하겠다는 입장을 표명하는 것임.

○ 중국은 2020년까지 여전히 경제력을 포함하여 모든 분야에서 미국에 필적하지 못할 것으로 인식하고 있음. 따라서 이성적 판단에 근거할 경우 중국은 가능한 한 미국과 대결, 또는 갈등적 상황을 회피하려 할 것임. 특히 미국과 군사영역에서의 경쟁을 최소화하는 전략을 선택할 것임. 그러면서 경제, 환경 등 개도국의 입장에서 미국을 견제할 수 있는 영역에서는 개도국 대 선진국의 구도를 만들며 미국과의 국제규범을 둘러싼 경쟁을 시도할 수 있음. 따라서 중국은 향후 미국과 국제 규범제정(rule-making)을 둘러싸고 신중한 경쟁을 전개할 가능성이 존재함.

– 중국은 이미 2천 년대 이후 국제기구의 후발참여국으로서 기존의 국제제도와 규범은 사실상 중국의 의사와는 무관하게 만들어진 것이며, 중국의 이해관계가 충분히 반영되어 있지 않다고 주장해 왔음. 그러면서 동시에 중국이 현 국제체제의 수혜자임도 부정하지 않고 있음. 따라서 기존의 국제체제에 적극적으로 참여하여 '불합리한 규범과 제도'를 점진적으로 개선해 가자는 주장이 주류를 이루고 있음.[8] 2002년 16차 공산당 대회 보고에서 '국제관계의 민주화'를 적시한 것도 중국의 국제제도에 대한 이러한 의지를 포괄적으로 표출한 것으로 보임.[9]

– 중국은 국제규범과 제도 제정권을 확보하는 것은 향후 중국 강대국으로의

---

7) Zhang Yunling and Tang Shiping, "China' Regional Strategy," David Shambaugh, ed., *Power Shift: China and Asia' New Dynamics* (Berkeley: University of California Press, 2005), pp.52–53.

8) 門洪華, "國際機制與21世紀的中國外交戰略," 胡鞍鋼 主編, 『中國大戰略』(杭州: 浙江人民出版社, 2003) pp.255–284.

9) 江澤民同志在黨的十六大上所作報告全文 (2002/11/17),
http://www.people.com.cn/GB/ shizheng/16/20021117/868436.html (검색일: 2009. 10. 20.).

부상을 위한 필요한 조치라고 인식하고 있음. 따라서 중국의 국제사회에서의 위상과 역할이 확대될수록 국제 규범과 원칙을 둘러싼 미국과의 긴장도는 고조될 가능성이 있음. 이러한 갈등은 중국이 부상의 기반으로 인식하고 있는 동아시아 지역, 특히 경제영역에서부터 선행적으로 나타날수 있음.

마. 중국의 부상과 동아시아 전략

○ 중국은 어느 때보다도 세계 초강대국으로의 부상에 대한 강한 의지를 표출하고 있음. 그런데 부상을 위해서는 국내 체제안정과 경제성장을 유지해야 하고, 미국의 견제를 극복해야 하는 과제를 안고 있음. 따라서 2020년까지 중국은 이러한 과제를 관리하고 해결하는 데 집중하면서, 중국 부상의 지역 기반인 동아시아에서의 주도국 위상과 영향력을 우선적으로 확보하는 데 초점을 맞출 것으로 보임.

- 중국은 점진적이고 단계적인 방식으로 '책임대국'으로의 부상을 기획하고 있으며 일차적으로 지역대국으로서의 역할과 책임 이행에 우선순위를 설정하고 있음. 즉 중국의 책임대국의 출발은 동아시아 지역임. 동아시아 지역에서 중국의 책임대국의 위상 확보는 이미지 형성의 차원에서뿐만 아니라 현실적 국익과도 직결되어 있음.

- 중국은 경제발전, 체제안정, 변경지역의 안정, 대만과의 통일 등의 과제를 안고 있음. 이를 위해서는 동아시아지역 국가들과의 경제협력, 안정적 외교 안보 관계의 확보, 그리고 이를 통한 주변 안보환경의 안정적 관리가 전제되어야 함. 실제로 중국은 최근 동아시아 인접 국가들을 대상으로 전략적 동반자관계 형성, FTA를 통한 경제협력의 전략화, 구조화, 그리고 ARF, SCO, 북핵 6자회담 등 지역 다자안보협력 주도적 참여를 통한 적극적 포용정책을 전개해 가고 있음.

- 아울러 역내 미국 중심의 양자 간 군사동맹체제를 견제하고 장기적으로

대체할 수 있는 기제로서 역내 다자안보협력에 보다 적극적인 공세를 취할 가능성이 높음. 이러한 접근은 중국이 미국과의 직접적인 충돌을 회피하고, 주변국들의 중국위협론에 대한 경계를 완화시키면서 중국의 역내 부상을 추진해 갈 수 있는 우회적 공세전략이라고 판단하고 있음.

- 중국은 이러한 적극외교를 통해 역내질서의 새로운 규범제정자로서 역할을 확대해 갈 것임. 최소한 동아시아에서는 미국과의 대등한 지위와 영향력을 보장받으려 할 것으로 보임. 그리고 중국의 이러한 시도는 일차적으로 경제영역에서 선행될 것으로 보임. 우선적으로 동아시아 지역에서 경제 강대국 지위를 확고히 하는 데 집중할 것으로 전망됨. 이에 따라 중국 정부는 동아시아 역내 통상규범, 위안화 국제화, 통상협력 분야에서 보다 적극적으로 영향력을 강화해 갈 것임. 구체적으로는 위안화의 역내 통화 강화, 동아시아국가들과의 다양한 형태의 FTA를 통한 네트워크를 구축하여 FTA의 전략적 의미를 강화해 갈 것으로 보임.

- 중국은 부상을 실현하기 위해 동아시아 정세의 안정적 관리를 지향하고 있지만 만일 미국이 이 지역에서의 중국의 부상을 저지하기 위해 적극적 공세를 취할 경우에는 중국 역시 강경하게 대응할 가능성이 있음. 중국은 동아시아를 중국의 핵심 이해관계의 중심지역인 동시에 부상의 중요한 기반으로 인식하고 있음. 실제로 2008년도 중국의 대외무역에서 동아시아 국가가 차지하는 비중은 39.7%, 그리고 동아시아 국가들의 대중국 투자 비중 역시 55.1%에 이르고 있음.

⁙ 2. 천안함 사건 이후 중국의 대응과 미중관계

가. 천안함 사건 이후 중국 대응의 배경과 논리

○ 천안함 사건과 이후 한미연합 군사훈련에 대한 중국의 강경한 대응은 세

계 경제위기 이후 중국의 국제사회에서의 자아 정체성 의식의 제고, 경제 영역에서의 발언권 강화 추세 속에서, 미국의 대중 포위에 대한 전략적 불신, 그리고 동아시아지역에서의 중국 부상의 선행적 실행 의지 등이 복합적으로 작용한 결과로 보임.

○ 이러한 맥락에서 중국은 천안함 사건을 정의와 비정의 차원의 문제라기보다는 국제적 역학관계의 시각에서 보고 있음. 따라서 천안함 사건 자체의 실체 문제보다는 이후 전개될 갈등과 세력관계의 변화, 그리고 그로 인한 중국의 이해관계에 미칠 파장을 고려하여 예의주시하며 신중한 입장을 견지해 왔음.

- 중국은 천안함 사건 발생 초기부터 이미 출구전략을 상정하고 있었으며, 가장 이상적인 출구전략은 중국이 주도하는 6자회담의 재개임. 이는 이미 김정일 방중, 방중 전 다이빙궈-힐러리 전화통화, 그리고 방중 후의 미중 전략경제대화를 통해 중국이 일관되게 모색해 왔음.

- 중국은 북핵 실험 이후 취한 제재 이상의 강도 높은 대북 제재에 참여할 의사가 없는 것으로 보임. 유엔을 통한 최소한의 상징적 조치를 선택한 이후 곧바로 상황의 전개를 예의주시하면서 가능한 한 조속히 6자회담의 재개를 추진하여 위기를 대화국면으로 전환시켜 안정을 회복하고, 이를 통해 재차 한반도 문제에서의 중국의 주도권을 강화하려는 의도를 가지고 있음.

- 중국은 유엔 안보리 의장 성명 채택이 천안함 사건의 종결이라는 기대를 갖고 있었고, 이어서 6자회담이라는 출구전략으로 이행하고자 하는 희망을 가지고 있었음. 의장성명 10항은 이러한 중국의 의도가 투영된 것으로 보임. 즉 "분쟁을 회피하고 상황 악화를 방지하기 위한 목적으로 조속한 시일 내 적절한 경로를 통해 직접 대화와 협상을 통해 평화적 수단으로 한반도의 현안들을 해결할 것을 권장한다." 그런데 의장성명 채택 이후 중국의 기대와 달리 한미가 대규모의 연합 군사훈련을 전개하자, 중국은 한

미가 인접지역인 한반도의 불안정성을 고조시키고, 나아가 북한에 대한 압박 이상의 의도, 그리고 일부에서는 중국을 겨냥한 것이라는 논의가 제기된 것으로 보임.

- 이 과정에서 미국이 항공모함의 훈련참여와 관련 자유항해권이라는 국제 규범을 들고 나오고, 이어서 하노이 ARF에서도 남중국해 문제를 거론하면서 중국이 동아시아에서 공언한 '핵심이익'이 침해받을 수 있다는 경계심을 갖게 되면서 보다 적극적이고 공세적인 대응을 하게 된 것으로 보임.

나. 천안함 사건 이후 미중관계 전망

○ 천안함 사건 이후 미중 간 갈등은 미중관계의 전망에 새로운 시사를 주고 있음. 즉 미중 간 갈등과 세력 경쟁이 동아시아지역 안보 문제로 촉발될 수 있는 가능성을 제시한 것임.

- 2001년 이후 지난 10년간 양자 간 문제의 성격을 지닌 대만문제를 제외한 다면 미중 양국은 지역 안보문제에서 협조적 관계를 유지해 왔음. 특히 2003년이 북핵문제에 있어 양국은 기본적으로 6자회담, 유엔제재 등을 통해 공조체제를 유지해 왔음.

- 2008년 세계경제위기 이후 미중관계는 중국의 부상과 미국의 상대적 쇠퇴가 부각되면서 글로벌 이슈, 특히 중국이 국제금융질서, 환경문제 등에서 공세적 입장을 취하면서 불편한 관계를 보여 왔음. 따라서 향후 글로벌 이슈가 미중 양국 간 협력과 경쟁의 주요 쟁점이 될 것이라는 전망을 갖게 했음.

○ 천안함 사건과 이후의 일련의 과정은 중국에게도 분명 새로운 도전으로 인식되고 있음. 중국에서도 동아시아에서의 중국의 핵심이익 확보와 미국의 역내 지위 인정을 어떻게 정립시킬 것인가에 대한 내부 논란이 야기된 것으로 보임.

- 예컨대 군부를 중심으로 일부 강경세력들은 중국위협론을 무릅쓰고라도 미국의 동아시아 복귀와 대중 포위 전략에 적극적으로 대응해야 한다는 주장을 제기하고 있음. 즉 글로벌 경제위기 이후 제고된 중국의 위상을 적극적으로 활용하여 동아시아에서 사실상 중국의 부상을 실현해야 한다는 주장이 있음.

- 중국 정책결정의 주류세력은 미국의 역내 지위와 영향력을 수용하면서 점진적으로 동아시아에 대한 포용정책을 전개해야 한다는 기본 인식을 갖고 있는 것으로 보임. 실제로 관영매체의 논평을 중심으로 중국이 냉정을 되찾고 흔들림 없이 주변국가에 대한 선린우호정책을 계속하는 것이 바로 미국의 대중 포위 전략에 효과적으로 대응하는 것이라는 논조가 등장하고 있음.[10]

- 다만 미국이 중국의 부상을 적극적으로 저지하고, 특히 중국이 이미 핵심 이익으로 공표한 영토와 주권 문제로 간주하고 있는 이슈에 대한 심각한 침해가 있다고 판단할 경우 중국지도부의 외교적 융통성은 제한되며 강경론자들의 발언권이 강화되면서 공세적 태도가 표출될 가능성이 있음.

○ 결국 천안함 사건은 미국의 동아시아에서의 입지와 영향력을 일정 정도 회복하는 데 일조했다고 한다면, 중국은 중국대로 내부의 응집력을 강화하는 데 기여한 측면이 있음.

- 중국 지도부의 새로운 고민은 소위 강국몽(強國夢)과 중화민족주의를 통한 내부 결집력 강화와 체제 정당성 확보가 인접지역 국가들의 불안과 경계를 초래하면서 미국과 일본의 지역 영향력 확대의 공간을 제공할 수 있다는 것임. 즉 중국은 부상을 위한 내부의 통합과 응집력 강화와 주변 국가들에 대한 매력 공세(Charm offensive) 외교 사이의 불협화라는 딜레마를 안고 있음.

---

10) 凌德权, "冷观察周边海域事态," ≪瞭望≫(2010-08-28) http://observe.chinaiiss.com/html/ 20108/28/a29ca7.html

○ 천안함 사건으로 촉발된 미중 간 동아시아지역에서의 갈등은 외형상 분명
　지역에서의 세력경쟁의 성격을 띠고 있음. 자신의 지역기반을 확장하려는
　중국과 전통적 지역 영향력을 회복하려는 미국 간의 갈등이라 할 수 있음.

－ 세력경쟁의 속성을 보이고 있지만 본격적인 세력경쟁으로 인한 충돌로 발
　전한 가능성은 높아 보이지 않음. 미중 양국 모두 현재 본격적인 세력경쟁
　국면으로 발전하는 것은 양국의 이해관계에 부합하지 않음.

－ 중국은 명실상부한 강대국이 되기 위해서는 여전히 상당기간 동안 체제
　내의 부상을 진행해야 하고 그 과정에서 미국과의 협력은 현실적으로 전
　략적으로 필수적임. 아울러 2012년 10년만의 5세대 지도부로의 대대적인
　권력교체를 앞두고 있는 중국에게 체제안정은 다시 최대의 현안으로 떠오
　르고 있음. 미국 역시 이라크 철군에도 불구하고 아프가니스탄, 이란 문
　제, 그리고 국내 경제회복 문제로 인해 중국과의 관계를 안정적으로 유지
　하는 것이 필요함.

－ 2008년 세계 경제위기 이후 단일 제국이 주도하는 국제질서의 가능성은
　상대적으로 약화되는 대신, G2, G20 등 새로운 국제적 다자주의가 지구적
　거버넌스의 대안으로 부각되고 있음. 향후 미국과 중국 어떤 국가도 현실
　적으로 국제체제의 독점적 리더십을 확보하기 어려울 수 있음을 시사해
　주는 것임. 미중 양국이 현안별로 경쟁과 갈등을 지속할 수는 있지만 큰
　틀에서는 상호 상대의 지위를 인정하고, 협력하는 것이 불가피하다는 것
　을 수용할 수밖에 없을 것으로 보임.

－ 최근 중국은 기존의 영토, 주권, 안보에 덧붙여 발전 이익까지 추가하여
　소위 '핵심이익'의 개념을 포괄적으로 확장시켜 가고 있음.[11] 즉 핵심이익
　론을 통해 중국의 동아시아지역에서의 영토, 주권, 안보, 발전 이익을 수
　호하겠다는 의지를 확고하게 천명한 것임. 따라서 중국은 대만, 티베트,

---

11) 중국 외교부 대변인은 기자회견에서 중국의 핵심이익은 "국가의 주권, 안전, 영토 보전 및 발전 이익(中国的核心利
　益是指国家主权' 安全' 领土完整和发展利益)이라고 매우 포괄적으로 규정하고 있다(7월 13일 중국 외교부 대변인
　기자회견).

그리고 나아가서 남중국해, 조어도 등 영해 영유권, 그리고 경제이익 등을 확보하기 위해서 중국은 확장된 다양한 수단을 통해 보다 적극 공세를 펼칠 가능성이 높음. 그리고 그 과정에서 미국 및 인접 국가들과 갈등이 재개될 가능성은 여전히 남아 있음.

⁛ 3. 한중관계와 한국의 대중국 정책 방향

가. 한중 전략적 협력동반자 관계의 재검토

○ 한중관계는 전략적 관계로 격상 이후 오히려 전략적 문제에서 갈등이 심화되는 역설적 상황이 연출되고 있음. 이는 전략적 관계라는 이름에 부합하는 전략적 공감대 형성 및 신뢰관계 구축이 이루어지지 않았음을 반증해 주는 것임.

- 이는 일차적으로는 한중관계가 수교 이후 지난 18년간 외형적 양적 성장에 도취된 나머지 내실 있는 구조적 관계 발전을 소홀히 한 결과임.

- 이러한 기본적 신뢰가 형성되지 않은 상황에서 이명박 정부 등장 이후 한국의 대북정책의 변화와 미국과의 동맹 강화로 인해 중국의 한국에 대한 전략적 불신과 경계심을 자극하면서 전략적 소통이 어려운 환경이 조성되어 왔음.

- 이러한 상황에서 한국이 천안함 사건에 집착한 대중국외교는 양국관계를 더욱 악화시키는 결과를 초래했음. 장기적으로 중국의 부상에 따른 한중관계의 비대칭성이 심화되는 상황을 고려하여 중국과의 관계를 기초체력부터 새롭게 다지는 접근이 필요하게 되었음.

- 천안함 사건은 한국에게 있어 중국이 경제, 사회적 민간교류가 가장 활발한 국가임을 고려할 때 민간차원에서의 비우호적, 감성적 정서의 확산은

양국관계를 전반적으로 악화시켜 쉽게 회복하기 어려운 관계로 만들 수 있다는 교훈을 주고 있음.

나. 미중 갈등의 한반도 전이 문제

○ 천안함 사건은 미중 갈등의 한반도 전이라는 문제와 함께 미중 간 갈등이 한반도에서부터 촉발될 수도 있다는 새로운 교훈을 주고 있음. 천안함 사건은 한국에게 미국과 중국의 한반도 정책이 기본적으로 각각 상대국 정책에 종속되어 있음을 재삼 실감케 한 사례라 할 수 있음.
- 한반도가 미중 갈등과 세력경쟁의 희생양이 되지 않도록 하는 구조적 환경을 만들어 내는 것이 한국외교의 중요한 과제로 부각되고 있음.

○ 미중 갈등과 경쟁 구조 자체를 한국이 조정할 능력이 없지만 최소한 아직은 미중 갈등이 한반도에 전이되거나, 또는 한반도 문제로 인해 미중 갈등이 고조되는 상황을 막을 수 있는 시간적 여지는 남아 있다고 할 수 있음.
- 현재와 같이 한미동맹을 통해 중국을 견인하려는 시도는 단기적으로는 그 효과가 있을 수는 있음. 그러나 장기적으로는 한국이 미중 간 세력경쟁의 소용돌이에 빠져들게 하는 결과를 초래할 수 있음. 특히 부상하는 중국이 한미동맹 구조하에 있는 한국의 전략적 가치를 평가할 수는 있겠지만 장기적으로 한국에 대한 부정적 인식을 갖게 할 수 있음.
- 부상하는 중국이 한국의 전략적 의도에 대한 불신을 갖게 될 경우 장기적으로 한중관계에서 신뢰를 강화시키는 것이 어려워질 수 있음. 즉 중국에게 한국은 경계와 견제의 대상으로 고착화되고 북한의 대중 의존도는 강화되며, 중국의 한반도에 대한 부정적 영향력은 확대될 가능성이 있음. 이러한 상황을 방지하기 위해서는 한미동맹 강화와는 별도로 중국에 대한 적극외교가 필요함.

○ 중국의 부상이 진행되는 과정에서는 한국 역시 일정 정도 대중 전략적 지
  렛대를 지니고 있으므로 이를 효율적으로 활용할 필요가 있음.
- 중국이 우려하는 인접지역에서의 중국위협론의 확산을 방지하는 데 있어
  한국의 역할과 영향력이 중요하다는 인식을 중국이 갖게 해야함. 한국이
  중국위협론을 확대 생산할 수 있는 국가라는 이미지보다는 중국위협론을
  완화, 약화시키는 데 도움을 줄 수 있는 전략적 위치와 영향력을 지닌 국
  가라는 인식을 갖게 할 필요가 있음. 예컨대 유사한 지정학적, 전략적 위
  치에 있는 인접 국가들, 아세안, 서남아시아 국가 등과의 전략적 네트워크
  를 강화할 필요가 있음.

○ 한국의 독자적 위상과 전략적 가치를 확대시켜 가는 노력도 절실한 시점
  임. 동아시아를 중심으로 소(小)다자주의 네트워크(minilateralism) 구축에
  적극적으로 참여하고, 가능하다면 주도할 필요가 있음. 한·중·일, 한·미
  ·중, 남·북·한·미·중 등 다양한 유형의 3자 또는 4자 대화체를 참여
  또는 주도하여 장기적으로 동북아 다자안보협력 조성의 중재자, 매개자로
  서의 위상을 확보해 가야 함. 쌍무적 관계를 뛰어넘어 동아시아 평화와 안
  정에 긴요한 조정자로서의 한국의 위상과 영향력을 강화하자는 것임.
- 글로벌 네트워크가 강한 한국을 만들어 전략적 위상을 높이고, 미국, 중국
  과 더불어 지역 및 세계적 이슈를 공유할 수 있는 공간을 만들어 가야 함.
  이를 통해 궁극적으로는 향후 등장할 수 있는 미중 간 세력경쟁의 영향을
  최소화할 수 있는 구조를 만들어 가는 것임.

○ 미중 간의 소프트 파워 경쟁이 심화되고 이것이 한반도에 미칠 영향에 대
  한 사전 대비도 필요함. 미중 간의 국제규범과 원칙을 둘러싼 경쟁이 심화
  될 경우, 이에 대한 한국의 보다 명확한 입장에 대한 미중 양국의 관심과
  요구가 야기될 수 있으며 이에 대한 사전 대비가 필요함.
- 한국은 사안에 따라 즉흥적인 대응을 하기보다는 규범과 원칙에 대한 한

국의 입장과 기조를 확립하고, 일관성 있게 유지하여 미중 양국이 예측하고 나아가 양해 가능하도록 하는 것이 필요해 보임. 이를 위해서는 미중 간의 국제 규범 경쟁이 본격화되기 이전인 현재시점에서부터 한국의 원칙적 입장을 마련하고 이를 양국에 이해시키는 과정이 필요할 것임.

다. 북한문제에 대한 한국의 주도권 회복

○ 한국의 입장에서 미중 양국의 세력·경쟁적 속성이 북한문제에 투영되거나 또는 북한문제로 인해 세력경쟁이 격화되어 한반도를 둘러싼 미중의 갈등이 심화되는 것은 최악의 시나리오임.

- 미중관계의 악화가 북한문제에 투영될 가능성은 배제할 수 없을 뿐만 아니라 한국의 역할 밖의 상황전개이기 때문에 위험함. 아울러 천안함 사건은 북한문제로 인해 미중관계가 악화될 수 있는 가능성을 제시하고 있음.

○ 단기적으로는 천안함 사건 이후 6자회담 재개 등 한반도정세 변화를 주도하는 대안 모색이 필요한 상황임.

- 북핵문제, 천안함 사건은 역설적으로 한국이 북한문제와 한반도 문제에서 주도권을 회복할 수 있는 기회가 될 수 있음. 동시에 중국과의 불편한 관계를 해소하고 전략적 신뢰를 회복하는 기회로 활용할 수도 있음. 중국이 현재 비록 북한의 전략적 가치를 평가하고 있는 상황이지만 동시에 부담으로 인식하는 부분도 적지 않음.

- 국내정치적 변수를 합리적으로 극복하면서 한국이 현재의 갈등 국면을 대화와 협력의 국면으로 전환시키는 주도적 역할을 함으로써 이를 통해 동아시아의 평화중재자, 촉진자라는 국가이미지를 조성하고 장기적으로 동북아 다자안보협력의 촉진자 역할을 모색하는 기반을 확보해 가야 함.

○ 장기적으로는 북중 관계의 기복에 일희일비하면서 즉각적인 대응을 하기보다는 중국이 북한을 전략적 자산으로 인식할 수 있는 환경을 축소해 가

는 노력을 기울여야 함.
- 천안함 사건 이후 한국의 미숙한 외교적 대응은 결과적으로 북한의 대중 의존도를 심화시키고 중국의 한반도에서의 영향력을 확대시켰음. 반대로 남북관계가 경색되면서 한반도 문제에 있어서의 한국의 입지는 약화되는 역현상이 발생하고 있음.
- 향후에도 대북 제재에 중국을 견인하려는 시도는 장기적으로 중국의 한반 도 영향력을 확대·초래할 수 있음. 장기적으로 한반도의 통일을 겨냥해 서라도 중국을 대상으로 한국이 북한과 외교경쟁을 벌이는 듯한 모양이 만들어지는 것은 바람직하지 않음.
- 그보다는 포괄적 차원의 북한문제와 한반도의 장래 문제에 대한 중국과의 협의와 소통 강화를 통해 전략적 신뢰를 강화시켜 가야 함. 이를 통해 장 기적으로 한반도 통일 이후에도 한국이 중국의 견제세력이 되지 않을 것 이라는 신뢰를 확보할 필요성 있음.

○ 중국이 북한에 대해 확보하고 있는 정보와 수단을 우리의 이익에 부합하 도록 활용할 수 있다는 착각에서는 벗어나야 함. 한국은 한국대로 중국이 가지고 있는 이상의 북한에 대한 정보와 채널, 그리고 레버리지를 확보해 야 함. 그리고 이를 바탕으로 대북제재이든, 6자회담이든 한국이 나서 5자 를 설득하고 주도하는 위치를 확보해야 함.

중국 대외원조의 현황과 추세:
'불량국가' 지원과 그 시사점

원동욱(동아대학교 교수)

중국은 개혁개방 이후 급속한 경제성장을 통해 세계적 강대국(G2)으로 부상하고 있으며, 대외원조라는 수단을 통해 '베이징 컨센서스'라는 중국식 개발모델을 개도국들에 확산하고 있다. '내정불간섭 원칙'에 입각한 중국의 대외원조와 그 확대추세는 개도국들의 환영을 받기도 하지만, 제3세계 '불량국가'를 지원하는 물적 기초가 될 수 있다는 점에서 국제사회의 우려와 함께 '중국위협론'의 재등장을 불러일으키기도 한다.

현재 중국은 대외원조에 있어 경제적 혹은 정치적 이익이라는 국익추구와 '책임 있는 강대국'으로서의 국제사회의 요구라는 양 측면에서 새로운 도전에 직면해 있으며, '평화발전'이라는 국가의 장기적 목표를 실현하기 위해 대외원조에 대한 보다 세심한 접근방식을 요구받고 있다.

미얀마와 수단 등 두 '불량국가'에 대한 중국의 원조사례를 통해 볼 때, 중국은 일정한 행동양식의 변화 속에서도 '내정불간섭 원칙'을 일관되게 견지함으로써 미국 및 서방국가들의 제재 속에 있는 개도국에 대한 영향력을 확대하고 있음을 알 수 있다. 하지만 중국은 원조 수혜국의 전략적 가치와 그들과의 관계 위상, 그리고 추구하는 목표 및 이익의 차이에 따라 각기 상이한 원조방식과 내용을 채택하고 있는 것 또한 사실이다.

중국은 또 다른 '불량국가'인 북한에 대한 최대 원조 공여국이자 향후 북한의 변화를 유도할 수 있는 가장 영향력 있는 국가이다. 미국을 중심으로 하는 국제사회의 대북제재가 보다 강화되고 있는 상황임에도 불구하고, 중국은 북한에 대한 지속적인 경제원조와 협력 강화를 통해 북한체제의 안정을 기하고 있다. 하지만 최근 들어 중국은 대북원조라는 지렛대를 활용하여 북한에 중국식 개발모델을 수용하도록 유도하고 있는 등 새로운 변화와 접근이 이루어지고 있음에 주목할 필요가 있다. 결론적으로 대북원조와 관련한 한중 간의 상호 이해와 협력의 증진을 통해 북한체제의 변화 가능성을 모색해야 할 중요한 시점이다.

2010-09-30

1. 서론

○ 대외원조는 중국 대외전략의 핵심적 부분으로, 중화인민공화국 수립 이후 1950년대 초반부터 시작되어 현재까지 여러 우여곡절을 거쳐 단계적 변화와 발전을 이루고 있음. 특히 개혁개방 이후 중국은 급속한 경제성장을 달성하였고, 이에 따라 원조 수혜국에서 원조 공여국으로 변모하였으며, 국제사회로부터 '책임 있는 강대국(負責任的大國)'으로서의 의무를 요구받고 있음. 중국은 대외원조는 대상과 규모면에서 점차 확대되는 추세이며, 특히 최근 들어 그 발전추세가 두드러지게 나타나고 있음. 중국은 '중국특색'의 대외원조 메커니즘의 구축을 통해 '책임 있는 강대국'으로서의 면모를 국제사회에 과시하고자 하며, 대외원조를 통해 '베이징 컨센서스'[1]라는 중국식 개발모델을 확산시키려 함. 중국이 수혜국과 상호 이익 및 평등의 원칙에 입각해서, 그리고 수혜국 내정에 대한 불간섭 원칙을 견지하는 원조전략을 구사함으로써 중국식 개발모델은 많은 개도국의 공감대를 불러일으키고 있을 뿐만 아니라 이 모델의 성공을 이해하고 경험을 학습하려는 동기를 부여함.

○ 내정불간섭 원칙에 입각한 중국의 대외원조와 그 확대추세는 제3세계 수혜국의 환영을 받을 수 있지만, 이는 다시 중국에 대한 압력으로 돌아오는 부메랑 효과를 낳기도 함. 즉 제3세계 '불량국가(rogue states)'를 지원하는 물적 기초가 될 수 있다는 서방국가들의 우려와 함께 '중국위협론'의 재등장을 불러일으키고 있음. 이로써 중국이 장기적인 관점에서 추구하고 있는 '평화발전'을 저해하거나, 혹은 중국의 대외원조에 대한 일부 개도국들

---

1) '베이징 컨센서스'라는 용어는 골드만 삭스(Goldman Sachs) 고문이며 칭화대학 겸직교수였던 라모(Joshua Cooper Ramo)가 2004년 5월에 출간한 보고서의 제목으로 채택하여 유행됨. 워싱턴 컨센서스에 대한 대응개념이라는 차원에서, 그리고 워싱턴 컨센서스와 연계되는 미국과 그에 대응하는 중국이라는 이미지 때문에 주목을 받음. Joshua Cooper Ramo, "The Beijing Consensus", The Foreign Policy Centre(2004).

의 과도한 기대는 물론이고 국내적으로도 빈곤상황에 처한 인민들의 불만을 야기할 수도 있음. 결국 중국은 '평화발전'이라는 장기적 목표를 실현하기 위해 국내외 상황과 정세를 고려하여 대외원조에 대한 보다 세심한 접근방식이 요구되고 있음.

○ 본 발표문에서는 우선 국제관계이론의 제 관점에서 중국의 대외원조관을 살펴보고, 최근 들어 새롭게 정립되고 있는 중국의 대외원조 메커니즘의 특성과 관리체계를 고찰하고자 함. 또한 국제사회로부터 대표적인 '불량국가'로 인식되고 있는 미얀마와 수단에 대한 중국의 대외원조 사례분석을 통해 각기 상이하게 나타나는 특성과 그 이유를 밝혀내고자 함. 이를 통해 중국의 안전보장에 있어 매우 중요한 전략적 위상을 차지하고 있는 인접국이자 최근에는 중국의 새로운 자원 및 시장 제공국으로 기능하고 있는 북한에 대한 중국의 향후 원조방향에 대해 일정한 시사점을 얻고자 함.

2. 중국의 대외원조관

가. 대외원조에 대한 국제관계학의 제 관점

○ 대외원조는 국제정치경제관계의 중요한 구성부분으로, 그저 단순하고 일방적인 경제활동이나 자선활동이 결코 아님. 대외원조는 원조 공여국의 대외정책 방향과 전략적 의도 및 이데올로기(가치관념)가 투영될 수 있음. 어떤 대외원조정책이라도 그 배후에는 정책결정자의 이론적 근거가 반영되거나 그 이론의 영향을 받게 마련이며, 그동안 국제관계학에서는 대외원조의 내재적 인과관계를 밝히기 위한 다양한 이론적 접근이 진행되어 왔음. 여기서는 국제관계학의 대표적 이론유파인 현실주의, 자유주의, 구

조주의(급진주의) 등 3가지 이론적 시각을 통해 대외원조의 성격과 동인
이라는 문제를 살펴보고자 함.

○ 현실주의적 관점에서 볼 때, 대외원조는 원조 공여국의 국가이익에 의해
   추동되며, 대외원조의 실시는 자국에게 안보 및 전략적 이익, 정치 및 경
   제적 이익을 가져다줄 수 있고, 원조 공여국의 국력을 증강시키는 주요한
   수단임.
 - 대외원조는 한 국가의 대외정책의 도구로서 권력판도와 세력균형이야말
   로 대외원조정책을 제정하는 기초임.
 - 원조 공여국은 대외원조를 실시할 때 수혜국과의 동맹관계를 더욱 공고히
   하여 자신의 우위를 유지하고 경쟁상대를 약화시킴으로써 국가의 외교목
   표를 실현하는 데 도움이 될 것으로 파악함.
 - 대외원조의 효과를 평가하는 것은 수혜국의 경제사회적 변화의 여부가 아
   니라 원조 공여국의 정치적 영향력 증대와 군사안보 유지, 그리고 무역과
   투자의 제고 여부에 있음.
 - 이러한 대외원조에 대한 현실주의적 해석은 주류적 해석으로 상당한 타당
   성을 담보하고 있지만, 국제기구의 다자적 원조나 북유럽 국가들의 원조
   행위에 대한 해석에 일정한 취약성을 드러내고 있음.

○ 자유주의/이상주의적 관점은 대외원조에 있어 인도주의적 수요의 중요성
   을 강조하며, 제3세계의 빈곤 개선과 경제발전 촉진에 미치는 대외원조의
   순기능에 적극적이고 낙관적인 태도를 보임.
 - 대외원조에 있어 자유주의 가치관의 전파에 열중하고, 선진국과 개도국의
   격차 해소나 인도주의적 실천이라는 대외원조의 효과에 대한 평가에 주목
   하며, 국가이익에 대한 고려가 최소화되거나 제거된 공동체의식에 기초한
   '국제이익' 개념이 대외원조의 판단기준이 되어야 한다고 봄.
 - 안정적인 국제원조의 원칙을 강조하며, 선진국이 하나의 집단으로서 원조

행위에 대해 책임을 져야 한다고 주장함.2)
- 1990년대 이후 대외원조에 있어 수혜국의 지속 가능한 발전, 인구통제, 환경보호 및 민주 촉진을 주요한 기준으로 설정함.
- 대외원조에 대한 자유주의적 관점은 개도국의 빈곤 개선과 민주, 인권의 진보를 촉진하는 데 주목하며, 원조를 통해 개도국의 발전과정과 방향에 영향력을 행사하려는 점에서 개도국에 대한 주권 침탈의 소지를 내포하기도 함.

○ 구조주의적 관점은 대외원조에 대한 비판적 시각으로 그 원인과 효과를 고찰함으로써 대외원조의 실질을 일종의 '신식민주의(Neo‒colonialism)'로 파악하며, 글로벌 차원에서 공정한 대외원조 메커니즘의 구축을 통한 개혁을 주장함.
- 구조주의는 선진국의 대외원조(특히 개발원조)가 자본주의의 세계적 확산을 위한 것으로 원조의 수준이나 지리적 범위, 그리고 우선부문의 선정은 수혜국의 수요에 기반하는 것이 아니라 선진국 파워엘리트들이 자본주의의 장기적 이익에 대한 고려에서 나온 것으로 파악함.
- 선진국의 대외원조는 수혜국 내부의 일부 파워엘리트들에게 이익을 제공할 뿐 제3세계 민중의 고통을 더욱 심화시키는 작용을 한다고 보며, 대외원조를 통해 수혜국의 종속관계를 연장하고, 선진국의 정치·경제적인 통제를 강화하는 등 신식민주의의 도구로 판단함.
- 구조주의적 관점은 대외원조의 현행방식을 폐지하고, 공정한 국제기구로 하여금 글로벌 차원에서 경제적 평등의 조건 아래 자원에 대한 재분배를 진행할 것을 주장하지만, 그 현실성에서는 여전히 의문이 제기됨.

---

2) 자유주의적 대외원조관은 오늘날 국제기구나 비정부기구의 대외원조 활동의 이론적 기초임. 현재 OECD의 개발원조위원회(DAC)는 선진국의 대외원조와 관련한 협력과 감독 역할을 수행하고 있으며, 다자원조를 양자원조보다 우선시 함.

○ 위에서 살펴본 바와 같이 현실주의, 자유주의, 구조주의 모두 대외원조의 복잡한 동인과 그 실질을 완벽하게 해석하지 못함. 현실주의는 대외원조를 종종 민족국가라는 틀 내에 한정해서 설명하고, 자유주의는 국제사회라는 공동체라는 기반 위에 대외원조를 고려함. 또한 현실주의와 자유주의 모두 대외원조의 긍정적 역할과 기능을 인정하고 그 합리성을 승인하는 기초 위에서 제기되는 원조관인 반면, 구조주의는 비판적 관점에서 대외원조를 파악하고 있으나 주권국가가 여전히 주요 행위체인 국제사회에서 그 현실성을 담보하기 어려움.

- 오늘날 세계에서 주권국가는 여전히 가장 중요한 대외원조의 주체란 관점에서 지나치게 낙관적으로 국제공동체라는 기초 위에 원조시스템을 통한 세계 자원의 공평분배를 기대할 수 없음.

- 글로벌화 과정에서 초국가적 문제의 증가에 따른 압력, 선진국의 경제이익 획득과 자유주의 이념의 전파, 세계정치에서 개도국의 집단적 행동의 영향력 모두 대외원조를 지속시키는 동력임.

나. 중국의 대외원조와 '책임대국론'

○ 앞에서 살펴본 세 가지 관점에서 볼 때, 중국의 대외원조는 역사적으로 주안점이 다르긴 하였으나 안보 및 전략적 이익, 정치 및 경제적 이익의 추구와 국력 증강의 주요한 수단으로 활용되어 왔다는 점에서 줄곧 현실주의적 관점에 입각해 있다고 볼 수 있음.

○ 매 시기 대외전략의 변화에 따라 중국의 대외원조의 내용과 특성 또한 일정한 변화과정을 밟아 왔으며, 그 과정은 다음과 같음.

제1단계(중화인민공화국 수립 이후~개혁개방 이전)
  - 중화인민공화국 수립 직후 1950년대 중국의 대외원조는 식민지 혹은

반(半)식민주의 국가와 인민의 민족해방투쟁을 지원하는 중요한 방식 가운데 하나였음. 수혜국은 주로 역사적, 이념적 동질성을 갖는 북한, 몽골, 베트남 등 인접 사회주의 국가가 대상이었음.

- 1960년대 들어와 중소 분쟁으로 소련과의 대항을 위해 점차 원조 대상 국과 규모를 확대하는 등 서방국가들뿐만 아니라 소련과도 개도국에 대한 원조 경쟁을 벌였으며, 제3세계나 알바니아 등의 동유럽 국가는 물론이고 아프리카 및 중남미로 원조대상을 확대함.[3]
- 1970년대 전반의 중국의 대외원조는 UN 안보리에서 중국의 지위를 회 복하기 위한 지지표를 모으는 수단으로 활용되는 등 국내 경제적 사정 이나 이념적 동질성과 무관하게 지원규모와 대상을 지속적으로 확대 함.[4]

제2단계(개혁개방 이후~1995년)

- 이 시기는 원조 수혜시기에 해당하며, 1970년대까지 제3세계의 리더를 자처하면서 개도국에 대한 주요 원조 공여국이었던 중국은 개혁개방 이후로 원조 수혜국으로서 서방국가와 국제금융기관으로부터 막대한 자금을 흡수함.
- 개혁개방 이후 경제건설을 국가발전전략의 중심에 놓음으로써 중국의 대외원조는 "평등호혜, 다양한 방식, 실제효과 중시, 공동발전(平等互利, 形式多樣, 注意實效, 共同發展)"이라는 실리적 추구에 역점을 두게 됨.
- 개혁개방 이전과 비교해서 대외원조의 상당한 변화가 발생하였는데, 1) 대외원조의 경제적 의미가 정치적 이익에 대한 추구를 앞질렀음, 2) 경제적 측면에서 일방적 방향에서 쌍방향으로 전환됨, 3) 무상원조 비 중이 크게 감소하고 플랜트 건설 및 기술원조 비중이 증가함.

---

3) 특히 문화대혁명(1966~1969) 시기에는 국제적인 고립의 심화에 따라 이를 탈피하기 위해 아프리카 등 제3세계를 중심으로 무상 위주의 원조를 제공함.
4) 1967년 중국의 대외원조 규모는 국가 재정지출의 4.5%를 차지했으며, 1972년에는 6.7%, 1973년에는 7.2%로 지속적으로 늘어남으로써 선진국 수준을 이미 초과한 상태였음.

제3단계(1996년 이후~현재까지)

- 급속한 경제성장으로 원조 수혜의 필요성이 감소함에 따라 원조 수혜
  가 격감하는 대신 대외원조 공여가 급증하여, 무상원조와 무상차관 외
  에도 우대차관 방식이 적극 추진되었고, 경제기술원조, 채무면제, 평화
  유지활동, 프로젝트 원조, 인력훈련, 인도적 지원, 의료진 파견, 장학사
  업 등 원조의 다각화가 이루어짐.[5]

- 과거 개도국에 대한 중국의 적극적 대외원조 공여는 무엇보다 중국의
  영향력 확대라는 전략적 이해가 우선적 고려사항이었지만, 최근 들어
  중국은 경제성장의 지속성을 담보하기 위해 자원개발 및 시장개척을
  목적으로 하는 우대차관 위주의 대외원조에 주력하는 모습을 보이고
  있음.

- 1997년 이후 WFP, UNDP 등 10여 개 국제기구를 통해 다자원조에 능
  동적으로 참여하기 시작하였고, 냉전시기와 비교해서 직접적인 정치
  혹은 군사 목적의 대외원조는 줄어들었으며, 인도주의, 국가책임, 국제
  이미지 등에 대한 고려가 대외원조에서 중요한 위치를 차지함.

○ 중국은 개혁개방 이후 국제사회로부터 막대한 개발원조를 받으면서 동시
  에 개도국에 원조를 제공해 왔음. 최근 중국경제의 고공행진이 거듭되면
  서 중국은 원조 수혜국에서 공여국으로 그 위상이 변화하고 있으며, '책임
  있는 강대국'으로서 기타 국가들 및 국제기구와의 협력의 필요성이 확대
  되고 있음.

- 특히 2007년 중국이 세계은행의 부속기관인 국제개발협회(International
  Development Association)의 원조 공여국 리스트에 들어간 이후 대외원조의 일
  대 전환이 이루어진 것으로 평가됨.

---

5) 1995년 중국은 대외원조의 효율화와 재원 및 원조 방식의 다각화를 추구하는 새로운 정책을 채택하였는데, 그 주
   요 내용은 △정부 우대차관의 창설 및 신규 무상차관 정지 △양국 기업의 합영사업을 양국정부가 지원하는 제도
   의 설치 △무상원조의 대상과 규모의 조정 등임.

- 중국의 적극적인 대외원조 확대추세와 다자원조기구에의 가입은 국제무대에서 독무(獨舞)를 연출하던 중국에게 국제적 압력으로 작용할 것임. 중국은 국제다자원조기구에서 나름대로 더 큰 영향력과 투표권을 획득하기 위해 노력하겠지만, 다른 한편 자신의 원조정책과 모순되는 국제기구의 규정을 강요받는 딜레마에 빠지게 될 수 있음.

○ 중국은 서방세계의 곱지 않은 시선에도 불구하고 개도국 간 남남(南南)협력 차원에서 개도국과의 경제협력 기반 확충을 위해 대외원조를 전략적으로 활용하면서, 동시에 '베이징 컨센서스'를 통한 중국식 개발모델을 확산하는 데 중점적인 노력을 기울이고 있음.

- 최근 들어 동남아, 아프리카, 중남미 등에 대한 어떠한 조건도 내걸지 않는 '내정불간섭 원칙'에 입각한 중국의 해외투자와 원조는 "개발을 빙자한 신식민주의적 수탈", "동인도회사의 회귀", "중상주의적 이익만을 추구하는 개발", "인권 무시와 폭정 용인" 등 미국이나 서방세계의 강렬한 비난에 직면해 있음.

- 수혜국인 개도국의 입장에서는 중국식 개발모델인 '베이징 컨센서스'가 어떠한 조건도 부가하지 않는다는 점에서 과거 서방세계의 대외원조정책과 발전모델을 대체하는 매력적인 모델로 받아들여지고 있음.

다. 중국의 대외원조와 '소프트파워'[6]

○ 앞에서도 살펴본 바와 같이 현실주의적 관점에서 대외원조는 원조 공여국의 경제적, 정치적 도구로서 수혜국에 대한 영향력을 확대하기 위한 것이며, 한 국가의 소프트파워를 제공하는 유력한 수단이기도 함.

---

6) 소프트파워(soft power)란 미국 국제정치학자 조셉 나이가 1990년에 처음으로 제기한 개념으로, 경제력과 군사력으로 대표되는 하드파워(hard power)에 대비하여 △문화적 흡인력과 응집력 △이데올로기, 사상관념, 발전모델 등의 호소력과 영향력 △국제규범 제정과 국제레짐 구축 능력 △적합한 외교정책 등 무형의 추상적이고 비물질적인 힘을 가리킴. Joseph S. Nye, Jr., "Soft Power", *Foreign Policy*, Issue 80, Fall, 1990, pp.153~171 참조.

- 원조 공여국은 원조를 통해 자신의 전략적·정치적 이익(동맹 결성과 공고화, 우호적 정부의 위상 강화, 군사기지 획득, UN에서의 지지 획득 등), 경제적 이익(수혜국의 자원 확보, 상품시장 및 투자처의 유지와 개척 등), 그리고 문화 및 이데올로기적 이익(자국 언어와 문화의 영향력 확대, 자국의 가치와 모델 확산 등)을 실현하고 나아가 국제적 이미지와 정치적 명성을 제고하고자 함.
- 대외원조는 지식, 기술, 설비 등의 '하드웨어'뿐만 아니라 관념, 방식, 제도 등의 '소프트웨어'를 전달하는 매개체로서 원조 공여국의 모델이 세계적 범위에서 영향을 미칠 수 있게 하여 그 국가의 소프트파워를 증진시키는 기능을 수행함.
- 대외원조를 통한 원조 공여국의 소프트파워 증진은 △수혜국과의 긴밀한 관계 촉진과 정치적 지지 획득 △수혜국의 국내정치경제 발전방향 유도 △원조 공여국의 언어와 문화의 영향력 확산 △원조 공여국의 국제적 이미지와 정치적 명성 제고 △원조 공여국의 사회적 가치와 이념, 생활방식의 전파 등에서 체현됨.

○ 오늘날 중국은 국력의 증강에 따라 국제무대에서 그 영향력을 한층 제고해 가고 있으며, 대외원조라는 수단의 활용을 통해 수혜국 정부와 국민의 지지를 획득함으로써 자국의 소프트파워를 현저하게 증진하고 있음.
- 중국은 2009년 말 현재 120여 개 개도국과 30여 개 국제기구에 경제기술과 기부금을 공여하고 있으며, 원조금액은 총 GDP의 0.1% 수준에 이름. 2010년 4월 6일 중국 상무부가 공표한 부처 내 재정수지 예산정보에 따르면 대외원조 총액은 130.85억 위안으로 총 재정지출(151.57억 위안)의 89.8%에 달함.[7]

---

7) 미 의회연구처의 2007년 보고서에 따르면, 2007년 중국의 대외원조 총액은 251억 달러이지만, 중국 정부의 공식 통계는 20억 달러로 발표되었음. 박번순 외, "국격 제고를 위한 ODA 정책", CEO Information, 삼성경제연구소, 2009. 11. 11. 참조.

- 중국은 "1인당 GDP가 선진국의 1/10 수준이고, 1억 5천만 명에 달하는 UN
  이 설정한 빈곤기준 이하의 삶을 살고 있는 개도국 수준에 머물러 있지
  만",[8] 2010년 2/4분기 총 GDP가 일본을 추월하여 세계 2위의 경제대국으
  로 부상하고 있으며, 경제 실리적 원조 외에도 인도주의 원조를 강화함으
  로써 수혜국의 정치적 지지를 획득함과 동시에 자국의 소프트파워를 증진
  시켜 나가고 있음.

3. 중국 대외원조의 메커니즘

가. 중국 대외원조의 원칙과 특성

○ 대외원조는 중국 경제외교의 중요 구성부분으로 중화인민공화국 수립 이
  후 제3세계에 대한 원조를 진행하는 과정에서 점차 자신의 독특한 대외원
  조에 관한 사상을 정립하였음.
- 1964년 저우언라이(周恩來) 총리의 아프리카 및 아시아 14개국 순방 기간
  제시된 '중국 대외경제기술원조에 관한 8항 원칙'은 중국 대외원조의 기
  본 성격과 의미를 보여줌.

---

8) 2010년 9월 23일 원자바오 UN 총회연설문 참조.

[표 1] 중국 대외경제기술원조 8항 원칙

① 원조는 평등호혜의 원칙을 기본으로 실시됨
② 원조상대국의 주권을 존중하고, 어떤 특권도 요구하지 않음
③ 차관은 무상 또는 저리로 공여
④ 수혜국의 중국 의존이 아닌, 자력갱생에 의한 독립적인 경제발전을 돕는 것을 목적으로 함
⑤ 선택된 프로젝트는 소액의 투자이지만 빠른 효과가 있는 것으로 제한
⑥ 중국에서 생산할 수 있는 최상의 품질 설비나 자재를 제공하고, 가격은 국제가격을 기준으로 결정
⑦ 기술 원조를 제공하는 입장, 원조상대국의 관계자가 그 기술을 완전하게 습득하게 함
⑧ 중국의 파견전문가는 원조상대국의 전문가와 동등한 대우를 받음

- 개혁개방 직후 1980년대 덩샤오핑의 대외개방 지도사상에 근거하여 중국은 제3세계와의 오랜 협력경험을 총괄하여 대외원조 업무의 기본원칙으로서 "평등호혜, 효과중시, 형식의 다양화, 공동발전"이라는 보다 실리적인 원칙을 새로이 설정함.
- 1996년 장쩌민 국가주석이 아프리카 순방 기간 이들 국가와의 협력과 관련한 5항 원칙을 제시하였고, 상호 이익과 공동발전, 협상 및 협력 강화 등 이전에 비해 보다 실리적이고 공세적인 모습을 보임.

[표 2] 장쩌민의 대외원조 5항 원칙

① 진정한 우호, 상호 신뢰할 수 있는 전천후 친구(眞诚友好, 彼此成为可信赖的全天候朋友)
② 평등대우, 상호 주권존중, 내정불간섭(平等相待, 相互尊重主权 不干涉内政)
③ 호혜 및 상호 이익, 공동발전 추구(互惠互利, 谋求共同发展)
④ 협상 강화, 국제적 협력 강화(加强磋商, 在国际事务中密切合作)
⑤ 미래를 향한 더욱 좋은 관계 창조(面向未来, 创造一个更加美好的未来)

- 2005년 9월 후진타오 국가주석은 UN 정상회의에 참석하여 개도국에 대한 중국 정부의 원조강화와 관련한 5항의 새로운 조치를 선포함. 그리고 2006년 베이징에서 개최된 제1차 중국-아프리카 협력포럼(Forum on China Africa Cooperation: FCAC)에서 아프리카 국가들과 새로운 전략적 파트너십 관계를 추진하는 8항의 정책조치를 취함.

○ 중국의 대외원조는 이미 새로운 발전단계에 접어들었으며, 전통적인 대외
  원조 원칙의 기반 위에 변화된 상황에 상응하는 조치를 취함으로써 다음
  과 같은 몇 가지 특성을 보이고 있음.

- 평등 대우와 공동이익의 보장, 최대한 노력과 어떠한 정치적 조건도 부가
  하지 않는 등 내정불간섭 원칙을 지속적으로 견지하고 있음.

- 대외원조를 중국기업의 해외진출에 적극 활용함. 즉 원조사업을 중국 국
  유기업이 수행하도록 타이드(tied) 조건으로 공여함으로써 자국기업의 해
  외진출 및 자원 확보에 대한 보조금 역할을 하도록 함.

- 중국은 현재 양자원조가 주요한 방식으로서 다자원조에 대한 경험이 결여
  되어 있지만, 점차 다자원조방식을 확대함과 동시에 국제다자원조기구와
  의 협력을 강화하고 있음.9)

나. 중국 대외원조 관리기구 및 관리메커니즘

○ 대외원조 사업의 부단한 발전과 그 과정에서 축적된 경험을 바탕으로 중
  국은 대외원조의 새로운 관리체계를 구축해 가고 있음. 대외원조를 전담
  하는 통합기관이 존재하지는 않지만, 상무부가 중국 대외원조와 관련하여
  법률 입안 및 실시, 감독 역할을 수행하고 있음.

- 현재 중국의 대외원조 관리기구는 주관부처인 상무부 외에 재정부, 외교
  부 등 23개 중앙부처를 위시하여 지방 성급정부의 상무부서, 해외주재 대
  사관 등이 공동으로 각자 역할을 수행하고 있음.

---

9) 2007년 기준으로 국제기구들이 공개하고 있는 출자비율 자료를 살펴보면, 중국은 세계은행(IBRD)의 2.9%, 아시아
  개발은행(ADB)의 6.5%, 아프리카개발은행(AFDB)의 1.1%를 출자하고 있는 것으로 나타남.

[표 3] 중국의 대외원조 중앙관리부처와 역할

부처	내용
상무부	원조정책 입안, 원조업무 처리, 통계업무, 각국별 원조계획의 책정 등 총괄업무
재정부	원조예산 승인 및 편성 업무, 채무탕감 및 국제기구로의 출자 등
외교부	외교정책 전반의 관점에서 원조정책 관여
위생부	의료원조 등
과학기술부	과학기술원조 등
교육부	교사 및 전문가 파견 등
민생부	긴급재해지원 등
농업부	정부 간 농업교류업무

- 현재 중국의 대외원조 관리기구는 국가소속관리기구, 부처관리기구, 지방
  관리기구, 해외주재 관리기구 등 4개의 층위로 구분됨.
  - 국가소속관리기구는 상무부로서 중국 대외원조업무를 총괄하며 대외
    원조업무 중 정부측면의 관리와 대외원조정책의 제정을 책임지고 있
    음. 상무부 산하에 대외원조를 전문적으로 담당하는 대외원조사(對外
    援助司, 局에 해당함)와 대외원조의 구체적 실시와 관리를 책임지는
    국제경제합작사무국이 있음.
  - 부처관리기구는 재정부, 외교부 등 국무원 소속 각 부처로서 각기 고유
    한 역할에 따라 대외원조업무를 책임지고 실시함. 각 부처는 대외연락
    국 혹은 외사국, 대외원조판공실 등의 부서를 둠.
  - 지방관리기구는 각 성과 시, 자치구의 상무부서로서 대외원조의 체계
    적 집중관리를 책임지며, 대외원조의 협조기능을 수행함. 주로 대외원
    조 실행주체인 해당소재지 국유기업에 대한 관리감독과 기업을 추천
    하는 역할을 함.
  - 해외주재관리기구는 해외주재 대사관의 경상처(경제참사처 혹은 경제
    상무참사처) 혹은 수혜국 파견 경제대표처 등으로 대외원조와 관련하

여 수혜국과의 교량 및 연결고리 역할을 수행함.

○ 점진적이고 단계적인 조정과 개편을 거쳐 중국은 이미 중앙에서 지방까지, 국내에서 해외까지, 그리고 정부에서 기업 및 중개기구에 이르는 대외원조 관리메커니즘을 구축하였음.

- 상무부가 이끌어 가고 관련부처와 금융기관 그리고 기업이 참여하는, 국내와 해외가 상호 결합된 중국특색의 대외원조 업무구도를 형성함.

- 2006년 제1차 중국·아프리카 협력포럼 베이징 정상회담을 계기로 상무부, 재정부, 외교부 그리고 중앙 각 관련부처와 지방 상무 주관부서가 부문 간 소통과 협력을 더 한층 강화함.

- 강화된 중국의 대외원조 관리메커니즘은 △상무부, 재정부, 외교부 3개 부처 간 대외원조업무 협력메커니즘 △상무부, 중국인민은행, 재정부 그리고 국가개발은행, 수출입은행 간 채무감면업무 협력메커니즘 △상무부, 외교부, 해방군 총참모부 간 긴급 인도주의원조 협력메커니즘 △23개 부처 및 위원회 간 대외원조 협력메커니즘 △상무부와 지방정부 상무부서 간 업무연계메커니즘 △상무부 내 14개 局(司) 간 업무연계메커니즘 △상무부, 재정부, 외교부 및 부처 내 재무, 인사, 기율검사 부서 및 기술전문가로 구성된 대외원조프로젝트 점검메커니즘 등임.

- 다른 한편으로 여러 기관에 분산되어 시행되고 있는 대외원조의 효율성 제고를 위해 최근에는 독립된 전문적 대외원조기구의 설립을 포함하여 일련의 개혁 작업이 진행되고 있음.

다. 중국 대외원조 프로젝트와 지원체계

○ 중국의 대외원조는 양자원조와 다자원조로 구분되고, 양국 간 원조는 다시 무상원조가 유상원조(무상차관과 우대차관)로 구분됨. 구체적인 방식은 플랜트항목, 기술협력, 우대차관, 합자합작프로젝트, 인력훈련, 물자공

여, 인도주의원조 등을 포함하며, 각 방식에 따라 그 진행절차와 집행기구
가 달라짐.

- 무상원조는 유상원조 방식과 비교하여 건당 규모가 적고, 최빈국을 대상
으로 하여 현금공여 외에도 물자공여, 인력훈련, 연수, 세미나 개최, 기술
협력 등이 포함됨.

- 유상원조는 무상차관과 우대차관으로 구분되는데, △무상차관은 상환기간
이 길고, 원조프로젝트로 생산된 현물의 상환이나 채무연기 등도 가능한
비교적 관대한 조건의 원조방식 △우대차관은 중국 측 기업이 해당사업을
시행하고, 필요설비 등을 공급하는 타이드(tied) 원조로 중국기업의 해외진
출을 지원하기 위한 원조방식임.

  · 플랜트항목: 역대 중국 대외원조의 주요 방식으로, 수혜국 정부가 프로
  젝트 의사 제시 → 양국정부 간 원조협정 체결 → 중국 측 조사단에 의한
  프로젝트 타당성조사 → 양국정부 간 프로젝트 수립 양해각서 체결 →
  중국 전문기관에 의한 프로젝트 설계 → 입찰방식을 통한 중국기업 선정
  및 시공계약 체결 → 양국 전문가들에 의한 프로젝트 검수 및 인수인계
  등의 절차를 거침[주로 중국플랜트수출입총공사(中成集團)가 수행함].

  · 기술협력: 수혜국 플랜트 건설 이후 수혜국정부의 기술협력 요구 → 양
  국정부 간 기술협력 양해각서 체결 → 중국 상무부의 중국 측 담당기업
  선정 등의 절차를 거쳐 진행됨.

  · 우대차관: 1995년부터 도입되어 중국기업의 해외진출을 지원하기 위한
  원조방식으로 중국 대외원조 개혁의 핵심적 내용임. 수혜국의 요구와
  중국 측의 수용가능성 여부에 근거한 정부 간 협정체결 → 중국 측 주
  관부처에 의한 심사 → 중국수출입은행에 의한 경제적, 기술적 타당성
  조사 → 수혜국 정부지정은행 혹은 정부부처와 차관공여협정 체결 → 중
  국수출입은행에 의한 수혜국 은행 및 차관사용기업 선정 → 프로젝트
  실시 및 감독 등의 절차를 거침(중국수출입은행이 전문 담당기관임).

  · 합자합작기금: 중국기업이 수혜국의 자원과 중국 측 설비 및 기술을 사

용하는 것을 지원하고, 수혜국 기업과의 중소형 합자합작 프로젝트에
사용됨. 상무부(프로젝트 계획의 심사·비준, 계약체결과 송금 그리고
차관회수)와 재정부(연도별 기금사용계획, 결산 등의 심사·비준).

- 인력훈련: 최근 들어 급증하고 있는 대외원조방식으로 그 영역과 범위
가 확장되는 추세임. 중국 교육부 및 관련부서, 성급 상무 주관부서, 전
국업종별 단체의 추천에 대해 상무부가 평가·심사를 통해 최종적으
로 확정함(2000년 '아프리카 인력자원개발기금' 설립).

- 물자공여: 수혜국정부의 물자공여 요구 이후 양국정부 간 협정 체결→
수혜국 정부 주관부처에 의한 소요물자 리스트 제출→상무부에 의한
중국기업 선정→물자 수집과 배송의 절차를 거침.

- 인도주의 원조: 해일, 지진, 태풍, 가뭄 등 자연재해 발생에 대해 수재
국의 긴급물자 제공, 구급대와 의료진 파견, 현금 제공. 실시과정에 외교
부, 상무부, 위생부, 국가지진국, 해방국 총참모부 등의 협력이 진행됨.

▓ 4. 사례분석: 미얀마와 수단에 대한 중국 원조사례

가. 중국의 미얀마 원조

○ 50년간 군부의 통치가 유지되고 있는 미얀마는 인권탄압으로 국제사회의
비판 속에서 미국 등 서방세계로부터 경제적 제재조치를 받고 있으나, 중
국은 미얀마에 대한 전략적 가치를 고려하여 지속적인 대외원조의 강화를
통해 미얀마와의 관계를 강화하고 있음.

- 미얀마는 중국과 인접하고 있는 전통적인 우호국가로서 중국의 안보와 인
도양 진출의 전략적 요충지로서 미국의 중국 포위전략에 효과적으로 대응
할 수 있는 하나의 수단으로 인식되고 있으며,[10] 중국의 영향력이 가장

크게 미치는 국가로서 중국의 대 ASEAN 관계 증진에서도 강력한 지원자
의 역할을 수행하고 있음.

- 중국은 민주화운동과 인권탄압을 이유로 국제적 비판과 경제제재를 받고
있는 현 미얀마 군사정권에 대해 그동안 20억 달러가 초과하는 다량의 군
사장비는 물론이고 수십억 달러에 이르는 기초인프라 구축과 인력훈련 등
의 내용을 포함하는 경제원조를 진행해 옴.[11]

- 현재 미얀마에 대한 중국의 경제원조는 기본적으로 국내기업을 통해 우대
차관을 공여하는 방식을 취하고 있으며, 정부 간 직접원조는 매우 적은 편
임. 경제적 이익의 측면에서 볼 때, 미얀마는 단지 중국의 서남부지역에
일정한 영향을 미칠 뿐이며, 중국의 미얀마 원조의 경우에는 경제적 실리
보다는 안보이익에 대한 고려가 큼.

- 미국 및 서방세계의 미얀마에 대한 제재는 오히려 중국·미얀마 관계를
더욱 강화하고, 중국에 대한 미얀마의 의존을 더욱 높이는 역할을 하고 있
음. 중국 정부는 미얀마의 전략적 가치를 고려하여 미국이 지지하는 아웅
산 수지의 민족민주동맹이 권력을 차지하는 것을 방지하기 위해 대외원조
의 확대를 통해 미얀마 군사정권의 국내정국 안정과 점진적 개혁을 돕고
있음.

- 미얀마정부는 세계적으로 소수의 군사정권의 하나로서 이러한 군사통치
는 세계적으로 인정받지 못하는 추세이며, 군사정권에 대한 대외원조는
만일 그 국가의 민생상황을 개선하는 등의 정당성을 확보하지 못하면 국
제여론의 비판에 직면하여 미국 등 서방국가의 공격대상이 될 수 있음.
'책임 있는 강대국' 이미지를 구축하려는 중국의 노력을 무력화할 수 있
다는 점에서 중국의 입장에서는 북한에 대한 원조와 함께 일종의 딜레마
적 상황으로 여겨짐.

---

10) 전략적 자원이라 할 수 있는 석유자원의 해외수송로 확보 차원에서도 중국은 미얀마의 전략적 가치를 높게 평가
하고 있음. 원동욱, "중국 에너지 외교의 현황과 전망", 『Strategy 21』, 제18호, 2006 참조.

11) 2010년 9월 8일 중국과 미얀마는 베이징에서의 정상회담을 통해 양국 간 에너지, 농업, 전력, 교통, 사회 인프라
등 기초시설 구축 등과 관련한 대외원조 협력을 강화하기로 합의함.

나. 중국의 수단 원조

○ 수단에 대한 중국의 원조는 중국의 아프리카 국가에 대한 대표적 원조사
  례로서, 자원 및 시장 확보라는 경제적 실리추구를 우선시함으로써 서방
  국가들로부터 신식민주의 혹은 인권무시 원조사례로 비난을 받음.
- 수단의 다르푸르 사태(Darfur conflict)[12]는 중국이 국제사회의 '책임 있는
  강대국'의 이미지 수립을 꾀하는 시점에서, 그리고 제3세계에 대한 원조
  를 확대하는 시점에서 향후 어떠한 태도와 방식으로 제3세계 원조 수혜국
  의 인권문제에 대응해야 하는가라는 새로운 과제를 제기함.
- 중국의 수단 석유개발사업은 대외원조의 대표적 성공사례로서 중국석유천연
  가스탐사개발공사(China National Oil and Gas Exploration and Development
  Corporation)의 수단유전 제6구 개발은 1995년 중국 대외원조정책의 변화
  이후 우대차관을 이용한 해외유전개발의 첫 사례임.
- 중국은 지속적 경제성장을 위해 국유메이저들을 통한 해외자원 확보에 주
  력하였으며, 1995년 9월 수단에 대한 1억 5,000만 위안(RMB)의 우대차관
  을 활용하여 석유개발 협정을 체결하였고, 1997년 1월부터 제6구 개발을
  시작함. 그 후에도 낮은 입찰가를 제시하는 방법으로 제1, 2, 3구의 채굴권
  을 획득하였고, 40%의 지분과 유전관리권을 획득함. 1997년 이후 중국은
  수단의 최대 해외투자국으로서 에너지와 관련된 석유파이프라인, 전력,
  수리설비 등의 방면에서 성과를 거둠.
- 2003년 2월 다르푸르사태가 발생하여 국제사회의 주목을 받게 되었고, 중
  국이 수단에 대해 적극적인 원조를 제공하면서도 '내정불간섭' 원칙을 견
  지하면서 수단의 '인종청소'와 같은 열악한 인권상황에 대해 별다른 관심
  을 보이지 않는 것에 대한 국제사회로부터의 강한 비난에 직면하게 됨.

---

12) 아프리카 수단 다르푸르 지역에서 발생한 유혈분쟁으로, 2003년 이 지역에 대한 수단정부의 아랍화 정책에 대해
   비아랍인들이 반기를 들고 정부군과 민병대를 상대로 투쟁한 유혈사태임. 이 사태로 20만여 명이 희생되고 250만
   명 이상의 난민이 발생함.

- 이러한 국제사회의 비난에 직면하여 중국은 여전히 '내정불간섭' 원칙에 따라 "수단의 주권과 영토존중, 대화와 평등협상을 통한 정치적 해결"이 라는 종래의 입장을 고수하였으나, 다른 한편으로 아프리카연맹과 UN 평 화유지군의 역할에 대해 지지의사를 표명하였고, 수단정부에 UN 평화유 지군의 수용을 건의하기도 함.

- 수단정부는 국제사회의 강력한 비난과 중국과의 우호관계를 고려하여 UN 안보리의 제1769호 결의안을 받아들였는데, 중국은 서방세계의 비난을 피 하고 '책임 있는 강대국'의 이미지를 제고하기 위해, 그리고 특히 2008년 베이징올림픽의 성공적 개최를 위해 정전협정 체결과 관련한 담판과정에 서 중요한 역할을 담당함.13)

- 2007년 11월 중국은 평화유지를 위한 자국의 공병부대(135명)를 수단에 파견하여 우물굴착, 도로 및 교량 건설 외에도 교육과 의료분야에 대한 인 도주의적 원조를 진행하였고, 다르푸르사태의 원만한 해결을 위해 다자원 조를 진행하는 등 행동방식의 변화를 꾀함.14) 결국 내정불간섭의 원칙만 을 강조하던 초기의 접근방식에서 벗어나 대외원조를 실리추구 외에도 사 태해결의 유력한 수단으로 활용함.

다. 소결

○ 위에서 살펴본 두 가지 중국의 대외원조 사례는 모두 '불량국가' 원조라는 점에서 동일하지만, 전략적 가치와 양국관계의 위상, 그리고 추구하는 목 표 및 이익의 차이 등으로 인해 원조방식과 내용에 있어 일정한 차이를 보

---

13) 2007년 5월 중국 정부는 전 짐바브웨 대사를 역임한 리우꾸이진(劉貴金)을 아프리카문제 특별대표로 임명하여 다르푸르사태의 해결에 투입하였으며, 그는 실제 파이낸셜타임즈와의 인터뷰에서 "중국은 자신의 방식으로 각 종 방법을 통해 수단정부가 사태 해결을 위해 더욱 유연한 입장을 취하도록 권유하고 있다. 만일 이 문제에서 '아난방안'이 거부된다면 중국은 심지어 매우 직접적인 언어를 통해서라도 그들을 설득할 것이다"라고 밝힘.

14) 중국은 다르푸르 사태 해결을 위해 수단에 대해 모두 5차례에 걸쳐 1,100만 달러의 원조를 제공하였고, 아랍국가연 맹과 UN에도 각기 1,800만 달러와 50만 달러를 제공함. 周琪, "中国的对外援助与人权关注", http://www.china.com.cn/ news/zhuanti/rq09/2009-10/29/content_18794138.htm

였으며, 서방세계의 비판에 대해서도 각기 다른 대응태도를 보이고 있는 것을 알 수 있음.

- 중국의 미얀마 원조는 인접국 원조사례로서 경제적 실리보다는 중국 주변 지역의 안보이익 추구를 절대적으로 우선시하는 경우에 해당하며, 국제사회의 비난과 압력에도 불구하고 지속적인 대외원조를 통해 협력을 강화하는 등 최근 북한에 대한 중국의 대외원조 강화 움직임에 시사하는 바가 큼.

- 중국의 수단 원조는 경제적 실리와 중상주의적 이익을 추구하는 전형적인 대외원조의 사례로서, 국제사회의 비난에 직면하여 일정한 행동방식의 변화를 추구한 경우로 볼 수 있음.

○ '내정불간섭'은 중국이 일관되게 주장해 온 대외관계의 핵심원칙이자 대외원조의 주요 원칙임. 대외원조에 있어 "어떠한 조건도 부가하지 않는" 중국의 이러한 내정불간섭의 원칙은 제3세계, 특히 아프리카나 중남미국가들과의 전략적 관계를 강화하는 수단임.

- 실제로 중국의 대외원조정책은 "대외원조를 무기로 원조수혜국의 인권개선과 정치개혁을 강화하려는" 서방 선진국이나 세계은행, IMF 등의 정책과 완전히 상반됨.

- 미국을 중심으로 하는 서방세계는 중국의 대외원조가 미얀마, 수단 등 제3세계 '불량국가'들을 지원하는 물적 기초가 될 수 있으며, "인권을 무시하고 폭정을 용인하는" 행위로 간주함.

○ 미국을 위시한 서방세계의 비판과 달리 중국은 '평화공존 5원칙'에 입각해서 원조 제공국과 수혜국의 평등관계를 강조하면서 수혜국의 기초인프라 개발과 사회발전 및 빈곤탈피를 명목으로 하는 대외원조를 지속하고 있으며, 서방세계의 제재로부터 고립된 이들 '불량국가'의 광범위한 환영을 받고 있음.

- 서방세계의 비난에 대한 중국 측 입장은 "원조제공국이 수혜국에게 어떤

조건을 부가하는 것은 일종의 불평등 관계이며, 이러한 서방세계의 조건부 원조는 제3세계 국가들에게 식민주의 혹은 강권주의적 행위로 인식된다", "실제로 미국이나 서방세계의 개도국에 대한 원조가 순전히 인권옹호와 인도주의적 견지에서 이루어지고 있는가는 의문이다" 등임.

- 실제로 상당수의 개도국들은 낮은 입찰가 제시와 대규모 중국노동력 동원을 통한 공사의 신속성은 물론이고 민주화, 좋은 거버넌스(good governance), 투명성 제고 등의 조건을 내세우는 서방국가들 및 국제기구와 달리 '비즈니스'에만 집중하는 중국의 대외원조방식에 호감을 나타냄(일종의 '베이징 컨센서스'의 확산).

○ 중국이 국제사회에서 '책임 있는 강대국'의 이미지와 소프트파워의 제고를 꾀하기 위해서는 내정불간섭 원칙과 인도주의적 위기 해결이라는 양 방면에서 적절한 균형을 찾아야 함.

- 중국이 대외원조에 있어 인도주의적 문제를 등한시하고 완전히 내정불간섭의 원칙만을 견지하면서 실리만을 추구하는 것은 탈냉전 이후 글로벌 시대에 적합하지 않을 뿐 아니라 국제사회의 공감을 확보할 수도 없기 때문임.

5. 결론 및 시사점

○ 개혁개방 이후 놀라운 경제적 성장을 통해 세계 강대국(G2)으로 부상함에 따라 국제사회로부터 '책임 있는 강대국'으로서의 행동을 요구받고 있는 중국의 입장에서 대외원조는 지속적 경제성장을 담보하고 국제적 영향력을 확산시킬 수 있는 유력한 수단임과 동시에 일종의 '부메랑 효과'로서 중상주의적 이익 추구와 '불량국가' 지원이라는 국제사회의 여러 비판에

직면하게 함.

○ 중국은 최근 들어 세계 1위의 외환보유고를 기반으로 대외원조를 확대하고 있는 추세이며, '베이징 컨센서스'라는 중국식 개발모델을 개도국에 확산시키고 있음. 이를 위해 자국의 실제상황을 고려함은 물론이고 선진국의 대외원조 경험을 흡수하여 현실주의에 입각한 중국특색의 대외원조 메커니즘을 구축해 가고 있으며, 다른 한편 대외원조 관련 이론연구의 강화, 대외원조 관련 입법화와 제도 구축, 국제적 다자원조기구와의 협력 강화 등 국제적 규범에 부합한 대외원조 메커니즘을 확립하기 위해 노력하고 있음.

○ 대외원조에 관한 중국의 현실주의적 관점, 즉 국가이익에 의해 추동되어 자국의 안보 및 전략적 이익, 정치·경제적 이익 추구는 미국을 위시한 서방세계의 우려를 불러일으키고 있으며, 특히 '내정불간섭' 원칙에 입각한 '불량국가'에 대한 무조건적인 대외원조 공여는 국제사회의 강력한 비판에 직면해 있는 것이 사실임.

○ 미얀마와 수단 등 두 '불량국가'에 대한 중국의 원조사례를 통해 볼 때, 중국은 원조 수혜국과의 관계 위상과 추구하는 목표 및 이익의 차이에 따라 각기 상이한 원조방식과 내용을 채택하고 있으나, 일정한 행동양식의 변화 속에서도 '내정불간섭원칙'을 일관되게 견지함으로써 미국 및 서방국가들의 제재 속에 있는 개도국에 대한 영향력을 확대하고 있음.

○ 미국을 중심으로 하는 국제사회의 대북제재가 보다 강화되고 있는 최근 상황에서 중국은 '북핵 이슈'와 별도로 북한에 대한 지속적인 경제원조와 협력을 통해 북한체제의 안정을 돕고자 하며, 이는 국제사회의 제재와 압박에 동참하기를 바라는 미국 및 한국의 기대와 동떨어진 독자적인 대북

접근법에서 기인한 것으로 해석됨.

○ 다른 한편으로 중국은 대외원조라는 효과적 수단을 통해 북한의 6자회담
으로의 복귀와 개방을 유도하려는 기본적 전략을 구사하고 있으며, 비록
간접적인 방식이긴 하지만 중국식 개발모델(개혁개방모델)의 수용을 통한
북한정권의 내구성 증진 요구 등 그동안 고수해 왔던 '내정불간섭 원칙'을
넘어서 북한과 내정 및 외교에서의 중대문제와 국제 및 지역정세, 국정경
험 등 공통 관심사항에 대한 사전소통체계를 구축하고자 함.[15]

○ 중국은 또 다른 '불량국가'인 북한에 대한 최대 원조 공여국이며, 향후 북
한의 변화를 유도할 수 있는 가장 영향력 있는 국가라는 점에서 한중 간
대북원조와 관련한 상호 이해와 협력의 증진을 통해 북한체제의 변화를
공동으로 모색해 나갈 필요가 있음. 또한 OECD DAC 회원국인 한국의 입
장에서도 국가이익의 추구와 함께 국제사회의 규범준수를 꾀하기 위한 자
기방식의 대외원조 메커니즘을 확립해야 하는 필요성을 고려할 때, 향후
중국 대외원조의 변화와 발전추세에 대한 지속적인 관심과 연구가 요망됨.

---

15) 원동욱·김재관, "중국의 대북정책과 동맹의 딜레마: 천안함 사건을 중심으로", 『현대중국연구』 제12집 1호, 2010
참조.

일본의 반핵평화주의와 안보현실

김미경(일본 히로시마 시립대학교-히로시마 평화연구소 부교수)

    1945년 8월의 히로시마와 나가사키의 원폭투하와 1946년 연합군 사령부에 의해 제정된 평화헌법은 일본의 반핵평화주의의 경험적, 제도적 장치가 되었다. 지난 60여 년간 일본인들은 강한 반전정서와 평화의 나라 일본이라는 아이덴티티에 자부심을 느끼는 것으로 나타났으나 1990년대 이후부터 등장하기 시작한 북한발 안보위협을 배경으로 일반여론은 점점 더 강경 보수화되는 성향을 보여 준다.
    보수적인 자민당 정권에 연이은 민주당 정권도 북한의 위협을 미국과의 안보동맹을 더욱더 돈독히 하는 정책적 재료로 이용하고 있다는 정황적 분석은 충분히 가능하다. 2009년부터 불거지기 시작한 미일 핵밀약설의 진상과 일본의 원자력 기술 수출노력과 핵연료 재처리 등의 정황 등으로 미루어 볼 때 일본의 일련의 움직임은 동북아지역의 군비경쟁 및 불안정의 중요한 변수로 떠오르고 있다.

2010-09-28

1. 안보맥락과 역사적 맥락

○ 2010년 9월 일중 간의 센카쿠(尖閣)열도(중국명 댜오위다오 釣魚島) 영유권 분쟁은 단순한 영토분쟁 이상의 청일전쟁(1895), 샌프란시스코 평화조약(1952)의 체결배경과 미국-구소련의 대립구도형성 과정, 냉전의 종식(1991)에 따른 지역패권 재편 등의 역사적 배경을 깔고 전개된 상황임.

○ 센카쿠(尖閣)열도 사태에 대한 중국 정부와 2010년 10월 현재 사천성 등을 포함한 대규모 반일 시위로 나타나고 있는 중국인들의 과민반응은 지난 '100년간의 역사적 수치'를 극복하고자 하는 중국의 저변정서를 이해하지 않고는 정확한 분석을 하기 어려움.[1]

○ 마찬가지로 동아시아지역에서 현재 일본이 진행 중인 영토분쟁들(러시아와의 북방영토분쟁, 한국과의 독도분쟁, 중국과의 남지나해 분쟁)은 깨끗이 청산되지 않은 과거 제국주의의 산물과 식민지시대 동안 점령했던 과거영토에 대한 집착, 그리고 일본의 주요 비교대상지역인 유럽대륙과 미국대륙에 대한 경쟁의식에 대한 이해를 필요로 함.

○ 중일 사이의 '기(氣)싸움'의 형태로 나타난 최근의 영토분쟁은 양국 간의 동북아지역에서의 패권경쟁의 한 단면이기에 독도문제에 효과적인 대처방안을 강구하기 위해서는 중일의 태도를 예의주시할 필요가 있음.

○ 정치안보상황의 이해, 분석 그리고 전망이 역사적 맥을 짚지 않은 현재주의의 관점만으로는 정확한 정책입안이 어렵다는 판단임.

---

1) 마이니치신문, 2010년 10월 18일자.

○ 이런 맥락에서 현재상황의 분석과 이해에 유의미한 일본의 근대사를 아래
　와 같이 요약, 정리함.

○ 반핵평화주의의 역사적 배경: 19세기 식민팽창주의와 일본의 대응
－ 1868년: 메이지유신(서양식 근대화의 기반마련).
－ 1876년: 강화도조약(조선이 자주국임을 명시, 불평등조약).
－ 1894~5년: 제1중일전쟁(중국에 대한 열등감 극복, 아시아에서의 입지강화).
－ 1895년: 시모노세키조약(조선이 자주독립국임을 명시).

○ 반핵평화주의의 역사적 배경(1): 전쟁의 20세기와 일본의 대응
－ 1902년: 영일동맹(탈아시아 정책의 본격적 발현).
－ 1904~5년: 러일전쟁(서양에 대한 열등감극복, 센카쿠 열도 등 영유권 침탈).
－ 1910년: 한일강제합병(독도영유권 등을 포함한 대한제국의 국권침탈).
－ 1912년: 메이지천황 사망(타이쇼시대 시작).
－ 1914년: 제1차 세계대전 참가(서양식 제국주의정책 본격가동).
－ 1915년: 중국에 21개조 요구(청 제국에 대해 영토권, 재산권 주장).
－ 1923년: 관동대지진(조선인 6천 명 이상 피살).
－ 1926년: 타이쇼천황 사망(쇼와시대 시작).

○ 반핵평화주의의 역사적 배경(2): 전쟁의 20세기와 일본의 대응
－ 1931년: 만주사변(중국침략의 발판마련).
－ 1933년: 국제연맹에서 탈퇴(미영 중심의 세계질서에 대한 반발).
－ 1940년: 독일, 이탈리아와 군사동맹.
－ 1941년: 태평양 전쟁, 러일 중립조약체결(진주만공격으로 촉발).
－ 1945년 8월 9일: 러시아 중립포기, 대일본 선전포고.
－ 1945년 8월 6일: 히로시마 원폭(Enola Gay기에서 Little Boy 투하).
－ 1945년 8월 9일: 나가사키 원폭(B－29 Bockscar기에서 Fat Man 투하).

- 1945년 8월 15일: 일본무조건항복(포츠담선언, 연합군 점령).

○ 히로시마: 반핵평화주의 상징
- 원자폭탄투하는 인류역사상 전대미문의 민간인 대량 학살이라는 전례를 남기고 히로시마 시는 일본의 반핵평화주의의 도덕적 상징으로 자리매김함.

[표 1] 히로시마와 나가사키시의 원폭피해[2]

	전체사상자		한국인 사상자					
	피해자	(즉사)	피해자	(즉사)	생존자	귀국자	일본 거주	한국 거주
히로시마	420,000	159,283	50,000	30,000	20,000	15,000	5,000	
나가사키	271,500	73,884	20,000	10,000	10,000	8,000	2,000	
전체	691,500		70,000	40,000	30,000	23,000	7,000	2,650

2. 반핵평화주의의 제도적 장치

○ 1957년 국방회의 및 각료회의에서 결정된 '국방의 기본방침'에 따라 전수방위(헌법정신에 따른 수동적 방위전략), 군사 대국이 되지 않을 것, 비핵 3원칙 준수, 무력에 대한 문민통제 확보를 기조로 확립함.[3]

○ 평화헌법(1946년 11월 3일), 제9조 제2장 전쟁의 전력보유 및 교전권의 포기조항[4]
- 제9조: 일본 국민은 정의와 질서를 기조로 하는 국제평화를 성실하게 희구

---

2) 출처: 한국인 원폭피해자 협회, 2008년 6월 17일 팩스자료. 정확한 원폭피해자의 수는 지금까지 확인되지 않고 있음. 일본인 피해자와 마찬가지로 한인 피해자의 수도 히로시마의 경우 수천 명에서 수만 명까지 다양함 (http://en.wikipedia.org/wiki/Atomic_bombings_of_Hiroshima_and_Nagasaki).
3) 일본 방위성 홈페이지(http://law.mod.go.jp), 2010년 10월 1일 접속.
4) 일본 전자정부 홈페이지(http://law.egov.go.jp), 2010년 10월 1일 접속.

하며, 국권의 발동으로서의 전쟁과 무력에 의한 위협 또는 무력의 행사는, 국제분쟁을 해결하는 수단으로서는 영구히 포기함.
- 제2항: 전항의 목적을 달성하기 위해 육, 해, 공군 그 이외의 전력은 보유하지 않음. 국가의 교전권은 인정하지 않음.

가. 비핵 3원칙

○ 1957년 미군 원자력부대의 일본 주둔을 거부한 후 사토 에이사쿠(佐藤榮作) 수상이 1967년 12월 11일 핵의 비생산, 비소유, 비도입의 비핵 3원칙을 발표하고 그 공로로 1974년 노벨평화상을 수상함.

○ 사토내각(1964~72년) 이후의 정권들은 핵밀약의 존재를 계속적으로 부정, 비핵 3원칙 준수를 천명하고 있음. 2010년 8월 6일 칸나오토 수상은 히로시마 평화 기념식 연설에서 비핵 3원칙의 준수를 천명하고 곧 이은 기자회견에선 미국핵우산의 필요성을 강조하는 일본안보현실의 딜레마를 노정시킴.[5]

○ 일본정부는 영토 내 미국 측에 의한 핵 반입의 가능성에 대하여 "사전협의가 없었으므로 핵 반입도 없었다"는 공식적 입장을 견지하고 미국정부도 "긍정도 부정도 하지 않겠다"는 입장을 표명함.

○ 일본정부의 공식적 입장은 다음과 같음:
- 핵 반입 시 사전협의가 필요.
- 지금까지 한 번도 사전협의가 없었으므로 핵이 반입된 적이 없음.
- 사전협의가 있다면 거부할 방침.

---

5) 츄코쿠 신문, 2010년 8월 6일자.

나. 미일 핵밀약설에 관한 진실

○ 1981년 라이샤워 전 주일미국대사가 마이니치신문과의 인터뷰에서 "미일 양국의 이해 하에 핵무기 탑재 미 군함이 일본 기지 내에 기항 중"이라고 발언함.

○ 1999년, 1963년 당시 라이샤워 주일 미 대사와 오히라 외무대신 사이의 '일본 내 미군기지에 핵무기 반입을 승인한다'는 내용의 미국무성과 미 대사관 자료가 발견됨.

○ 2008년 11월 9일, NHK방송이 한국전 중 핵무기를 탑재한 해군항모 USS Oriskany가 요코스카 항에 기항했다는 사실을 보도함.

○ 2009년 6월 1일, 교도통신과 지방지가 밀약설을 보도한 후 익명의 전 외무성 차관이 밀약의 존재를 확인함. 하지만 당시 나카소네 히로부미 외상은 이를 부인함.

○ 2009년 11월, 당시 하토야마 내각의 오카타 외상이 밝힌 미일 4개항의 핵밀약의 내용
- 1960년 1월: 미·일 안보조약 개정 시 핵 반입에 관한 밀약.
- 1960년 1월: 한반도 유사사태 발생 시 공동작전수행에 관한 밀약.
- 1972년: 오키나와 반환 협상 당시, 유사시 일본영내에 핵 반입에 관한 밀약.
- 1972년: 오키나와 반환 협상 당시 원상회복보상비를 일본이 부담한다는 밀약.

○ 2010년 ¾월호 *Foreign Affairs*지에 라이샤워 전 주일 미 대사의 특별보좌관이었던 George R. Packard 씨가 베트남 전쟁 중이던 1966년, 이와쿠니 미군

기지에 핵무기를 3개월간 보관했다고 주장함.

○ 나카소네 야스히로 전 수상의 2010년 3월 30일 NHK 방송 중의 발언은 "수상 재직 시 외무부로부터 문서상으로는 존재하지는 않지만 (미일간의) 관행과 신뢰를 바탕으로 미국 핵이 영토 내에 있다는 사실과 미국 핵의 영해통과도 묵인하고 있다"는 보고를 받았으며 "비핵 3원칙에 맞지 않는다고 생각할 수도 있지만 이런 관행을 굳이 입 밖으로 낼 필요는 없다. 이것이 정치의 지혜다. 일본의 안전보장을 담보 받기 위한 장치로 이해해야 한다."

⁑ 3. 일본의 핵 비확산(NPT) 노력

○ 핵 비확산 조약(Non Proliferation Treaty): 미국, 영국, 프랑스, 러시아, 중국 등의 5개 핵보유국을 제외한 나머지 국가들의 핵 보유를 금지하는 전형적인 불평등 조약[6](1963년 유엔논의 / 1968년 62개국 조인 / 1970년 발효 2008년 12월 현재, 190국이 체결).

○ 1970년 2월, 핵 비확산 조약을 서명하고 1976년 6월 핵 비확산 조약을 비준한 일본은 NPT의 당위론적 기본정책노선을 추구하여 국제적 핵군축, 비확산을 목표로 국제원자력기구(IAEA), 포괄적 핵실험금지조약(CTBT)을 중심으로 하는 NPT체제를 지향함.

○ 국제사회에서 기울인 노력의 예를 보면 다음과 같음:
– 1995년 NPT회의에서 호주와 함께 "중동지역 비핵화"의 목표를 적극 추진함.

---

6) 2010년 10월 5일, "21세기 핵 도전과 대응(Nuclear Challenges and Responses in the 21st Century)," 외교안보연구원 국제회의, 모하메드 엘조카니 주한 이집트 대사의 발제와 토론

- 2009년 4월 5일 버락 오바마 대통령의 프라하에서의 "핵 없는 세상" 연설
  에 적극 동참하는 오바마조리티(Obamajority=Obama+Majority)캠페인을 히
  로시마 시가 동년 8월에 시작함.
- 2010년 5월 NPT재검토 회의에서 반기문 유엔 총장과 IAEA 아마노 유키야
  의 모두(慕頭)연설.

⁘ 4. 일본 NPT 레짐의 모순

가. 경제적 이익추구

○ NPT 비조인국과 CTBT 비서명국인 이스라엘, 인도, 파키스탄 (북한) 등과
  경제관계를 지속하여 핵 비확산 문제와 경제 분야를 분리하는 성향을 보임.

○ 인도와 원자력협력회의를 지속중인데 현재 뉴델리 정부는 핵실험 모라토
  리움을 선언한 상태임.

○ 인도의 농축우라늄 계획을 저지한다는 유엔의 입장은 지지하는 동시에 원
  자력발전소 건설계약체결을 위한 협의는 진행 중임.

○ 만약 일본과 인도의 원자력협정이 체결되고, 인도의 핵실험이 진행된다면,
  핵 비보유국으로 핵무기제조 기술이 이전되는 선례로 남을 가능성이 높아짐.

나. 우라늄 과잉재생산

○ 현재 세계적으로 250톤의 민수용 우라늄이 비축된 상태임.

○ 미국, 한국, 캐나다, 스웨덴, 핀란드, 독일, 벨기에, 스페인 등의 국가들이 재처리를 하지 않고 있음.

○ 일본, 프랑스, 영국, 러시아 등의 국가들이 재처리를 고집(중국과 인도도 곧 재처리할 방침)하고 있기에 원자력의 평화적 이용이라는 NPT 레짐의 목표에 부합하지 않을 가능성이 높음.

○ 북한, 일본, 중국 사이의 역학변동 등으로 동아시아 지역에 "심리적 군비 경쟁"을 조장할 가능성이 있음.

다. 북핵 상황에 대한 일본의 반응

○ 다음과 같이 북핵 상황의 일지를 요약, 정리함.
- 1992년 2월 19일: 한반도비핵화 선언(핵무기개발금지, 평화로운 목적의 핵 에너지 사용, 핵 재처리/우라늄농축금지).
- 1992~3년: IAEA현장조사과정에서 의문점 발견.
- 1993년: NPT 탈퇴(제1차 북핵 위기).
- 1994년: 북미 제네바 합의(핵시설 동결, 경수로원자로의 완성 시 기존시설 철거, 북미관계 정상화).
- 1995년: 한반도에너지개발기구(KEDO) 창설.
- 2002년: 김정일-코이즈미 평양회담.
- 2003년: NPT 탈퇴 선언.
- 2005년: 핵보유 발표하고 KEDO는 해체 당함.
- 2006년: 미사일 발사(제1차 핵실험).
- 2009년: 미사일 발사(제2차 핵실험).

○ 일본의 대응

- 미일 미사일공동개발참여: 1980년 레이건 행정부의 Strategic Defense Initiative (일명 Star Wars) 정책 이후 일본은 미국과의 공동미사일 방어체제 개발에 참여.

- 1998년: 북한의 대포동 미사일 발사 후 적극적으로 개발에 나섬.

- 2003년 12월 9일: 내각은 "탄두미사일방어시스템 도입"을 결정.

- 2005년: 이를 위해 "무기 수출에 관한 3가지 원칙에 관한 법령"을 개정.

- 2007년 12월: 콩고호에서 발사된 1,000km 중단거리 에이지스 대미사일 방어시스템 실험 성공.

- 2008년 1월 4일: 콩고호를 나가사키 현 사세보시 소재 항공 자위부대에 배치

- 현재: 에이지스 대미사일 방어시스템(Aegis ballistic missile defense system)과 페이트리엇 방어시스템을 개발 중(Patriot Advanced Capabilities – 3, or PAC – 3).

- 2008년 9월: PAC – 3 미국 뉴멕시코 실험성공.

- 2008년 11월: 뉴 에이지스 대미사일 방어시스템 실험 실패.

- 2010년 3월: 미사일 방어(MD) 계획에 따라 2007년부터 도입한 지대공 유도미사일 패트리어트(PAC)III탑재 이지스함을 모두 4척으로 늘리고 지휘통제와 통신체제 강화를 목표로 경제관제 레이더(FPS) 구축을 확대할 계획을 수립.

라. 일본의 반핵평화주의를 평화운동으로 재정의할 필요

○ 이데올로기인 이념이 필수적으로 가져야하는 불변의 전제를 제시하지 못함.

○ 일본의 반핵평화주의는 불변의 도덕적 가치관을 추구하는 철학적 사조라기보다는 현실적 필요에 따라 운용의 묘를 발휘하는 일종의 정치사회운동으로 인식할 필요가 있음. 일본은 국제사회에서 반핵평화주의를 주도할

만한 철학에 기반을 둔 도덕적 리더십을 갖지 못함.

○ 일본의 수사학적 이상주의와 현실적 정책행태 사이의 간극을 정확히 분석한 뒤 한국도 이에 상응하는 정책을 취할 필요가 있음.

⁝⁝⁝ 5. 일본의 향후 정책 전망

가. 법적인 관점

○ 평화헌법 개정의 움직임: 현재 평화헌법 제9조에 의하면 미국을 포함한 제3국의 방위를 포함한 집단 방위적 군사행동은 금지됨.

○ 2009년 8월 발표된 '안전보장과 방위력에 관한 보고서'는 상기 '국방의 기본방침'이 지난 50년 동안 수정되지 않아 일본의 현실적 안전보장정책을 결정하는 데 충분하지 않다고 평가함. '문민통제' 및 '군사대국이 되지 않음'은 여전히 중요하나 세계안보환경의 변화로 현재는 기존 '전수방위'의 상황과 다르다는 의견을 제시함.

○ 일본 방위성은 일본이 주권독립국이기 때문에 헌법 제9조는 주권국가로서의 고유한 자위권을 부정하는 것은 아니라고 설명함. 또한 방위성은 '보유할 수 있는 자기방위 능력은 필요한 정도의 최소한이어야 한다'라고 밝히고 있으나 어느 정도의 자위능력이 필수불가결한 '최소한'의 수준인지 논란의 여지가 존재함.

○ 일본 헌법 제9조상 인정되는 '자위권의 발동 요건'에 대한 일본 정부의 해석에 따르면 일본에 급박하고 정당하지 못한 침해가 있을 것, 이와 같은

침해를 제거하기 위해 다른 적절한 수단이 존재하지 않을 것, 필요최소한의 실력행사에 그칠 것임.

○ 2009년 8월 발행된 '안전보장과 방위력에 관한 간담회 보고서'는 북한 탄도미사일 공격에 대한 방위를 위해 기존 집단적 자위권에 대한 해석을 수정하여 요격을 가능하게 해야 한다고 주장함.

나. 기술적인 관점

○ 현재까지는 대공방어미사일의 능력이 검증되지 않은 상태임.

○ 미일 양국은 대륙 간 탄도미사일에 대응할 수 있는 SM-3 Block II A를 개발 중임.

○ 만약 성공한다고 해도 헌법상의 제약이 있음.

○ 고도로 통제된 상황에서 성공한 실험이 실제상황에서 성공할 확률은 무척 낮음.

○ 마지막으로 실제상황 전 궤도나 발사 장소나 시간 등의 필요한 정보를 입수하기는 불가능하기에 현실성이 떨어진다는 판단임.

다. 국내여론의 보수화추세

○ 아직까지는 반전평화중심의 여론이 대세임.

○ 일련의 북한발 도발과 중국과의 갈등으로 여론도 강경화되는 추세임.
- 2006 내각처 여론조사: 56.5% 미사일 방어를 지지.
- 2006 요미우리 신문 여론조사: 60% 미사일 방어를 지지.

○ 반대여론의 대부분은 높은 개발비 부담을 주요 원인으로 꼽음(2010년까지 74~89억 달러 정도의 예산이 들 전망).

라. 군사력 증가추세[7]

○ 2007년 1월 방위청은 방위대로 승격됨.

○ 2009~2010년 일본방위백서에 따르면 일본의 육군은 13.8만에서 14.3만으로 증가했고, 해군보유 군함 톤수는 34.5만 톤에서 44.9만 톤으로 증가함.

○ 육상자위대: 90전차 등 대부분 자국에서 개발한 무기체계를 보유, AH-64D 등 항공기는 미국 무기체계를 보유함.

○ 해상자위대: 이지스함(6척)을 비롯한 첨단 무기체계 보유함(세계 2위 수준).

○ 항공자위대: F-15(22대), 조기경계관제기(E-767/4대)를 비롯한 미국 무기체계를 중심으로 자국에서 개량한 F-2항공기를 보유함.

○ 미일 연합 소해훈련이 2010년 7월 14~16일 동안 츠가루해협의 무츠만 일대에서 거행됨.

---

7) 2009, 2010년판 일본방위백서.

마. 중국의 반응

○ 중국은 미일 공동미사일 방어능력프로그램으로 인해

－ 대중국 핵 억지력이 증가함.

－ 일본의 재무장 가능성의 길이 열림.

－ 대만의 저항력이 증가함.

－ 동아시아의 무기경쟁이 가속화됨을 우려.

－ 지역 내의 힘의 균형이 깨질 가능성을 우려.

－ 결국 일본의 미사일 개발은 동아시아의 평화를 저해할 가능성이 높음.

[표 2] 일본 및 동북아 주요국 국방비   (단위: 억 달러)[8]

구분	2004	2005	2006	2007	2008	순위
일본	443.3	451.4	456.6	398	463	7
미국	4,365	4,439	5,287	5,489	6,007	1
중국	250.4	295	495	434	849	2
러시아	136	198	347	316	586	5

○ 중국의 공세적 부상(aggressive rising)으로 동아시아 내부 역학관계의 변화
를 초래해 일본의 방위, 안보체제에 변화의 동인으로 작용할 가능성이 높음.

바. 천안함과 센카쿠 영토분쟁 이후의 움직임

○ 국내적 상황을 고려할 때 중국, 러시아와의 해상 훈련 마찰, 천안함 사태
로 고취된 안보경각심의 여론으로 군비증강으로 이어질 우려가 있음.

○ 2010년 9월 23일 미일 외교장관 회담 시 미국은 ‘센카쿠 열도는 미일 안보

---

8) 출처: 스톡홀름평화연구소(2009 연감).

조약 제5조의 적용대상'이라는 입장을 밝힘. 미 국방부도 동일한 입장을
표명함. 미일 양국의 '중국의 공세적 부상에 대한 경계'라는 공통의 이해
관계가 양국관계의 구심점이 될 전망에 의해 중국의 부상과 평시작전개념
강화의 가능성이 있음.

○ 2010년 6월 30일~7월 10일 동안 중국 해군이 저장성 저우산(舟山)에서 타
이저우(台洲) 동쪽 연안 해역에서 해상훈련 실시, 중국 해군의 미사일 구
축함과 프리깃함이 오키나와 본섬과 미야코지마(宮古島)사이 공해를 항해
하는 것을 자위대 호위함 '기리사메(霧雨)'가 포착함.9)

○ 2010년 들어 관찰되는 중국(남중국해 및 조어도) 및 러시아(북방영토)와의
긴장관계를 방위계획대강(防衛計計畵の大綱)10)에 반영시킬 가능성이 높음.

---

9) 매일경제, 2010. 7. 26일자.
10) 방위계획대강(防衛計画の大綱)은 일본의 국방정책의 기본적 방침. 안전보장회의를 거쳐 각의에서 결정되며 2010
년 말 개정될 예정.

중일 첨각열도 해양영토분쟁:
평화적 관리 방식의 전환기?

최희식(국민대학교 교수)

최근의 첨각열도 영토분쟁을 통해 중일 간 영토분쟁이 부각되고 있다. 하지만 그 이전에는 중국과 일본은 영토분쟁을 전면화하지 않고 관리하는 방식을 취하고 있었다.

중일 첨각열도 해양영토분쟁은 첨각열도의 영유권 문제, 어업문제, 동중국해 가스유전 문제로 나누어 볼 수 있다. 첨각열도 영유권 문제는 다나아게(棚あげ) 방식(영유권 문제를 보류한 채 양자간 관계를 발전시키는 방식)을 취하고 있었다. 어업문제는 잠정수역방식(중일 양국이 영유권을 주장하는 첨각열도 북부 주변을 잠정수역으로 설정하여 상호 자유 어업 활동을 보장하는 방식)과 협정 비적용방식(첨각열도 다른 주변에 대해서는 어업협정의 대상지역에서 제외하는 방식)을 취하고 있었다. 동중국해 가스유전 문제는 2008년 공동개발 방식(상호 주장하는 EEZ 중첩부분에서 자원을 공동 개발하는 방식)에 도달하였다.

최근의 첨각열도 분쟁이 이러한 '평화적 관리방식'을 와해시키는 듯 보이지만, 1972년 이래 오랜역사를 두고 외교방식을 통해 첨각열도를 둘러싼 해양영토 문제를 해결해 오려던 중국과 일본의 노력은 계속 이어질 것이다. 그것은 평화적 관리 방식 이외에 어떠한 대안이 존재하지 않기 때문이다.

하지만 중일 첨각열도 해양영토분쟁에 있어 한국의 어업활동(한일 잠정수역과 중일 중간수역의 중첩) 및 대륙붕 개발(한일 대륙붕 공동개발 구역의 지하단층과 중일 가스 유전 공동개발 지역의 지하단층 중첩 가능성)이 밀접히 연관되어 있다는 점을 염두에 두면, 중일 해양영토분쟁의 평화적 관리 차원을 넘어 한·중·일 해양영토분쟁의 평화적 관리라는 다자적 측면을 도입해야 할 것으로 보인다.

1. 들어가며: 중일 해양영토분쟁 관리의 메커니즘

○ 최근의 첨각열도 영토분쟁을 통해 중일 간 영토분쟁이 부각되고 있음. 보편적으로 첨각열도 영유권 분쟁을 중국과 일본 간의 갈등을 유발하는 중요한 요인으로 인식하는 경향이 강함.

- 최근의 첨각열도 영토분쟁 이전에는 중국과 일본이 영토분쟁을 전면화하지 않고 이를 평화적으로 관리하는 방식을 취하고 있었음.

- 이는 동아시아 영토분쟁의 해결방안을 모색함에 있어 중요한 시사점을 제공하고 있음.

○ 중일 첨각열도 해양영토분쟁은 첨각열도의 영유권 문제, 어업문제, 동중국해 가스유전 문제로 나누어 볼 수 있음.

- 첨각열도 영유권 문제는 다나아게(棚あげ) 방식(영유권 문제를 보류한 채 양자 간 관계를 발전시키는 방식)을 취하고 있었음.

- 어업문제는 잠정수역방식(중일 양국이 영유권을 주장하는 첨각열도 북부 주변을 잠정수역으로 설정하여 상호 자유 어업 활동을 보장하는 방식)과 협정 비적용방식(첨각열도 다른 주변에 대해서는 어업협정의 대상지역에서 제외하는 방식)을 취하고 있었음.

- 동중국해 가스유전 문제는 2008년 공동개발 방식(상호 주장하는 EEZ 중첩 부분에서 자원을 공동 개발하는 방식)에 도달하였음.

- 즉, 지금까지 첨각열도를 둘러싼 영토분쟁은 영유권 문제와 자원문제의 분리를 통한 평화적 관리 방식이 시도되며 양호하게 관리되었음.

○ 본 연구는 첨각열도를 둘러싼 중일 해양영토분쟁의 경과와 외교적 타결 노력을 살펴봄으로써 동아시아 영토분쟁의 해결을 위한 시사점을 도출하고자 함.

- 본 연구는 최근까지 첨각열도 문제를 둘러싼 중국과 일본의 정책을 살펴봄으로써, 영유권 문제와 자원의 이용문제를 분리시킴으로써 영유권 분쟁이 중일관계를 결정적으로 악화시키지 못하도록 '관리'하는 방식이 정착되어 가고 있다는 사실을 부각시키고자 함.
- 동시에 이러한 방식은 독도 문제를 둘러싼 한국과 일본의 정책과도 유사하며, 향후 동아시아 영토분쟁 해결에 있어 중요한 시사점을 제공한다는 사실을 명확히 하고자 함.

2. 첨각열도 해양영토분쟁의 평화적 관리 방식

가. 첨각열도 영유권 문제[1]: 다나아게 방식[2]

○ 1972년 중일 국교정상화
- 1972년 9월, 중일 국교정상화 교섭에서 주은래의 언급.
  "센카쿠 열도에 대해 이번에는 이야기하고 싶지 않다. 지금 이것을 논의하는 것은 바람직하지 않다. 석유가 나오기 때문에 이것이 문제가 되었지만, 석유가 나오지 않으면 미국이나 대만도 문제시하지 않을 것이다."

○ 1978년 중일 평화우호조약
- 첨각열도의 분쟁화.
  1978년 4월: 중국 어선 100척이 첨각열도 주변 어업.
  　　　5월: 일본 우익단체 "대일본 적성회" 첨각열도 상륙.

---

1) 중국과 일본의 첨각열도 영유권 주장의 개요에 대해서는 이하를 참조. 濱川今日子 "尖閣諸島の領有をめぐる論点" 『調査と情報』(565호), 2007. 윤동열, "중일 조어도 문제: 중국 측 입장" 『해외정보』(15호), 1996.
2) 다나아게 방식에 대한 합의 과정은 이하의 손기섭 교수 논문을 주로 참조하였다. 손기섭, "중일 해양영토분쟁", 진창수편, 『동북아 영토분쟁과 일본의 외교정책』, 세종연구소, 2008.

8월: 일본 우익단체 "일본 청년사" 등대 설치.
- 중일 평화우호조약 체결 시 등소평은 "이러한 문제는 지금은 자세히 논의할 때가 아니다. 옆에 제쳐두고 나중에 차분히 토론하여 상호 받아들일 수 있는 방법을 천천히 모색하면 된다. 현 세대가 방법을 모색하지 못하면, 다음 세대가, 다음 세대가 방법을 모색하지 못하면 그 다음 세대가 방법을 모색하면 된다." 라고 발언함.
- 1979년 10월 23일, 일본 기자클럽에서의 등소평은 "첨각열도를 중국에서는 조어도라고 부른다. 이름부터 다르다. 확실히 첨각열도 영유권 문제에 대해 중일 양방의 주장에 차이가 있다. 국교정상화 시, 양국은 이것을 언급하지 않기로 약속했다. 금회 평화우호조약 교섭에서도 언급하지 않는 것에 일치했다. (중략) 이 문제는 일시적으로 다나아게해도 상관없다, 다음 세대는 우리보다 더 지혜가 있을 것이다. 모두가 받아들일 수 있는 해결방법을 찾아낼 것이다." 라고 언급함.

○ 영유권 분쟁의 관리 방식
- 첨각열도 문제보다 중일관계에 더 높은 전략적 가치를 부여.
- 중일관계의 발전을 위해 첨각열도 문제를 회피(다나아게 방식).
- 이후 중국 운동가들의 상륙 시도, 일본 우익단체의 실효지배 강화노력이 있었지만, 중일관계를 결정적으로 악화시키는 일은 없었음(이하 사건일지 참조).

○ 다나아게 방식의 해석을 둘러싼 중일 이견
- 일본은 중일 국교정상화 및 평화우호조약 체결 상에 나타난 다나아게 방식으로 일본의 첨각열도에 대한 실효지배를 확인했다고 판단하고 있음.
- 반면 중국은 첨각열도에 대한 중국의 영유권 주장을 통해 이 지역이 분쟁 상황에 있다는 점을 확인했다고 보고 있음.
- 이러한 상이한 해석은 후술하는 신(新)어업협정의 문제점과 조합하며 중

일 어업분쟁을 유발하고 있음(후술하는 '어업문제' 참조).

○ 독도 문제와의 유사성3)
- 한일 회담 시의 독도 문제: '분쟁해결에 관한 교환공문' 방식으로 타결.
- 독도에 대한 잠정적 타결: 일본이 한국의 실효적 지배를 암묵적으로 인정
  하고 한국은 독도에 대해 조용한 실효지배를 하는 방식, 향후 독도문제가
  한일관계에 영향을 미치지 않도록 관리하는 방식에 대해 한일 양국 간 묵
  시적 합의가 이루어짐.
- '교환공문'에 양국 간 분쟁에 독도를 기재할 것인가 여부를 놓고 한일이
  갈등함. 결국 독도를 기재하지 않으나, 일본 정부가 국내적으로 독도가 포
  함되어 있다고 선전하는 것에 한국이 이의를 제기하지 않으며, 한국이 양
  국 간 분쟁에 독도가 포함되어 있지 않다고 주장하는 것에 일본이 이의를
  제기하지 않는 것으로 타협함.

○ 90년대 이후 첨각열도 사건일지4)
- 1979년 5월: 일본 해상보안청 첨각열도에 헬리콥터 착륙장 설치를 위해 순
  시선 파견. 이후 중국 정부의 항의로 철거됨.
- 1989년: 일본우익단체가 등대를 보수한 후 정식으로 항로 표지 허가를 정
  부에 요청했으나, 중국 및 대만의 반발로 허가를 보류.
- 1990년 2월: 대만 어선 2척 상륙시도.
  10월: 대만, 등대철거를 요구하며 해상시위.
  중국, 공동대응 천명.
- 1992년 2월: 중국 영해법 제정. 첨각열도 자국령으로 기재.
- 1996년 7월: 일본 우익 단체 '일본 청년사' 등대 설치, 항로표지 허가 요청

---

3) 한일회담 시와 그 이후의 독도영유권 문제에 대한 한일 양국의 태도에 대해서는 다음을 참조. 최희식, "한일회담
에서의 독도영유권 분쟁", 『국가전략』(15−4호), 2009.
4) 이하의 자료를 바탕으로 최근의 것을 포함한 것임. 동북아시대위원회 편, "주변 4국의 중장기 동북아 안보전략분
석", 동북아시대위원회 2005, 김영대, "조어도 분쟁과 우리의 과제", Info−Brief(80호), 1996.

했으나 중국 반발로 허가 보류.

　　7월: 대만 어업협회 주도로 항의 어선단 파견.

　　8월: 중국 일본에 첨각열도 영유권 포기 요구.

　　9월: 홍콩 시민 상륙시도.

　　10월: 중국이 해양조사선 파견, 일본이 강제 퇴거 조치.

　　10월: 대만과 홍콩 민간인 상륙시도.

- 1997년 5월: 일본 신진당 국회의원 첨각열도 상륙.

　　5월과 7월: 대만 항의 어선단 상륙시도.

- 1998년 6월: 대만과 홍콩 민간인 상륙시도.

- 2001년 5월: 일본 우익단체 '일본인의 모임' 상륙, 시위.

- 2002년 4월: 일본 정부 센가쿠 열도 내 토지소유자와 임차계약 체결.

- 2003년 1월: 중국과 대만, 일본의 임차권 행사 항의.

　　6월: 홍콩 시민 15인 상륙기도.

　　10월: 중국과 홍콩 민간인 10명 상륙기도.

- 2004년 3월: 중국인 7인 첨각열도 상륙.

　　　　　일본 정부 이들을 체포 강제송환 → 중일관계 악화.

　　3월: 일본 중의원 안전보장위원회 '일본 영토보전에 관한건' 전원
　　　일치 가결.

　　4월: 대만 정부 첨각열도를 토지 등기한 사실 밝혀짐.

- 2005년 2월: '일본 청년사'가 설치한 등대, 일본정부가 국유화하여 해상 보
　　　안청이 보수 관리한다고 발표.

- 2007년 10월: 중국 항의 어선 상륙시도.

- 2008년 6월: 대만 어선 상륙시도, 일본 순시선과 충돌 침몰.

　　　　　→ 일·대만 관계 악화.

　　12월: 중국 해양조사선 파견.

- 2010년 9월: 중국어선과 일본 순시선 충돌사건.

나. 어업문제: 잠정수역 방식 및 협정 비적용 방식

○ 중일 신(新)어업협정

- 1997년 중일 신(新)어업협정 체결.
- 첨각열도 북부 주변(북위 27도 이상)을 '잠정조치 수역'으로 설정.
- 신(新)어업협정의 발효가 지연되는 상황 속에서 2000년 2월 중일 양국 정부가 '잠정조치 수역' 위에 '중간수역'을 새롭게 설치함으로써 같은 해에 발효됨[5]([그림 1] 참조).
- 첨각열도 다른 주변(북위 25~26도 사이)은 어업협정의 대상 지역이 아니며, 회색지대로 존재.
- 이는 중일 국교정상화 및 평화우호조약 체결 당시의 다나아게 방식을 존중하며, 상호 자제할 수 있다는 믿음에 기인한 것으로 추정됨. 동시에 신(新)어업협정이 어업문제와 영유권 문제를 분리해서 진행되었음을 알려주는 것임.

○ 중일 신(新)어업협정 7조

- 제1항: 다음 직선으로 연결된 선에 의해 둘러싸인 수역(이하 잠정조치수역)에 있어서는 제2항과 제3항의 규정을 적용한다(생략).
- 제2항: 양 체약국은 제11조 규정에 기초하여 설치되는 중일어업공동위원회 결정에 따라 잠정조치수역에 있어서 각 체약국의 전통적인 어업활동에의 영향을 고려하면서 해양생물자원의 유지가 과도한 개발에 의해 위협받지 않도록 하기 위해 적당한 보존조치 및 양적인 관리조치를 취한다.
- 제3항: 각 체약국은 잠정조치수역에 있어서 어업활동을 하는 자국 국민 및 어선에 대해서 규제 및 기타 필요한 조치를 취한다. 각 체약국은 당해 수역에 있어서 어업활동을 하는 타국의 국민 및 어선에 대해 규제 및 다른

---

5) http://www.jfa.maff.go.jp/rerys/12.02.27.1.html, "新しい日中漁業協定の発効に関する閣僚協議の結果について", 日本水産庁(2000년 2월 27일).

조치를 취하지 않는다. 다만 체약국은 다른 체약국의 국민 및 어선이 제11
조 규정에 기초하여 설치된 중일 어업공동위원회가 결정하는 조항에 대한
규제를 위반하고 있다는 사실을 발견한 경우, 그 사실에 대해 당해 국민
및 어선의 주의를 환기시킴과 동시에, 다른 체약국에 이 사실 및 연관된
상황을 통보할 수 있다. 다른 체약국은 이 통보를 존중하고 필요한 조치를
취한 후, 그 결과를 체약국에 통보한다.

○ 어업협정의 문제점
- 일본은 중일 국교정상화 및 평화우호조약 체결 시 첨각열도에 대한 일본
  의 실효적 지배를 인정받았다고 믿고, 첨각열도 주변의 중국 어선에 대한
  규제를 강화했음. 이는 한일 신(新)어업협정에서 '잠정수역'으로 설정된
  독도주변에 대한 한국의 일방적 어업활동과 비슷한 상황으로 이해됨.6)
- 중국은 첨각열도 영유권 문제는 미해결 상태로 어업협정에서도 적용대상
  이 아니므로 자유롭게 어업활동을 할 수 있다고 보고 있음.
- 최근 문제가 된 중국어선과 일본 순시선 충돌 사건은 신(新)어업협정에 회
  색지대로 남아 있는 지역에서의 마찰이며, 이미 언급했듯이 다나아게 방
  식으로 처리된 첨각열도 영유권에 대한 중국과 일본의 상이한 해석에 기
  인한 것임.
- 이에 따라 향후 중국과 일본은 잠정조치 수역에 포함되어 있지 않은 첨각
  열도 주변에 대한 어업교섭이 필요하다는 사실을 인지했다고 볼 수 있음.
- 동시에, 한일 신(新)어업협정에 의해 설정된 한일 잠정수역과 중일 중간수
  역이 겹쳐 있음([그림 1] 참조).

○ 한일 어업협정과 독도
- 중일 신(新)어업협정은 첨각열도 북부 지역을 제외하고 첨각열도 다른 주

6) http://www.jfa.maff.go.jp/sakaiminato/kantoku/kyoutei_joukyou.html, "日本海の暫定水域を巡る状況(2009年7月現在)", 水産庁境港漁業調整事務所.

변을 어업협정의 대상지역에서
제외시켜 지속적인 갈등을 불러
오고 있음. 결국 한일 어업협정과
같이 문제 지역을 잠정수역으로
책정할 가능성이 높다고 보임.

- 1965년 한일 어업협정: '공동규제
  수역'.
- 1998년 한일 신(新)어업협정: 한일
  어업공동위원회 관리하의 '잠정
  수역'.

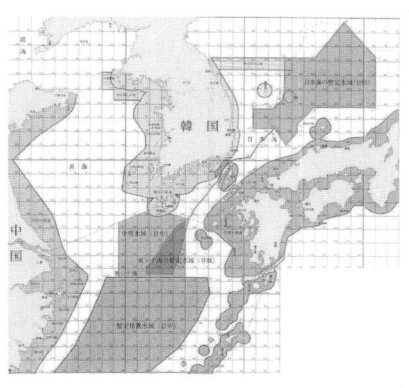

출처: 水産庁境港漁業調整事務所
[그림 1] 일본의 잠정수역 및 중간수역

다. 동중국해 가스유전 개발 문제: 공동개발 방식

○ 중일 EEZ 분쟁과 지하자원
- 일본은 첨각열도를 포함한 직선기선으로 200해리의 EEZ를 주장하고 있으
  며, 중국은 자연적 연장원칙에 입각해 오키나와 토라프(沖縄トラフ, 舟狀
  海盆)까지 EEZ를 주장하고 있음[7]. 이에 일본은 양국 해안선으로부터의 등
  거리, 즉 '중일 중간선'을 EEZ 경계로 하자는 주장을 하고 있음.[8]
- 2004년 5월, 중국이 '중일 중간선' 접근 중국 측 EEZ에 있는 春曉[일본명
  시라카바(白樺)], 斷橋[일본명 구스노키(楠)], 天外天[일본명 가시(樫)], 龍
  井[일본명 아스나로(翌檜)]에서 가스 유전 개발 작업을 하고 있는 것이 밝
  혀짐([그림 2] 참조).
- 일본의 조사 결과, 시라카바와 구스노키 지하단층이 '중일 중간선'을 넘어
  일본 측 EEZ에 연결되어 일본 자원까지 채굴할 수 있으며, 가시와 아스나

7) 김용환, "중국의 해양경계선과 그 획정방법에 관한 국제법적 검토" 『해양정책연구』(23권 1호).
8) http://www.mofa.go.jp/mofaj/area/china/higashi_shina/tachiba.html, "東シナ海における資源開発に関する我が国の法的
   立場" 日本外務省(2006년 11월).

로의 경우 그 가능성이 높다고 확인함.

- 이에 일본은 중국의 개발 작업을 즉시 중지하고, 지하단층에 대한 자료를 제공할 것을 요구했으나, 중국은 이를 거절.
- 2005년 중국이 이들 유전에 대해 '중일 중간선' 밖 일본 EEZ 영역에 한해 공동개발을 제안함. 이에 일본은 10월, 4개 유전에 대한 공동개발을 제안함.

○ 2008년 중일 공동개발 합의
- 2008년 6월 18일, 중일 정부는 시라카바와 아스나로의 유전 공동개발에 합의하고, 구스노키에 대해서는 빠른 시일 내에 공동개발을 실현하도록 노력할 것을 합의.
- 이러한 공동개발 합의는 당시 후쿠다 내각의 아시아 중시외교, 고이즈미 수상의 야스쿠니 참배 이후 소원해진 중일관계를 개선하려던 중국 정부의 노력에 기인한 것임.
- 아스나로는 1978년 한일 대륙붕 협정에서 한일 간 EEZ 경계가 확정되기 전까지 잠정적으로 공동개발 구역으로 설정된 지역 부근에 존재하여 자원 개발 문제를 두고 향후 한국과의 마찰이 우려됨[9]([그림 2] 참조).

---

9) 마이니치 신문 2008년 6월 20일자.

출처: 마이니치신문(숫자는 예상 석유매장량)
[그림 2] 중일 중간선과 가스유전 문제

○ 2008년 중일 공동개발의 의미

- 2008년 6월 18일 발표된 중일 공동발표문[10].

  "중일 쌍방은 중일 간에 경계가 아직 획정되어 있지 않은 동중국해를 평
  화·우호의 바다로 만들기 위해, 2007년 4월에 표명된 중일 정상의 공통
  인식, 2007년 12월에 표명된 중일 정상의 또 다른 공통인식에 기초하여 진
  지한 협의를 거쳐, 경계획정이 실현될 때까지의 과도적 기간에 있어 쌍방
  의 법적 입장을 훼손하지 않고 협력하는 것에 일치를 보았으며, 그 첫 단
  계를 합의했다. 금후 계속 협의를 해 나갈 것이다."

- 이러한 공동개발 합의는 영유권 문제, EEZ 경계획정 문제를 유보하고 공
  동개발을 통해 상호 이익을 추구하려는 자세임.[11]

- 영유권 문제와 자원 이용 문제를 분리하여 첨각열도 해양 영토분쟁을 평

---

10) http://www.mofa.go.jp/mofaj/area/china/higashi_shina/press.html, "東シナ海における日中間の協力について(日中共同プ
レス発表)" 日本外務省(2008年6月18日).

11) 조동오 등, "동북아 주요국의 해양관할권 확대전략과 우리나라 대응방안", 한국해양수산개발원 정책보고서, 2008년
12월.

화적으로 관리하고자 하는 외교적 노력임.

○ 1978년 6월 발효된 한일 대륙붕협정과의 유사성
- 한일 양국의 상호 주장이 대립하는 영역에 대한 공동개발 방식12)([그림 2]
  참조).

‎3. 최근 첨각열도 분쟁과 '평화적 분쟁관리'의 전망

○ 중일 해양영토분쟁의 특징: '분쟁의 평화적 관리'
- 중일 해양영토분쟁은 첨각열도의 영유권 문제, 어업문제, 동중국해 가스유
  전 문제로 나누어 볼 수 있음.
- 첨각열도 영유권 문제는 다나아게 방식(영유권 문제를 보류한 채 양자 간
  관계를 발전시키는 방식)을 취하고 있었음.
- 어업문제는 잠정수역방식(중일 양국이 영유권을 주장하는 첨각열도 북부
  주변을 잠정수역으로 설정하여 상호 자유 어업 활동을 보장하는 방식)과
  협정 비적용방식(첨각열도 다른 주변에 대해서는 어업협정의 대상지역에
  서 제외하는 방식)을 취하고 있었음.
- 동중국해 가스유전 문제는 2008년 공동개발 방식(상호 주장하는 EEZ 중
  첩부분에서 자원을 공동 개발하는 방식)에 도달하였음.
- 이와 같은 방식은 한국과 일본 사이의 해양영토문제에 대한 해결방식과
  상당부분 일치함. 즉, 지금까지 첨각열도를 둘러싼 영토분쟁은 영유권 문
  제와 자원문제의 분리를 통해 평화적으로 관리되어 왔다고 판단됨.

○ 최근 첨각열도 분쟁: 영토분쟁 관리의 중요성

12) 박창건, "국제해양레짐의 변화에서 한일 대륙붕협정의 재조명", 국민대 일본학연구소, 2010(미발표논문).

- 최근 첨각열도 주변 중국어선과 일본 순시선 충돌사건을 계기로 영토분쟁이 민족주의와 결합하며 중일관계에 부정적 영향을 미치고 있음.
- 최근 첨각열도 분쟁은 두 가지 특징을 보이고 있음.
- 첫 번째는 갈등 해결 수단의 극단화 현상임. 중국은 WTO 규정에 위반하는 희귀 지하자원의 대일 수출을 제한함으로써 대일 압박을 시도함. 물론 중국 정부는 공식적으로 대일 수출을 금지한 적은 없으나, 간접적인 방법으로 대일 수출을 제한함으로써 갈등 해결 수단을 극단적으로 사용하였다고 보임. 무엇보다 일본의 대중 수출에 대한 통관 절차의 엄격화 등을 통해 일본 기업의 대중 수출에 차질을 불러와 압박한 점 또한 간과할 수 없음. 동시에 군사시설 촬영을 이유로 일본인 4명을 구속함으로써, 일본의 중국 어선 선원 구속과 동일한 대항수단을 행사함.
- 두 번째는 중일 갈등이 국제적으로 파급되고 있다는 사실임. 첨각열도 분쟁이 중일관계의 악화만이 아니라, 일본과 러시아와의 관계를 악화시키고 있음. 러시아 대통령은 9월 29일, 북방영토를 전후 최초로 방문할 의사를 표명함으로써, 첨각열도 분쟁을 틈타 북방영토에 대한 러시아의 실효지배를 강화하려는 양상을 보이며 일본과 마찰을 일으키고 있음. 동시에 지금까지 동아시아 영토분쟁에 개입을 회피해 온 던 미국이 적극적으로 영토분쟁에 개입할 의사를 보임으로써 미중 갈등을 불러오고 있는 양상임.
- 결국 양국 간 갈등이 양국 간 관계를 결정적으로 약화시키거나 그 갈등이 국제화되지 않도록 자제하던 기존의 양상과는 달리, 첨각열도 분쟁은 향후 중일관계의 전환점이 될 만큼 부정적 영향을 미쳤으며 그 분쟁이 국제적으로 파급되고 있음.
- 영토분쟁의 관리가 양국 간의 문제가 아니라, 동아시아 평화와 번영에 직결되어 있음을 보여 주는 사례라고 하겠음.
- 이에 따라 영토분쟁의 평화로운 관리를 유지하기 위한 지적 노력이 필요한 상황임.

○ 평화적 관리 방식의 붕괴
- 최근 첨각열도 분쟁은 이미 언급한 '영토분쟁의 평화적 관리 방식'을 붕괴
  시키고 있는 듯 보임.
- 우선 첨각열도 영유권 문제에 대한 양국 국민의 인식을 제고시켜, 기존의
  다나아게 방식이 더 이상 유지될 수 없는 듯 보임.
- 또한 중일 신(新)어업협정의 문제점을 적나라하게 노출시켜, '중간수역'
  및 '어업협정의 비적용' 원칙이 더 이상 유지 될 수 없는 듯 보임.
- 동시에 중국이 동중국해 공동개발에 대한 중일 교섭을 일방적으로 취소하
  고 단독 개발을 시사하는 행동을 보이는 등, 공동개발 방식 또한 와해되고
  있는 듯 보임.
- 1972년 이래 오랜 역사를 두고 외교방식을 통해 첨각열도를 둘러싼 해양
  영토 문제를 해결해 오려던 중국과 일본의 노력은 계속 이어질 것으로 보
  이며, 위에서 언급한 평화적 관리 방식이 그대로 유지될 것으로 보임. 그
  것은 평화적 관리 방식 이외에 어떠한 대안이 존재하지 않기 때문임. 일본
  과 중국은 첨각열도를 얻기 위해 중일관계를 포기할 것인가, 아니면 첨각
  열도의 평화적 관리를 통해 미래지향적 관계를 구축해 갈 것인가 양자택
  일의 상황에 직면한 듯 보임.
- 중일 해양영토 분쟁을 평화적으로 관리하기 위해 가장 시급한 과제는 어
  업협정의 개정임. 중일 신(新)어업협정에서 북부 지역을 제외하고 첨각열
  도 주변 지역이 어업협정의 대상지역에서 제외됨으로써 중일 분쟁을 유발
  하고 있음. 따라서 한일 신(新)어업협정과 비슷하게, 적용대상이 되지 않
  았던 첨각열도 주변을 '잠정수역'으로 설정하여 영유권 문제와 어업문제
  를 분리시키는 방향으로 나아가야 할 것으로 보임.

○ 평화적 분쟁관리의 다자적 접근
- 중일 첨각열도 해양영토분쟁에 있어 한국의 어업활동(한일 잠정수역과 중
  일 중간수역의 중첩) 및 대륙붕 개발(한일 대륙붕 공동개발 구역의 지하단

층과 중일 가스 유전 공동개발 지역의 지하단층 중첩 가능성)이 밀접히 연관되어 있다는 점을 염두하면, 중일 해양영토분쟁의 평화적 관리 차원을 넘어 한·중·일 해양영토분쟁의 평화적 관리라는 측면을 도입해야 할 것으로 보임.

전후 일본 ODA 정책의 변화상:
한국에 주는 함의

박홍영(충북대학교 교수)

  1946년에서 1976년의 시기, 일본은 경제성장을 위해 원조를 활용함으로써 원조이념의 부재, 상업원조라는 비판을 받았다. 이 시기 일본 ODA는 아시아 중시, 수출촉진, 개발수입, 경제안전보장 등의 외교수단으로 활용되었다. 한국의 ODA도 이러한 비판의 대상이 되면서 실리우선의 원조를 제공할 것인가? 현실적으로는 설득력이 있을지 모르지만 장기적으로는 아니라고 본다. 한국이 경제대국이 되는 것을 소홀히 하자는 것이 아니라 현재의 실리보다는 장기적인 한국의 '국격'을 만든다는 차원에서, 그리고 한국외교의 정통성을 세운다는 차원에서도 실리우선의 ODA는 바람직하지 않다고 보기 때문이다.

  한국 ODA의 우선 해결과제는 한국의 경제규모에 걸맞은 양적 확대이다. 그 바탕 위에 지역적 안배를 통해 전략적으로 한미협력, 국제협력을 위해 보강되어야 할 것이다. 나아가 한국 ODA는 장기적인 전략(목적과 수단)을 가지고 지속적으로 이루어져 할 것이다. 어떤 분야든 전략도 없이 일회적이어서는 안된다고 본다.

  한국은 원조대국의 1/10 정도의 액수를 ODA로 제공하고 있다. 적은 액수로 한국 ODA의 가치를 높이는 방법은 원조의 기동성, 효율성, 투명성을 높이는 것이다. 인도적 지원, 재난구조 등에 신속하고도 정확하게 대응하는 것이 필요하다. 이를 위해 생색내기가 아닌 실질적이며 효율적인 관리 및 운영체제를 갖추는 것이 필요하다. 또한 이를 담보하기 위한 체계적 조직이 필요하고, 이 조직은 ODA의 총괄기획, 평가검토, 수정/보완의 토털 시스템으로 구성되어야 한다. 부처 간 생색내기와 힘겨루기가 선행한다면 그나마 적은 액수의 ODA도 빛을 바랠 것이다. 따라서 토털 시스템 구성에 부처 간 이기주의가 작용해서는 안 된다.

1. 문제제기

○ 일본은 개발도상국에 대해서 왜 ODA(Official Development Assistance, 정부 개발원조)를 제공하는 것인가? 일본은 경제적 번영과 민주주의를 통해서 국민의 평화와 행복이 실현된 풍부한 사회를 만들었음. 한편 세계는 현재도 극도의 빈곤, 기아, 난민, 재해 등의 인도적 문제, 기후변동 등의 환경문제나 전염병, 테러 등의 지구적 규모의 문제가 산적해 있음. 세계 제2위의 경제규모로 상징되는 풍부한 사회를 실현한 일본이, 이러한 인도적 문제나 지구적 규모의 문제해결에 임하는 것은 일본에 부과된 책무임. 현재의 국제사회에서 일본은 일본만의 능력으로 현재의 풍부함을 향유하는 것은 아님. 인도적 문제나 지구적 규모의 문제를 방치하면 일본의 이익에 대한 직접적인 위협이 됨. 자유무역의 혜택을 향유하고 자원·에너지, 식료 등의 대부분을 해외에 의존하는 일본은, 국제사회의 상호 의존 관계 속에서, 스스로의 안정과 번영을 추구해 나갈 필요가 있음. 개발도상국에 대한 지원을 통해서, 국제사회의 평화와 발전에 기여하는 것은, 일본과 일본국민에 대한 신뢰감을 높이고 그 결과는 일본의 안전과 번영의 확보에도 기여함(ODA白書, 2007).

○ 일본 ODA의 특징은 50년 이상의 경험을 토대로 1) 개발도상국 국민의 역량을 끌어내는 것임(자조노력의 지원),[13] 2) 역사와 경험으로 증명된 일본의 지견(知見)이나 기술을 전하는 것임, 3) 개발도상국의 경제사회 발전에 공헌하기 위해 개발도상국의 민주화 정착·시장 경제화를 지원하는 것임(ODA白書, 2007).

---

1) 일본이 말하는 자조노력이란, 개발도상국 자신이 주체적으로 자국의 장래에 책임을 지고 개발도상국의 국민이 스스로 자국 발전을 위해 노력하는 것을 말한다.

○ 일본정부는 일본의 원조외교 역사를 크게 5기로 나눈 바가 있음. 제1기 (1945년부터 1953년까지)는 전후 부흥기로 미국이나 세계은행(IBRD)에서 원조를 받던 시기이며, 제2기(1954년부터 1963년까지)는 전후 배상기로 배상을 중심으로 한 원조 요람기였음. 제3기(1964년부터 1976년까지)는 원조 신장기로 원조의 양적확대 및 형태의 다양화가 시도된 원조 성장기이며, 제4기(1977년부터 1988년까지)는 계획적 확충기로 여러 차례의 중기목표에 의한 원조 확충기였음. 제5기(1989년 이후)는 탑 도너(Top Donor)기로 최대 원조 공급국으로서의 주도권(Initiative)을 발휘하는 원조 충실기였음 (ODA白書, 1994, 8~9).

○ 이후 10년 뒤, 일본정부는 ODA 50년의 흐름을 새로이 정리하면서 그 특징을 다음과 같이 기록하고 있음. 1) 체제 정비기(1954~1976년): 일본이 콜롬보·플랜(Colombo Plan)[14]에 가맹하고 ODA를 개시한 이래, 원조 실시기관의 설치 및 정리통합, 원조의 다양화 등을 통해서 원조 실시체제를 정비한 시기. 2) 계획적 확충기(1977~1991년): 여러 차례의 중기목표에 의해 ODA의 양적 확충을 도모하면서 일본 ODA가 글로벌하게 전개되었던 시기. 3) 정책·이념 충실기(1992~2002년): 냉전 후의 새로운 국제환경 아래, 1992년 ODA 대강이나 1999년의 중기정책의 책정 등을 통해서, 일본의 원조정책·이념을 보다 명확하게 한 시기. 4) 새로운 시대에의 대응(2003년~현재): 2003년 8월 ODA 대강이 새로이 각의결정에 의해 개정되면서 일본 ODA가 새로운 전환기를 맞이하는 시기 등으로 구분함(ODA白書, 2004).

---

2) 1950년 1월 스리랑카의 수도 콜롬보에서 열린 영연방 외무장관회의에서 캐나다의 제안으로 채택되었기 때문에 콜롬보계획이라고 한다. 당초의 참가국은 영연방 제국뿐으로, 참가국 중 아시아 제국(피원조국)의 생활수준 향상을 위한 식량·운수·동력이나 교육·위생 등의 개발을 영국·캐나다·오스트레일리아 등이 원조하는 6개년 계획(1951~1957)으로 발족하였는데, 그 후 수차에 걸쳐 기간을 연장하여 왔다. 피원조국도 남아시아와 동남아시아 거의 전역에 걸쳐 있으며, 또 원조국으로서 미국과 일본 및 동남아시아 각국이 참가했다.

○ 2004년은 일본 ODA 역사의 50주년이 되는 해였음. 일본 ODA 역사에 대한 평가는 다양하겠지만 전 외무장관이었던 코우무라(高村正彦)는 "(ODA에 대한) 일본국민의 평가는 나쁘지만 국제적으로는 평가를 받고 있다. 한마디로 말하면 확실히 성공한 것이다. 동아시아의 발전을 보면 안다. 예를 들어 1960년대의 아시아와 아프리카의 빈곤은 비슷한 수준이었다. 현재는 그런 질문을 하는 사람은 없다"고 평가하면서 정책적 성공을 강조했음(日本経濟新聞, 2004. 4. 3. 5).

○ 오늘은 국가전략으로서의 일본 ODA 정책이 냉전기와 탈냉전기에 어떤 양상을 띠며 변화했는지를 살펴보면서, 그것이 한국에 주는 함의를 모색하고자 함.

○ 일본 ODA 외교 관련 비판
- 일본은 2000년까지 10년간 ODA 1위국이었지만 1997년 정점에 달한 이후 점점 하강하면서 전체 액수도 줄었음. 일본의 ODA 예산이 삭감되는 가운데 주요 선진국은 유엔이 설정한 MDGs(밀레니엄 개발목표) 달성을 위해 ODA 증액을 공표했음. 일본외교의 비장의 카드인 ODA가 액수 및 GNI 비율에서도 주요 선진국에게 뒤지는 것은 군사력을 외교카드로 사용하지 않는 일본외교로 봐서는 매우 우려할 만한 것임(橫田洋三, 2010, 28~29).
- 냉전종결과 더불어 미국은 ODA 예산을 급감시켰지만 일본은 증가일로에 있었음. 이후 일본의 국제정책에 큰 변화를 준 것은 냉전종결 자체가 아니라 걸프전이었음. 걸프전은 일본에게 PKO 법안성립과 ODA 대강의 책정을 서두르게 했음. 일본은 쿠웨이트를 침공하기 이전의 이라크에게 ODA를 제공했음. 결과적으로 일본도 이라크의 침략전쟁을 지원했다는 비판을 받았음. 일본의회에서는 원조기본법을 책정해서 ODA 행정을 관리하려는 움직임이 있었음. ODA에 대한 정치지배를 꺼린 외무성과 관련 성청은 정통성이 있는 지침을 빨리 공표함으로써 이런 움직임을 막으려 했고, 그래

서 만들어진 것이 'ODA 대강'임(橋本光平, 1999). 그럼에도 여기에는 원조를 받는 상대국의 중요성이라든가 국제적 위치 등과 같은 통상의 기준이 일본에게 어떤 중요성을 가지는지가 포함되지 않았음. 또한 일본은 어떤 생각으로 ODA 정책을 중요시하고 전개하는지에 대한 설명도 없음. '대강'의 '기본이념' 항목에 언급이 있지만 일본 ODA의 기본목적이 무엇인지가 선명하지 않고 설득력 있게 서술되지도 않았음(五百旗頭眞, 2003).

⁂ 2. 냉전기 일본 ODA 정책

○ 일본에 대한 원조는 미국의 점령지역 구제자금과 점령지역 경제부흥 기금15)으로 시작했음. 일본 외무성의 자료에 의하면 1946년부터 1951년에 걸쳐 약 6년간 일본이 받은 원조 총액은 약 18억 달러이며 그중의 13억 달러는 무상원조였음. 오늘날(1999년)의 가치로 환산하면, 약 12조 엔(무상은 약 9.5조 엔)이 되는 방대한 원조임. 이 원조가 없었으면 일본의 부흥은 생각할 수 없었음. 일본은 대략 1년에 1조 5,000억 엔의 ODA를 세계 약 160개국에 지원하고 있음. 이것과 비교하면 미국이 일본에 대해 원조한 액수가 얼마나 고액이었는지를 알 수 있음.

○ 물론 여기에는 미국이 일본을 공산주의의 침투로부터 막는다는 전략적인 의미를 가지고 있었음. 경위야 어떻든 결과적으로 이 원조는 일본을 전후의 피폐로부터 회복시키는 데에 큰 역할을 했음. 이 경험이 현재의 '경제 인프라 중시'라는 일본 ODA의 특징을 만들었다고 할 수 있음.

○ 일본 ODA의 초기형태는 전후배상이었음. 1954년 일본은 버마와의 사이에

---

3) 흔히 GARIOA(Government Appropriation for Relief in Occupied Area Fund, 占領地域救済政府基金)와 EROA(Economic Rehabilitation in Occupied Area Fund, 占領地域経済復興基金)로 약칭한다.

"일본·버마 평화조약 및 배상·경제협력 협정"을 체결하면서 배상을 시작했음. 이후 필리핀, 인도네시아, 베트남과도 배상협정이 체결되었음. 또한 전후처리의 일환으로 캄보디아, 라오스, 말레이시아, 싱가포르, 한국, 몽골, 미크로네시아에 대해서 무상원조가 행해졌음. 일본의 ODA가 줄곧 '아시아 중시'를 강조하는 것은 일본 ODA 제공이 전후배상으로부터 시작된 것과 깊은 관계가 있음.

○ 1960~70년대에 이르러 일본의 원조형태는 전후처리로부터 ODA 공여액의 확대로 전환을 시도함. 1962년 OECF(해외경제협력기금) 설립, 1974년 JICA(국제협력사업단) 설립 등 원조체제가 확립되는 시기임. 이 시기 일본 ODA는 양적 확대와 더불어 형태의 다양화가 시도됨. 유상자금이 타이드(조건부)로 공여되면서 일본기업의 수출증대 및 일본의 고도 경제성장에 공헌했다는 평가와 비판을 동시에 받는 것도 이 시기 일본 ODA의 특징(일본의 수출촉진을 위한 배상전략, 개발수입을 위한 배상전략, 경제안전보장 전략)을 보여 줌. 한편 일본 ODA가 국제적 역할 및 수단으로서, 즉 '원조외교'로 전환하는 시기이기도 함.

3. 탈냉전기 일본 ODA 정책

○ 1980~90년대에 이르러 일본은 ODA의 양적인 확대와 더불어 ODA를 국제공헌의 중요한 수단이자 방책으로 만들어 감. 원조의 질을 높이면서 언-타이드(untied) 비율을 높이고 BHN(Basic Human Needs, 기초생활분야: 보건위생, 교육 등) 관련 원조를 확대하는 등 원조의 질을 높여 갔음. 또한 국내의 매스컴이나 NGO(비정부 조직)의 비판을 수용하면서 일본정부는 ODA 원칙을 정해 나감.

○ ODA 4지침(1991년 4월 가이후 [海部] 총리 발표): 1) 군사지출, 2) 대량파괴 무기·미사일의 개발·제조, 3) 무기의 수출입 동향, 4) 민주화 촉진과 시장지향형 경제도입의 노력 및 기본적 인권보장 등의 상황에 충분히 주위를 기울여 ODA를 제공한다는 것임.

○ ODA 4지침의 배경: 1) 걸프위기를 계기로 개발도상국의 군비증강이 세계의 평화와 안정에 위협적일 수 있다는 것, 2) 냉전 종결에 따른 동구제국의 민주화와 경제 자유화가 진행된 것, 3) 동구제국 및 개발도상국의 민주화 혹은 시장경제도입의 움직임이 있을 경우 원조를 통해 적극적으로 지원한다는 등의 인식이 작용했음(ODA白書, 1992, 13).

○ ODA 4지침의 운용 방침: 해당국의 민주화 촉진 및 인권보장, 군사지출의 동향 등에 관한 사항이 바람직한 방향으로 나아갈 경우 적극적인 어프로치(Positive Linkage)를, 반대로 ODA 4지침에 비추어 바람직하지 못한 움직임이 보일 경우 소극적 어프로치(Negative Linkage)를 적용한다는 것이었음. 이 가운데 네거티브 링케이지라 할지라도 일본의 가치기준을 강요하는 것은 개발도상국의 반발을 초래할 수 있으며 이는 오히려 일본이 바라는 바에 악영향을 줄 수 있음에 유의해야 함이 지적되었음. 그런 점에서 일본의 경험 등을 근거로 보았을 때 포지티브 링케이지가 현실적이고 효과적이라는 판단을 일본정부는 가지고 있었음(ODA白書, 1995, 45).

○ 냉전종결과 더불어 전략원조의 감소, 국내 경제상황의 악화 등을 배경으로 다른 선진국에서는 소위 '원조피로 현상=원조기피 현상'이 나타나고 있었음. 일본도 예외는 아니었지만 다른 한편으로 평화적 수단인 원조를 통하여 일본은 국제공헌을 더욱 강조했음. 이유는 일본이 원조를 통해 개발도상국과의 우호관계를 증진하면서 일본외교에 대한 개발도상국의 신뢰를 높이고, 나아가 이를 통해 일본위상을 국제사회에서 높이는 것은 넓

은 의미에서 일본의 국익에 수렴된다는 인식을 일본정부는 갖고 있었기 때문임(ODA白書, 1994, 5).

○ 이어 일본정부는 1992년 6월 30일, 일본의 정부개발원조에 관한 장기적 관점에서 '정부개발원조 대강(일명 ODA, 大綱)'을 결의했음. 여기서는 인도적 관점(개발도상국의 기아, 빈곤 등의 여러 문제), 국제적 상호 의존(개발도상국의 안정과 발전이 세계전체의 평화와 번영에 불가결 요소), 환경보전(선진국과 개발도상국이 공동으로 대응해야 하는 인류적 과제) 등이 원조의 기본이념으로서 제시되면서 이를 실현하기 위해서는 개발도상국의 '자조노력(自助努力)'이 일본의 원조기준으로 될 필요성이 제시되었음(外交靑書, 1993, 36).

○ ODA 대강은 각의결정이기에 법적 구속력을 갖지는 않지만, 일본 원조체제 가운데 핵심이 되는 지침임. 또한 냉전 종결 후의 국제정세에 대응해 일본의 원조이념을 내외에 분명하게 나타내기 위해서 일본정부는 ODA 대강을 책정하게 되었음을 분명히 했음.

○ ODA 대강 원칙: 국제연합 헌장의 제 원칙(주권, 평등 및 내정 불간섭)과 다음의 4가지를 고려해 상대국의 요청(이른바 요청주의), 경제사회 상황, 2국 간 관계를 종합적으로 판단해 실시함. 4가지는 1) 환경과 개발을 양립시킴. 2) 군사적 용도 및 국제분쟁을 조장하는 것에 사용을 회피함. 3) 국제평화와 안정을 유지 및 강화함과 동시에 개발도상국은 자국의 자원을 자국의 경제사회 개발을 위해 적정하고 우선적으로 배분해야 한다는 관점에서 개발도상국의 군사비 지출, 대량파괴 병기 및 미사일 개발·제조, 무기 수출입 등의 동향에 충분히 주의를 기울임. 4) 개발도상국의 민주화 촉진·시장지향형 경제도입의 노력 및 기본적 인권과 자유의 보장상황에 충분히 주의를 기울인다는 것 등이었음(ODA白書, 1992, 359~360).

⁘ 4. 글로벌화와 일본 ODA 정책

가. 글로벌화와 일본 ODA: 1995~2000

○ 1996년 5월 경제협력기구의 개발원조위원회(OECD / DAC)는 21세기 원조 목표를 정하면서 "신개발 전략: 개발협력을 통해서"를 채택했음. 이 개발 전략은 지구상의 모든 사람들의 생활향상을 목표로 구체적인 목표와 달성 해야할 기한을 설정했음. 구체적으로는 1) 2015년까지 빈곤인구 비율의 반감, 2) 2015년까지 초등교육의 보급, 3) 2005년까지 초중등 교육에서 남 녀차별의 해소, 4) 2015년까지 유아 사망률을 1/3까지 삭감, 5) 임신 사망 률을 1/4까지 삭감, 6) 성과 생식에 관한 건강(Reproductive Health)관련 보 건의료 서비스 보급, 7) 2005년까지 환경보전을 위한 국가전략 책정, 8) 2015년까지 환경자원 감소경향을 증가경향으로 역전시킨다는 목표를 내 걸었음. 이러한 목표달성을 향해 선진국 및 개발도상국이 공동으로 대응 해 나가는 것이 불가결하기에 글로벌 파트너십이 중요하다고 강조했음. 동시에 개발도상국은 개발을 자국의 문제로 인식해 개발에 임한다는 오너 십(주인의식)과 선진국은 "개발도상국에 원조한다"는 생각이 아니라 함께 생각하고 함께 실행한다는 파트너십이 강조되었음.

○ 일본정부는 1998년에 '대외경제협력 관계 각료회의 간사회'에서 ODA의 투명성·효율성 향상의 구체적 조치에 대해 합의했음. 1999년에는 5년간 의 ODA 진행방식과 관련해서 원조의 질에 초점을 맞춘 정책문서로서 "정 부개발원조에 관한 중기정책"(이하 ODA 중기정책)을 책정하는 등, 일본 의 ODA에 대한 기본적 생각이나 구체적인 원조 진행방식을 명확히 하고 자 노력했음. 중기정책에서는, 1996년 DAC의 "신개발전략"의 생각을 감 안하면서 개발도상국의 주인의식(오너십)과 파트너십의 중시, 각국의 실

정에 맞는 원조, 각 기관과 민간 등의 역할분담과 제휴 중시, 인간 중심의
개발, "얼굴이 보이는 원조"의 적극적 전개 등을 밝혔음. 또한 이전보다 더
빈곤대책이나 사회개발의 측면 및 인재육성이나 제도, 정책 등의 소프트 면
에서의 협력을 중시할 것을 밝혔음. 한편 1999년 ODA 중기정책에서는 어
려운 재정사정 등을 고려해 양적 목표설정은 하지 않았음(ODA白書, 2004).

○ 1999년의 ODA 중기정책: ODA백서(白書), 2005
- 기본적인 생각:
1) 개발원조 위원회(DAC)는 "신개발 전략"에서 2015년까지 빈곤인구의 비율
   을 반감시키는 것 등 사회 개발상의 구체적인 목표를 내걸고 있음. 일본도
   "신개발 전략" 책정에 주도적인 역할을 하면서 개발전략의 보급에 노력해
   왔음. 그 결과 국제사회에서 "신개발 전략"은 개발도상국의 개발에 관한
   공통의 가이드라인으로서 정착해 가고 있음. 일본은 "신개발 전략"이 내건
   목표를 염두에 두면서 ODA 대강 원칙에 따라 ODA 정책을 시행함.
2) "신개발 전략"의 목표를 실현하기 위해서는 개발도상국 자신의 경제적 이
   륙을 향한 자조(自助)노력과 주체적인 대응이 열쇠가 됨. 일본은 개발도상
   국의 정책운영 능력향상 등을 통한 '좋은 통치(Good Governance)'의 촉진
   을 중시하고 이를 권장하며 지원해 감. 또한 원조의 적정실시와 투명성 확
   보를 개발도상국에 권장함. 이러한 자조노력과 주체적 대응을 전제로 일본
   은 다른 원조국이나 국제기관과의 협조·제휴의 강화, 파트너십 구축을 위
   해 노력함.
3) 원조를 실시함에 각국의 요구나 개발과제 및 상대국의 의향을 충분히 고
   려할 필요가 있음. 개발도상국과의 정책대화나 사전조사에 기초해서 나라
   마다의 사정에 적합한 효과적·효율적인 지원에 노력함. 그 때 ODA가 피
   원조국이나 대상 분야가 기득권화되는 일이 없도록 유의함. 또한 엔 차관
   등 원조에 관한 여러 가지 제도는 상황변화에 대응해 적시에 적절히 재검
   토를 실시함.

4) 개발효과를 높이기 위해서 개발도상국, 선진국, 국제기관, 민간부문, 민간
단체(NGO) 등 모든 주체의 역할분담과 연대를 도모하는 포괄적 대응이 필
요함. 특히 최근 아시아나 중남미 등의 개발에서 무역이나 투자 등 민간부
문의 역할이 늘어나고 있는 것을 감안해 민간 활동의 촉진과 민간자금의
유입이 촉진되도록 환경정비를 도모하는 것과 동시에, 공정하고 효율적인
자원배분이나 격차시정 등에 유의해서 민간자금이 유입되기 어려운 부분
에 대한 지원을 중시함.

5) 경제성장은 인간의 복지향상의 수단으로서 필요하고 '인간중심의 개발'은
지속 가능한 개발을 실현하기 위해서 불가결함. 이러한 관점에서 개발도상
국의 경제성장과 사회개발을 균형 있게 지원해 나감. 또한 인간중심의 생
각에 근거해, 후발 개발도상국(LLDC)⁴⁾에 특별히 배려함. 또한 환경악화,
기아, 약물, 조직범죄, 전염병, 인권침해, 지역분쟁, 대인지뢰 등의 위협으
로부터 인간을 지키는 '인간 안전보장'의 관점에도 충분히 유의해 나감.

6) 원조를 시행하는 데 있어서 납세자인 국민의 이해나 지지를 얻을 수 있도
록 일본의 "얼굴이 보이는 원조"를 적극적으로 전개해서 피원조국에게 일
본의 원조에 대한 인식과 이해를 촉진하는 데에 한층 노력하는 것이 필요
함. 일본기업의 사업 참가기회의 확대에 유의하면서 한편 대학, 싱크탱크,
지방 자치체, NGO 등에 의한 '국민 참가형' 협력의 추진에 노력함. 민간부
문을 포함한 일본의 경험이나 기술, 노하우의 활용을 도모함. 국제기관을
통한 원조도 충분히 활용해 나감. 그리하여 국제사회와 조화 있는 발전 가
운데 일본의 활력을 유지하고 일본에 대한 신뢰와 평가를 확보하는 것이
매우 중요함.

- 중점과제: 1) 빈곤대책과 사회개발 분야에 대한 지원(기초교육, 보건의료,
여성지원), 2) 경제 · 사회 인프라에 대한 지원, 3) 인재육성 · 지적 지원(인

⁴) 개발도상국 가운데 특히 개발이 늦은 나라를 지칭. 유엔의 개발위원회가 1인당 GDP(1999년 당시 899달러), 인적
자원개발의 정도(평균수명 등), 경제구조의 취약성(GDP를 점하는 제조업 비율) 등을 기준으로 결정한다. 1999년 당
시 48개국이 지정되었다.

재육성, 지적지원, 민주화 지원), 4) 지구규모의 문제에 대한 대응(환경보전, 인구 및 에이즈 문제, 식료, 에너지, 약물), 5) 아시아 경제위기 극복 등 경제 구조 개혁 지원, 6) 분쟁과 재해에 대한 지원, 7) 채무문제에 대한 대응.

○ 2000년 9월에 개최된 유엔 밀레니엄 · 서미트에서는 '밀레니엄 선언'이 채택되었고 이후에 동 선언의 개발관련 부분과 DAC 신개발전략을 발전적으로 통합해서 밀레니엄 개발목표(MDGs: Millenium Development Goals)가 설정되었음. 이 MDGs는 인류장래의 번영을 향한 기초적 조건을 정리한 중요한 개발목표로 국제사회 전체의 공통 개발목표가 되었음(ODA白書, 2004).

나. 글로벌화와 일본 ODA: 2001~2005

○ 21세기 일본 ODA: '국민 참가형 원조' 추진을 위해서 1) 관민의 제휴 (Partnership), 2) 폭넓은 국민의 참가(Participation), 3) 쌍방향 교류(Public Private Interaction)의 3P 관점에서 개혁을 추진함(ODA白書, 2001).

○ ODA 개혁 추진: '제2차 ODA 개혁 간담회' 최종보고에 기초해 국민참가, 투명성 확보, 효율성의 향상을 키워드로 1) 국민의 마음과 지력과 활력을 총결집한 ODA를 실시함. 2) 전략을 가진 중점적이고 효과적인 ODA를 실시함. 3) ODA 실시 체제의 발본적인 정비라는 기본관점에서 ODA 개혁의 구체적 방책을 제시했음(ODA白書, 2001).

○ 격차확대, 빈곤의 심각화, 환경문제, 전염병 등 지구규모의 문제도 여전히 심각한 가운데 글로벌화의 진전과 2001년 9월의 미국 동시다발 테러 등을 계기로 국제사회는 개발문제에 대해 관심이 증대했음. 게다가 냉전 종료 후 분쟁, 특히 국내분쟁이 빈발하면서 분쟁예방, 긴급 인도지원, 평화정착

과 국가건설 등에 대한 대응이 증가했음. 반면 개발도상국에 대한 민간투자 감소경향에 따라 개발도상국에게 타격을 주었음. 이에 2002년 들어 미국과 EU는 ODA의 대폭 증액을 표명했음([그림 1] 참조).

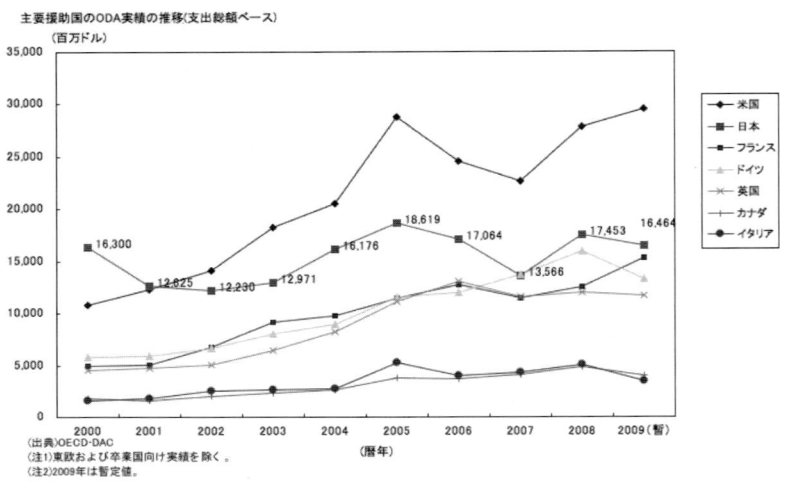

主要援助国のODA実績の推移(支出総額ベース)
(百万ドル)

(出典)OECD-DAC
(注1)東欧および卒業国向け実績を除く。
(注2)2009年は暫定値。

凡例:
- 米国
- 日本
- フランス
- ドイツ
- 英国
- カナダ
- イタリア

[그림 1] DAC 주요국의 ODA 실적 추이 2000~2009

○ 일본은 경제성장을 통한 빈곤삭감이 중요하다는 관점에서 경제섹터 지원 등을 통한 무역·투자 촉진에도 협력한다는 방침을 가졌음(ODA白書, 2002).

○ 동시에 "전략을 가진 일본 ODA의 전개"를 강조하면서 국제적으로 개발문제에 대한 관심이 높아져 가는 가운데 일본도 한정된 ODA 자금을 보다 유효하게 활용하기 위해 ODA 전략을 지금까지 이상으로 명확히 하고 중점이나 우선순위를 정해 가는 것이 필요함이 강조되었음(ODA白書, 2002). →<참조> 전략의 문제가 백서에서 표제로 등장하면서 강조된 것은 2002년판이 처음임.

○ 일본 ODA의 새로운 전개: 향후 ODA 개혁을 진행시키는 것과 동시에, 아
시아 지역에의 중점배분, 평화구축의 중시, 인간 안전보장의 중시, 국민
참가·얼굴이 보이는 원조를 실시함. 또한 원조이념이나 원조전략을 보다
한층 명확하게 할 필요가 있음. 이를 위해 외무성은, 2002년 12월에 ODA
정책의 근간을 이루고 있는 ODA 대강을 재검토하는 데에 다음의 점을 중
시한다고 밝혔음. 1) 인도적 견지 등의 보편적 가치와 함께 일본의 안전과
번영 등을 더해 ODA의 기본이념을 명확하게 제시하는 방향으로 검토함.
2) 아시아 중시([그림 2] 참조), 평화구축 분야에 대한 ODA의 적극적인 활
용, 인간의 안전보장 등을 중점화함. 3) 정책입안·실시체제의 명확화, 국
별 원조계획의 충실 등 전략성, 기동성, 투명성, 효율성을 확보하는 방책을
포함시킴(ODA白書, 2002).

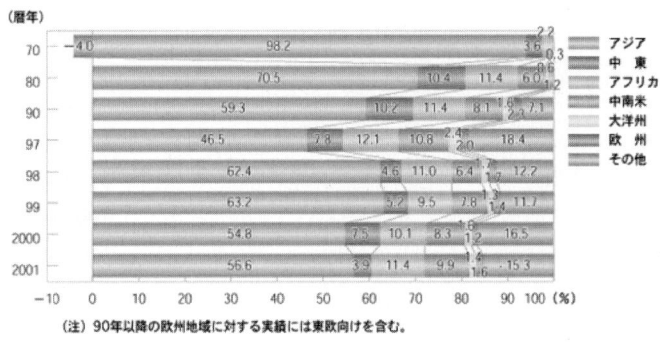

(注) 90年以降の欧州地域に対する実績には東欧向けを含む。

[그림 2] 일본 ODA의 2국 간 지역별 배분 추이 1970~2001

○ 일본정부는 개발도상국 원조 개정안(이른바 '신 ODA 대강')을 2003년 8월
29일 각의(閣議)에서 결정했음. 이 개정안은 1992년 이래 처음인데 그 가
운데 중요한 부분인 ODA 목적에 대해 일본정부는, '일본 ODA의 목적은
국제사회의 평화와 발전에 공헌하고, 이를 통해 일본의 안전과 번영의 확
보에 가치가 있도록 사용한다'는 것이라고 명시했음. 이는 일본이 ODA를
국제적 빈곤이나 국가 간 경제격차 해소는 물론 '국익중시'에 중점을 두었

음을 의미함. 이러한 최종안이 마련되기 전에 공청회 등을 통해 의견수렴
이 있었는데 그 과정에서 '국익중시'에 대한 비판도 있었음(朝日新聞
2003. 8. 29. 4).

○ 주요국의 원조이념 및 지침의 예

국가별(기본안) 발표 연도	주요내용
일본(ODA 대강) 1992년 각의결정 * 2003년 개정(각의결정)	· 환경과 개발의 양립 · 군사 및 분쟁을 조장하는 것에 주의를 기울임 · 대량파괴무기 개발/제조, 무기수출 등에 주의를 기울임 · 민주화 촉진, 시장경제 노력, 인권/자유에 대한 배려
미국(4 원칙) 2001년 발표	· 폭넓은 연계를 통한 개발에 참여 · 경제성장과 농업/무역의 중시 · 보건 분야에 대한 지구규모의 지원 · 인도적 원조와 민주화 지원
독일(행동계획 2015) 2001년 각의결정	· 빈곤대책과 채무변제 · 평화정책을 위한 원조 · 2국 간 원조에의 중점 · 민간 등과의 연계강화
영국(국제개발법) 2002년 제정	· 초등교육 보급 및 유아 사망률 낮추기 · 저소득국에 대한 원조의 증가 · 무역장벽 낮추기

출전: 朝日新聞 2003. 6. 28. 3. * 필자 삽입

○ 2003년의 ODA 대강
- 기본방침: 이러한 목적을 달성하기 위해 **ODA**를 한층 전략적으로 실시함.
  1) 개발도상국의 자조노력 지원, 2) '인간 안전보장'의 시점, 3) 공평성의
  확보, 4)일본의 경험과 지견(知見)의 활용, 5) 국제사회와의 협조와 제휴.
- 중점 과제: 1) 빈곤삭감, 2) 지속적 성장, 3) 지구규모의 문제에 대한 대응,
  4) 평화구축.
- 원조실시의 원칙 : 상기 이념에 따라 국제연합 헌장의 제 원칙(특히 주권,
  평등 및 내정 불간섭) 및 이하의 여러 가지 점을 근거로 개발도상국의 원

조수요, 경제사회 상황, 2국 간 관계 등을 종합적으로 판단 후, ODA를 실
시함. 1) 환경과 개발을 양립시킴. 2) 군사적 용도 및 국제분쟁 조장에의
사용을 회피함. 3) 테러나 대량파괴 무기의 확산을 방지하는 등 국제평화
와 안정을 유지 · 강화하는 것과 동시에, 개발도상국은 국내자원을 자국의
경제사회 개발을 위해서 적정하게 그리고 우선적으로 배분해야 한다는 관
점에서, 개발도상국의 군사지출, 대량파괴 무기 · 미사일의 개발 · 제조, 무
기 수출입 등의 동향에 충분히 주위를 기울임. 4) 개발도상국의 민주화의
촉진, 시장경제 도입노력 및 기본적 인권과 자유의 보장상황에 충분히 주
위를 기울임(ODA白書, 2003).

○ 2005년의 중기정책
- 중기정책의 위상
1) 2003년 8월 각의결정에 의해 개정된 ODA 대강은 "이 대강 아래 ODA 중
   기정책이나 국별 원조계획을 작성해서 ODA 정책의 입안 및 실시를 도모
   한다"고 밝혔음. 또한 1999년 ODA 중기정책은 1992년 ODA 대강 아래 책
   정된 것이어서 책정된 지 5년이 경과했음. 이에 이번 ODA 중기정책을 발
   본적으로 재검토해서 새로운 중기정책(이른바 '신 ODA 중기정책')을 책정
   했음.
2) 밀레니엄 개발목표(MDGs)와 지구적 규모의 문제를 개발과제로 추진함과
   동시에 다발하는 분쟁이나 테러를 예방하고 평화를 구축하는 것은, 국제
   사회가 즉시 협조해서 대응을 강화해야 할 문제임. 또한 일본과 밀접한 관
   계를 가지는 개발도상국과 경제연휴 추진 등을 통해서 개발도상국의 지속
   적 성장을 도모하는 것은 중요한 과제임. 국제사회가 직면한 긴급한 과제
   에 대한 대응에 일본은 ODA 대강이 밝힌 ODA 목적에 근거해, 전략적이
   고 효율적인 ODA 활용을 통해서 일본의 지위에 어울리는 역할을 완수할
   생각임. 이러한 생각에 근거해 이번 ODA 중기정책에서는, ODA 대강의
   기본방침과 중점과제에 대한 일본의 생각이나 어프로치, 구체적 대응과

관련해서 ODA를 한층 전략적으로 실시하기 위한 방도를 제시함.

3) 국별 원조계획의 책정에 있어서는, ODA 대강에 더해 대강의 내용을 더욱 구체화한 '신 ODA 중기정책'을 병행하여 책정함. '신 ODA중기정책'은 향후 3~5년을 염두에 두고 국내외 정세를 감안해서 그 이전에라도 필요에 응하고 실시상황을 평가한 다음 개정함.

4) ODA에 대한 국민의 이해와 지지를 얻기 위해서도 ODA에 관한 투명성을 확보함과 동시에 적극적으로 홍보하고 원조활동에 대한 국민의 참가를 촉진함. 또한 평가를 충실하게 하며 효과적인 원조실시를 위해 노력함.

○ 개발협력의 이념: ODA를 중핵으로 일본의 개발협력 이념은 "열린 국익의 증진 즉, 세계인과 함께 살고, 평화와 번영을 만든다"이며 이러한 이념의 배경에 있는 기본적 생각은 1) 일본의 평화와 풍요는 세계의 평화와 번영 속에서 실현가능하다는 신념 아래, 일본은 계속 국제사회의 여러 가지 과제를 해결하기 위해서 적극적으로 공헌하며 이는 일본에게 보다 좋은 국제환경을 제공해 줄 것임. 2) 개발도상국에 대한 원조는, 글로벌화가 진행되면서 선진국으로부터 개발도상국에 대한 '자선활동'이 아니고, 일본을 포함한 세계의 공동이익 추구를 위한 '수단'임. 3) 국제사회가 직면한 새로운 과제에 대응해 이 이념을 실현하기 위해서는, ODA뿐만 아니라, 관민의 '사람', '지혜', '자금', '기술'을 모두 결집한 '올·재팬'의 체제로 개발협력에 임할 필요가 있음(日本外務省. "ODAのあり方に關する檢討―最終とりまとめ", 平成22年6月29日).

○ 일본 ODA의 평가: 제2차 세계대전 후 일본 외교이념은, "국제사회의 평화와 번영에 공헌하는 것이야말로 일본의 평화와 번영을 가져온다"는 것이었음. ODA는 이러한 일본의 외교이념을 실현하기 위한 중요한 수단이며, 동아시아의 안정과 성장에서 보이듯 개발도상국·지역의 발전에 크게 공헌해 왔음. 그 자체가 일본외교에 있어서 큰 의미가 있는 것이지만, ODA

의 대상지역이 확대됨과 동시에, 일본의 국제적 지위 향상, 일본제품의 시장 확대, 대일 감정의 개선 등 일본에게도 유익한 효과를 가져왔음. 게다가 일본의 치밀하고 세심한 원조가 국제사회로부터 높게 평가받고 있음 (日本外務省. "ODAのあり方に關する檢討—最終とりまとめ", 平成22年6月29日).

○ 개발협력의 3대 과제(빈곤삭감, 평화에 대한 투자, 지속적인 경제성장의 후원)를 달성하기 위해 전략적이고 효과적으로 원조를 실시해 나감. 이를 위해 대상국마다 원조의 방향성을 명확화(원조의 선택과 집중, 국제협력 기획입안본부의 적극적 활용, 국별 원조계획의 제도개선)하는 것과 동시에 프로그램 · 어프로치5)를 강화함(日本外務省, "ODAのあり方に關する檢討—最終とりまとめ", 平成22年6月29日) → 요청주의에서 협의주의로의 전환을 의미.

○ 일본 ODA 50년의 평가: 1) 반세기에 걸쳐 세계에 공헌했음, 2) 동아시아 경제발전에 대한 역할과 성과에 공헌했음, 3) 개발도상국의 인재육성에 공헌했음(ODA白書, 2004).

○ 일본 ODA의 향후 전망: 일본의 ODA는 '신 ODA 대강'이 내건 이념, 중점 등에 따라 보다 전략적이고 효율적으로 또 투명성이 높은 형태로 실시하는 것이 요구되고 있음. 일본정부는 원조의 유효성을 높이기 위한 노력(ODA에 기대되는 성과의 명확화, 정책협의를 통한 원조수요의 정확한 파악, 결과중시의 어프로치, 원조협조의 강화, 평가의 확충 등), 원조 진행방식의 개선(현지 ODA 태스크 포스의 기능 강화, 관계부처나 NGO와의 제

5) 이전의 어프로치는, 원칙적으로 개발도상국으로부터의 프로젝트 요청에 근거해 개별적으로 원조실시를 검토하는 어프로치였다(요청주의). 프로그램 · 어프로치는, 개발도상국과의 정책협의에 근거해 개발과제 해결을 향한 개발목표를 우선 설정하고, 거기로부터 구체적인 원조대상(프로젝트)을 이끌어내는 것이다(협의주의).

휴 강화, 정보공개의 강화, 국민 참가의 확대), 원조실시 체제의 정비(원조
실시 기관과의 연계 강화, 인재육성, 대학 연구기관과의 제휴)를 한층 더
추진해서 일본의 원조가 보다 좋은 것이 되도록 노력을 해 나갈 생각임
(ODA白書 2004).

○ 일본 ODA는 일본의 외교기반 형성에 도움이 되고 있음. 따라서 외교정책을
염두에 두고 ODA의 수요를 근거로 해서 전략적으로 국제협력의 기획 · 입
안을 실시함. 2006년 2월의 '해외 경제협력에 관한 검토회'[6]는 최종보고서
에서 ODA를 비롯해 그 외 정부자금, 민간자금까지를 시야에 넣은 해외경
제협력의 전략성을 강화하기 위한 사령탑 설치 필요성을 지적했음. 이에
2006년 4월, 내각총리대신을 의장으로 하는 '해외 경제협력 회의'[7]가 내각
에 설치되어 해외 경제협력에 관한 중요사항에 대해서 기동적이고 실질적
인 심의를 실시하게 되었음. 같은 달, 외무대신을 본부장으로 '국제협력
기획입안 본부'가 외무성에 설치되어 외교정책 전체의 전략적 방향성이나
'해외 경제협력 회의'의 심의를 근거로 지역마다의 원조방침, 분야 · 과제
마다의 진행방식 등을 논의해, 외교정책 전체 안에서의 자리매김을 항상
확인하면서 국제협력을 진행시키는 것으로 하고 있음(ODA白書, 2007).

⁙ 5. 결론에 대신하여: 한국에 주는 함의

○ 순수성: 1946년에서 1976년의 시기, 일본은 경제성장을 위해 원조를 활용

---

6) 2005년, 정책금융개혁의 일환으로서 엔 차관 실시기관인 JBIC(국제협력은행)의 업무취급이 논의되었다. 그때 JBIC
   의 업무는 1) 정부개발원조의 전략적 활용, 2) "얼굴이 보이는 정부개발원조"를 위한 다른 원조기관과의 관계정리,
   3) 전략적인 원조정책을 기획입안 및 실행하기 위한 정부 내 체제정비를 검토해야한다는 관점에서 2005년 12월,
   내각관방장관 아래에 '해외 경제협력에 관한 검토회'가 설치되어 해외 경제협력의 정부 내 체제 · 실시기관 정비에
   대해 2개월 반에 걸쳐 집중적인 논의를 했다.
7) 해외 경제협력 회의의 구성원은, 내각총리대신(의장), 내각관방장관, 외무대신, 재무대신, 경제산업대신으로 구성.

함으로써 원조이념의 부재, 상업원조라는 비판을 받았음. 이 시기 ODA는 아시아 중시, 수출촉진, 개발수입, 경제안전보장 등의 외교수단으로 활용되었음을 의미함. 한국의 ODA도 이러한 비판의 대상이 되면서 실리우선의 원조를 제공할 것인가? 현실적으로는 설득력이 있을지 모르지만 장기적으로는 아니라고 봄. 한국이 경제대국이 되는 것을 소홀히 하자는 것이 아니라 현재의 실리보다는 장기적인 한국의 '국격'을 만든다는 차원에서 그리고 한국외교의 정통성을 세운다는 차원에서도 실리우선의 ODA는 바람직하지 않다고 봄.

○ 지속성: 한국 ODA의 우선 해결과제는 한국의 경제규모에 걸맞은 양적 확대임. 그 바탕 위에 지역적 안배를 통해 ODA는 전략적으로 한미협력, 국제협력을 위한 보강제여야 할 것임. 나아가 한국 ODA는 장기적인 전략(목적과 수단)을 가지고 지속적으로 이루어져 함. 어떤 분야든 전략도 없이 일회적이어서는 안 됨.

○ 체계성: 한국 ODA는 원조대국의 1/10 정도의 액수로 적음. 이에 한국 ODA의 가치를 높이는 방법은 원조의 기동성, 효율성, 투명성을 높이는 것임. 인도적 지원, 재난구조 등에 신속하고도 정확하게 대응하는 것이 필요함. 생색내기가 아닌 실질적이며 효율적인 관리 및 운영체제를 갖추는 것이 필요함. 이를 담보하기 위한 체계적인 조직이 필요하고, 이 조직이 ODA의 총괄기획, 평가검토, 수정/보완의 토털 시스템으로 작동되어야 함. 부처 간 생색내기와 힘겨루기가 선행한다면 그나마 적은 액수의 ODA도 빛을 바랠 것임. 물론 토털 시스템 구성은 부처 간 이기주의가 작용해서는 안 되기에 과감하고 결단력 있게 추진되어야 함.

동북아 다자협력체 구축조건:
통일독일의 경험이 주는 함의

고상두(연세대학교 교수)

독일의 통일은 유럽통합의 한 부분이다. 그리고 독일은 통일 이후 나토와 유럽연합을 강화하였고 확대하였다. 이러한 해결방식은 우리에게 많은 시사점을 준다. 동북아 지역의 통합과 다자주의가 한반도 문제를 해결하는 데에 도움이 된다는 것이다.

이 글은 먼저 독일이 유럽에서 어떻게 다자적 접근방법으로 평화를 구축했는지를 살펴본다. 그리고 동아시아 지역에 다자적 접근이 결핍되어 있는 현실을 지적하면서, 향후 동북아 다자협력의 가능성을 제시하고자 한다.

1. 서론

○ 독일은 어떻게 평화와 통일을 달성했는가?

- 독일통일은 유럽통합의 한 부분이었음.

- 독일은 통일을 위해 먼저 유럽지역의 통합과 평화를 위해 노력하였음. 즉 독일은 주변국이 동참하는 다자적 협력체를 만드는 데에 주력하였음.

- 이러한 해결방식은 우리에게 많은 시사점을 줌. 동북아 지역의 통합과 다자주의가 한반도 문제를 해결하는 데에 도움이 된다는 것임.

○ 유럽은 다자주의, 동북아는 양자주의적 안보환경을 가지고 있음.

- 통일 이후 독일은 나토와 유럽연합을 계속 유지하고 확대시켰음.

- 유럽은 평화를 정착시킴으로써 더 이상 전쟁비용을 치를 필요가 없게 되고 군사예산이 줄어드는 등 평화배당금을 받는 이득을 누리고 있음.

- 동북아 지역에는 나토 혹은 유럽연합과 같은 다자적 협력체가 존재하지 않고, 양자주의적 구조가 형성되고 있음.

- 동북아에는 아직 냉전질서가 잔존하고 있으며, 이 지역의 군비증강은 갈수록 치열해지는 상황임. 이러한 안보경쟁 추세를 막는 데에 다자간 안보협력이 어느 정도 기여할 수 있을 것임.

2. 안보협력의 개념

○ 안보협력에는 협력의 형태, 방식, 제도화 수준, 제도화 순서 등에 따라 여러 가지 종류가 있는데, 이에 따라 유럽과 동북아의 안보협력 사례의 차이를 발견할 수 있음.

○ 안보협력의 형태에서 유럽에서는 집단안보(collective security), 동북아에서
  는 집단방어(collective defense)가 지배적인 개념임.
- 집단방어 개념은 군사적 위협이 현존하고, 그 위협이 외부에 있다는 특징
  을 가짐. 냉전시대의 안보는 외부의 적에 대하여 군사동맹을 맺어 공동으
  로 대응하는 집단방어에 의해 유지되었음.
- 동북아 지역의 안보질서는 오늘날까지 군사동맹을 기반으로 하는 집단방
  어 개념에 의해 유지되고 있음.
- 유럽의 경우에도 냉전시대에는 집단방어 개념에 의해 안보를 유지하였지
  만, 탈냉전과 함께 명백한 외부 군사위협이 사라지면서, 집단방어 개념이
  약화되었음.
- 냉전시대의 유물이라고 할 수 있는 나토의 역할도 유럽지역 방어라는 전
  통적 역할을 벗어나서 역외지역의 평화유지로 변화하였음. 즉 유럽의 안
  보협력은 집단방어에서 집단안보로 발전한 것임.

○ 안보협력의 방식에 있어서 유럽에서는 다자주의가 일반적임. 이에 비해
  동북아 지역의 안보질서는 양자적 구조로 조직되어 있음.
- 한국과 미국, 일본과 미국이 각자 양자동맹에 의한 협력을 하고 있고, 중
  국, 러시아, 북한도 각각 양자적 차원에서 우호조약을 체결하고, 유사시
  서로 긴밀히 협의하기로 약속한 군사협력 조항을 조약에 포함시켰음.
- 이러한 양자적 안보질서 때문에 동북아 다자안보협력의 대표적인 사례인
  6자회담의 경우 표면적으로는 북핵문제 해결을 위해 관련 당사국이 모두
  참여한 다자 대화처럼 보이지만 실제로는 두 개의 세력이 대립하는 양자
  적 특성을 보이는 것임.
- 6자회담 내에서 한국, 일본, 미국이 긴밀한 공조체제를 가지고 있는 반면
  에, 중국과 러시아는 북한을 옹호하는 경향을 보이고 있음.

○ 안보협력의 제도적 수준이라는 관점에서 동북아는 아직 안보대화의 수준

에 머무르고 있는 반면에, 유럽은 안보기구의 수준으로 제도화되었음.
- 제도화는 협력의 지속성과 안정성을 보장해 줌. 물론 탈냉전 이후 동아시아 지역에 여러 가지 종류의 다자간 안보협력이 이루어지고 있지만 아세안지역안보포럼(ARF)이나 아태안보협력이사회(CSCAP) 등과 같은 안보대화의 수준에 머물고 있음.
- 도이치(Deutsch)는 안보협력이 제도화되는 데에 영향을 끼치는 결정적 요인으로서 공동 정체성을 강조함. 그런데 동북아 지역에서는 공동 정체성이 약하게 나타나는 반면에 상호 간에 경쟁심이 강하게 작용하고 있음.
- 대륙세력인 중국과 해양세력인 일본이 서로 경계하고 있고, 과거사 문제 때문에 일본은 종종 한국과 중국과의 관계에서 불편을 초래함. 또한 동북아 지역의 국가들은 상이한 가치를 가지고 있음. 중국과 북한은 사회주의, 한국과 일본은 자유 민주주의, 그리고 미국과 러시아는 비아시아적 정체성을 가지고 있음.

○ 안보협력의 제도화 순서라는 관점에서 보면, 유럽통합의 경우 에너지, 경제, 외교안보의 순서로 제도화가 진행되었음.
- 유럽통합의 시초인 석탄철강공동체는 석탄과 철강을 순수한 에너지 문제가 아니라 안보적 문제로 보았음.
- 제2차 세계대전을 경험한 유럽은 군사무기를 만드는 전략물자인 석탄과 철강의 생산을 국제관리 하에 둠으로써 전쟁을 방지하고자 하였음. 즉 에너지 협력을 통해 상호 간 안보분야의 신뢰를 확보한 후 경제공동체와 정치공동체로의 발전을 하게 된 것임.
- 동북아에서는 북한 핵문제가 중대한 안보문제를 불러일으키고 있음. 그리하여 에너지 혹은 경제협력 보다 안보이슈를 둘러싼 협력이 더 긴급한 문제가 되고 있음.
- 개별국가들이 자국의 안보를 극대화하려는 노력은 종종 전쟁을 불러일으킴. 국가들의 상호 경쟁적인 군비경쟁은 결과적으로 참여국 모두에게 비

용을 초래하는 것임. 이러한 안보딜레마를 극복하기 위해서 가급적이면
안보분야에서 경쟁보다 협력의 원칙을 적용해야 함.
- 잠재적 분쟁 당사국들이 협력을 통한 전쟁억지에 관심과 노력을 기울일
  때 평화의 가능성은 한층 높아진다고 하겠음.

○ 안보협력이 다자적으로 성립되기 위해 필요한 가장 중요한 전제조건은 공
  동이익의 실현 가능성임.
- 다자협력체에 참여하는 행위자 모두가 이득을 볼 때, 협력은 성공적으로
  유지될 수 있을 것임. 그러므로 상호 공동이익을 실현하기 위해서는 가능
  한 한 서로 교환할 수 있는 다양한 이익이 존재해야 함. 그러므로 경제이
  익과 안보이익을 결합적으로 추구하는 협력체가 바람직한 것임.
- 이러한 점에서 볼 때, 유럽연합은 단순한 경제협력에 그치지 않고 정치안
  보 협력까지 결합적으로 추구하는 이상적 다자협력체라고 할 수 있음.

○ 동북아지역에 형성되어 있는 안보적 긴장이 반드시 부정적인 것은 아님.
  긴장과 갈등관계는 신뢰형성의 필요성을 촉구하게 됨.
- 신뢰구축이란 군사적 운영을 투명하게 하여 분쟁을 막으려는 제도임. 즉
  기습공격의 가능성을 감소시키는 운영체계인 것임. 신뢰구축의 방안으로
  는 군사력 및 국방예산의 공개, 군사당국간 직통전화의 설치, 군사훈련 및
  부대이동의 통보 및 참관, 군사시설 사찰, 핵 선제공격의 포기 등이 있음.
- 한반도에서의 군사적 긴장은 단순히 남북한 간의 적대감에서 생겨나는 것
  이 아니라 주변 강대국을 포함한 동북아 갈등구조 속에서 생겨난 것임. 그
  러므로 한반도에서 무력충돌이 발생한다면 그것은 남북한뿐만 아니라 주
  변국의 개입을 초래할 것임.
- 이처럼 한반도 문제는 동북아 지역평화와 연계되어 있고, 한반도 평화는
  한반도 주변국가 모두가 참여하는 다자적 안보협력 틀에서 유지되어야 하
  는 것임.

○ 세계평화를 유지하는 데에는 두 가지 접근방법이 있음. 전 지구적 차원에서 적용되는 보편적 집단안보를 구축하는 방법과 지역적 차원에서 적용되는 개별적 집단안보를 전 세계로 확대하는 방법이 있음.

- 보편적 집단안보를 구축하는 것은 간편하지만 이상적인 방법임. 반면에 개별적 집단안보는 점진적이지만 실현성이 높은 방법임.

- 세계 각 지역에서 평화의 구축이 성공적으로 이루어진다면 세계는 다양한 평화블록에 의해 짜 맞춰진 지구평화공동체가 될 수 있을 것임.

- 유럽지역이 평화구축에 성공한 것처럼 안보불안 요인을 많이 안고 있는 동북아가 평화정착에 성공한다면 인류의 평화는 지리적으로 확장되는 것이 될 것임.

3. 유럽의 다자적 안보협력과 전쟁의 종식

○ 유럽의 역사는 전쟁의 역사

- 루소는 폴란드를 유럽적 현상이라고 불렀음. 왜냐하면 폴란드는 침략과 정복으로 점철된 유럽의 역사를 가장 잘 대변해 주는 국가이기 때문임. 폴란드는 영토가 동쪽으로 이동하였다가, 서쪽으로 이동하였고, 남의 식민지가 되기도 하였고, 지도에서 사라지기도 하였음.

- 근대 유럽에서는 끊임없이 대규모 전쟁이 발생하였음. 그리고 두 차례의 세계대전이 발발하였음.

- 최고의 근대문명을 꽃피웠던 유럽에서 가장 야만적인 전쟁이 발생한 것임. 세계대전은 문명국가의 야만성을 드러낸 역사적 사건이었음.

○ 왜 2차 대전 이전에는 그렇게 빈번하던 전쟁이 전후 유럽에서 사라졌을까?

- 2차 대전 이후 유럽은 전쟁을 종식시켰고, 평화지대를 건설하는 데에 성공하였음. 그 이유는 전쟁을 방지하는 새로운 안보환경이 마련되었기 때문임.
- 진화론적 관점에서 보면 환경이 존재를 결정함. 즉 특정한 환경에 잘 적응하는 존재는 환경이 새롭게 바뀌면 적응하지 못하고 소멸하게 됨. 공룡이 멸종한 것은 그들이 살던 생활환경의 급격한 변화 때문이었음.
- 이처럼 전후에 유럽에서 전쟁이 사라진 것은 전쟁을 초래하였던 환경이 사라지고 전쟁재발을 막는 다자적 안보환경이 새롭게 구축되었기 때문임.

○ 전후 유럽이 구축한 다자적 협력체
- 군사부문에서는 나토가 서유럽 집단방어조직으로서, 정치부문에서는 유럽연합이 서유럽을 결속시키는 중요한 역할을 하였음.
- 유럽통합의 아버지 장 모네(Jean Monet)는 유럽통합의 정신을 "유럽에서 전쟁의 발발 가능성을 심리적으로 어렵게 만들 뿐만 아니라 물질적으로도 어렵게 만드는 것이다"라고 표현하였음.
- 유럽 국가들은 과거에 전쟁의 승리를 통해 얻으려고 하였던 국가의 번영을 전쟁을 치르지 않고도 얻을 수 있게 되었음. 그리고 부강한 나라가 되는 방법은 전쟁이 아니라 투자와 교역이라는 것을 깨달았고, 국가 간 교역과 투자를 활성화하기 위해서는 평화가 필요하다는 것을 깨달은 것임.

○ 정치에서는 민주주의, 경제에서는 시장경제가 최선의 대안이라면, 안보에서 최선의 대안은 무엇인가?
- 안보의 최고 목표가 전쟁방지를 통한 평화의 구축이라면 아마 공동안보가 최선의 선택이라고 할 수 있음.
- 민주주의, 시장경제, 공동안보의 공통점은 무엇인가? 민주주의와 시장경제가 국가의 권한을 제한함으로써 사회의 발전을 도모하는 것처럼, 공동안보도 주권국가의 권한을 제약함으로써 국제사회에 평화공존을 구축하려는 방안임. 즉 강대국과 약소국을 불문하고 모든 국가를 국제규범과 규

칙에 의해 구속함으로써 전쟁을 최소화하는 제도임.

- 탈냉전 이후 국가 하부 집단에 의한 전쟁의 빈도가 높아지기는 하였지만, 여전히 전쟁을 일으키는 가장 중요한 주체는 국가임. 그러므로 유럽에서는 국가를 다자적 협력체에 묶어 두어 선전포고의 동기와 가능성을 감소시키고 있는 것임.

- 전쟁이 고대의 발명이라면 평화는 현대의 발명임. 그리고 현대 유럽이 발명한 평화는 유럽지역에 경제적 번영을 가져왔음.

⸬ 4. 통일독일의 다자주의 외교안보정책

○ 전후 독일은 패권추구를 자제하는 모습을 보였음.

- 독일은 패전국과 분단국이라는 이중적 제약 때문에 국제무대에서 낮은 자세로 협력적인 태도를 취하였던 것임.

- 그리하여 2차 대전 직후에는 대서양 밀착외교를 통해 신속한 경제복구와 안보의 확보를 도모하였고, 그 이후에는 유럽통합에 주도적인 역할을 하였음.

○ 독일의 협력적 외교노선을 뒷받침하는 근본인식은 국제관계의 상호 의존성에 대한 믿음임.

- 독일은 다른 나라와의 협력 없이 독일의 국익을 추구하는 것이 어렵다고 생각하였음.

- 특히 대외교역 의존도가 높은 독일에게 다자주의는 포기할 수 없는 원칙이며, 적은 비용으로 독일의 국가이익을 달성할 수 있는 수단이며, 주변국의 독일에 대한 안보우려를 불식시켜 줄 수 있는 바람직한 대외노선으로 인식되었음.

○ 통일 이후에도 독일은 전통적인 협력외교를 지속하였음.
- 사실 통일 이후 독일의 힘과 위상이 크게 변화하였음. 첫째, 독일의 지정
  학적 위치가 변화하였음. 서유럽의 주변부에서 유럽의 중심부로 자리를
  옮기게 되었음. 둘째, 독일의 국력이 크게 신장되었음. 인구, 영토, 경제력
  등의 기준으로 볼 때, 유럽에서 가장 큰 대국이 되었음. 셋째, 독일의 정체
  성이 변화하였음. 전범국가, 분단민족이라는 콤플렉스를 극복하고 통일을
  이룩한 위대한 민족, 유럽통합을 이끄는 견인차라는 자부심을 갖게 되었음.
- 독일의 이러한 위상변화는 자연스럽게 대외정책에 대한 국민의 인식에 변
  화를 가져왔음. 그리하여 독일사회 내부에서는 독일의 국가이익을 중시하
  고 독일의 독자적인 길을 강조하면서, 국제무대에서 독일의 목소리를 높
  일 것을 요구하는 주장이 생겨났음.
- 독일정부는 궁극적으로 다자주의를 중시하는 기존의 외교노선에서 크게
  이탈하지는 않았음.

가. 독일의 나토정책

○ 나토에 대한 독일의 신뢰
- 냉전시대 독일은 유럽분단의 최전선에 위치한 국경국가였음. 서독지역에
  는 최대 40만 명의 나토군이 주둔하였고, 이 중에서 30만 명이 주독 미군
  이었음. 동독지역에는 약 30만 명의 소련군이 주둔하였음. 그리하여 동서
  독은 유럽에서 군사적 긴장이 가장 첨예한 지역이었음.
- 이처럼 서독은 나토에 의해 안보를 보장받았으며, 냉전시대 나토의 최대
  수혜국이라고 할 수 있음.

○ 통일 이후 독일은 나토의 존속에 기여하였음.
- 독일은 구소련의 위협이 사라진 이후에도 나토가 계속 존속하는 데에 기
  여하였음.

- 1989년 베를린 장벽이 무너진 후, 갑작스런 통일에 대한 주변국의 우려는 매우 컸음. 동맹국인 영국과 프랑스도 독일통일에 대하여 부정적이었음.
- 프랑스 미테랑 대통령은 1989년 12월 동독의 수도인 베를린을 방문하여 독일 통일을 반대한다는 뜻을 분명히 하고 동독의 존속을 지지하였음. 영국의 대처 수상은 히틀러가 전쟁으로 쟁취하고자 했던 유럽의 종주국 자리를 통일독일이 평화적으로 얻게 되었다고 말하였음.
- 이러한 주변국의 우려를 불식시키기 위하여 독일은 나토동맹에 대한 안보공약을 재확인하였으며, 통일 이후에도 미군을 비롯한 나토군이 독일 영토에 계속 주둔하는 것을 허용하였음. 그리하여 약 10만 명의 미군이 통일독일에 계속 주둔하게 되었음.
- 나토의 초대 사무총장인 이스메이(Ismay)에 의하면 나토의 창설목적은 "미국을 끌어들이고, 러시아를 밀어내고, 독일을 누르는 것"이었음. 냉전기간 동안 나토는 미군의 유럽주둔을 가능하게 함으로써 소련의 위협뿐만 아니라 서독의 군사대국화도 함께 막았던 것임.
- 동일한 논리로 나토는 독일이 통일 이후 유럽의 강대국이 되는 것을 두려워하는 주변국의 우려를 불식시킬 수 있는 수단으로 계속 유효했던 것임.
- 냉전이 종식된 후 유럽 국가들은 나토를 계속 존속시킬 것인지에 관한 논의가 있었지만, 세계에서 가장 성공적이고 강력한 동맹 기구를 폐기하는 것보다 새로운 임무를 부여하여 존속시키기로 결정하였음.

○ 독일은 나토의 강화에 기여하였음.
- 9·11 사건이 발생하면서 나토의 역할이 중요해졌고, 프라하 나토 정상회담에서 미국의 주창에 따라 나토신속배치군을 만들기로 결정하였음.
- 총 2만 명 규모의 이 부대는 나토동맹국의 육해공군이 참여한 다국적 첨단기동부대로서 분쟁지역에 즉시 파견되어 반테러 작전을 하고 분쟁 확대를 막는 임무를 맡았음. 독일은 신속대응군의 창설에 크게 기여하였음.
- 과거의 나토동맹이 외부의 군사위협으로부터 나토회원국을 방어하는 동

맹이었다면, 이젠 역외지역에서 발생하는 분쟁에 개입하고 해결하는 글로 벌동맹이 되었음. 이것은 21세기의 안보위협이 글로벌한 속성을 가지고 있기 때문에, 나토 역외지역의 분쟁이 나토 회원국의 안보와 무관하지 않기 때문임.

- 처칠은 일찍이 "지구 한 구석에서 분쟁이 발생하면 세계평화가 위태롭게 된다"라고 말하였음. 이처럼 지역안보와 글로벌안보를 연계하여 바라보는 인식이 탈냉전 이후 본격적으로 실천되고 있는 것임.

○ 독일은 나토의 동구확대를 지지하였음.

- 독일은 1997년 마드리드 나토 정상회담에서 과거 바르샤바 조약기구의 회원국이었던 폴란드, 체코, 헝가리가 가입승인을 받는 데에 크게 기여하였음. 독일은 안보적 이유에서 나토의 동구확대를 지지하였음. 즉 동유럽 국가의 나토가입으로 독일의 동쪽 국경에 군사동맹국을 두게 된 것임.

- 프랑스와 영국은 독일의 영향력이 동유럽 지역으로 확대되는 것을 우려하였음. 그리고 나토의 동구확대로 독일이 더 이상 유럽대륙의 변방이 아니라 유럽의 중심부를 차지하게 되는 것에 대하여 경계하였음.

- 이러한 점에서 볼 때, 독일이 동유럽 국가의 나토가입을 이끌어 내었다는 것은 이웃국가를 잘 설득한 독일 외교안보정책의 성과라고 할 수 있음. 동유럽 3국의 나토가입은 나토가 동구지역 국가들과 안보협력을 강화하게 되는 촉매가 되었음.

- 1997년에 나토 - 러시아 상설 공동위원회가 구성되었고, 나토에 가입하지 않은 다른 동유럽국가와 나토 사이에는 "평화를 위한 동반자 관계"가 체결되었음.

나. 독일의 유럽연합정책

○ 독일의 유럽연합 정책은 독일 다자외교의 핵심임.

- 유럽연합은 회원국의 공동노력으로 공동이익을 추구할 수 있도록 설계되어 있음. 독일은 유럽국가 중에서 지역통합에 가장 적극적인 국가이고, 국가정체성과 유럽정체성을 동질화하는 데에 가장 앞선 나라임.
- 물론 독일이 유럽통합을 주도하는 데에는 비용이 수반됨. 유럽통합의 심화는 회원국 주권의 축소를 초래하기 때문에, 일부 회원국의 저항과 반발을 가져왔음. 그러므로 이들 국가들을 달래기 위해서 경제적인 인센티브가 제공되어야 했고, 이에 소요되는 비용은 통합의 심화를 선도한 독일이 늘 담당하였음.

○ 통일 이후에도 독일의 유럽통합에 대한 지지는 지속되었음.
- 통일 이전까지만 해도 독일은 유럽통합의 손익계산에 민감하지 않았음. 1993년에 독일의 유럽연합 분담금은 국민1인당 147유로였고, 프랑스는 18유로였음.
- 통일 이후 동독재건에 막대한 비용이 소요되면서 독일은 유럽통합보다 동서독통합이라는 국내문제의 해결에 더 큰 노력을 기울여야 했음. 이러한 상황변화에도 불구하고 독일은 유럽통합의 심화와 확대를 포기하지 않았고, 오히려 유럽통합을 더욱 적극적으로 추진하였음.

○ 통일 이후 독일은 유럽통합의 심화에 더욱 박차를 가했음.
- 통일독일은 마스트리히트 조약에서 화폐통합과 안보통합을 약속함으로써 유럽통합을 가속화시켰던 것임.
- 독일은 통일 이후 유럽의 강자를 지향하는 것이 아니라 유럽연합의 일원으로서 계속 남을 것이라는 점을 이웃국가들에게 분명히 보여 주고자 하였음. 이를 위해 통일 후 불과 1년 정도밖에 되지 않은 1991년 12월의 마스트리히트 조약에 화폐통합과 안보통합이라는 두 가지 중요한 통합목표를 담는 데에 앞장섰음.
- 통화통합이란 독일로서는 마르크화를 버리고 유로화를 도입하는 경제 실

힘이었음.

- 독일국민에게 마르크화는 매우 중요한 상징적 의미를 가짐. 마르크화는 라인강의 기적을 상징하는 동시에 독일 역사상 가장 안정적인 통화였음. 또한 마르크화는 독일통일을 이룩한 힘이었음. 동독주민들이 흡수통일을 수용한 것은 무엇보다도 경제적 요인 때문이었음. 그들은 동독 사회주의 개혁에 대한 희망을 포기하고 서독과의 통일을 요구하며 거리로 나섰고, "서독 마르크가 우리에게 오지 않으면 우리가 서독으로 가겠다"고 외쳤음.

○ 독일은 유럽통합의 동구확대를 적극 지지하였음.
- 유럽연합의 동구확대로 인하여 독일은 유럽회원국에 의해 둘러싸이게 된 것임. 독일은 나토와 유럽연합의 확대를 모두 지지하였고, 독일의 동부에 인접한 국가들은 나토동맹국인 동시에 유럽연합 회원국이 된 것임.
- 비스마르크는 "민족의 운명은 외교정책에 의해 결정이 된다"라고 하였음. 독일은 유럽대륙의 중앙에 위치하여 동서남북으로 전쟁을 치렀음. 독일은 현재 북해를 포함하여 10개의 국경을 가지고 있음. 이것은 중국이 가지고 있는 국경 수와 거의 비슷한 수준임.
- 수많은 접경국가를 가지고 있는 독일에게 이웃국가와의 동맹은 안보정책의 최우선과제임. 이러한 관점에서 본다면, 오늘날 독일은 역사상 가장 안정적이고 평화로운 동맹관계를 맺고 있고 있다고 할 수 있음.

5. 동북아의 양자적 안보대결 구도

○ 동아시아는 전쟁위험지역
- 만델바움(Mandelbaum)은 21세기에 세계질서를 뒤집는 대규모 전쟁이 발생한다면 동아시아 지역이 될 것이라고 말했음.

- 유럽적 경험에 비추어 본다면 동아시아에서 대규모 전쟁 발발 가능성이 존재하는 이유는 다자적 안보협력이 결여되어 있기 때문임.
- 중국과 미국의 이익이 서로 충돌하는 한반도와 대만해협이 화약고가 될 수 있음. 또한 분쟁강도는 낮지만 동북아지역에는 도서 영유권을 둘러싼 분쟁이 지속되고 있음. 특히 일본은 러시아, 한국, 중국 등 주변의 모든 국가와 영토분쟁을 하고 있음.

○ 냉전시대의 안보인식은 제로섬 게임
- 냉전시대에 미국과 소련은 세계를 거대한 체스판으로 보았음. 체스판은 제로섬 게임이어서 한쪽의 이득은 다른 쪽의 손실로 간주됨.
- 냉전시대 국가의 운명은 진영의 싸움에 의해 결정되었고, 졸의 죽음이 왕의 죽음을 가져올 수 있었음. 따라서 졸의 운명도 대세에 영향을 미치는 중요한 요인으로 간주되었음. 그러므로 냉전시대 동서 양 진영은 한국, 베트남, 아프가니스탄 등 주변부 국가에서 전력을 다해 싸웠음.
- 냉전시대에 사용되었던 도미노 이론은 장기판에서 졸들의 죽음이 진영 전체의 몰락을 가져온다는 연쇄효과를 표현한 것이었음.

○ 냉전시대의 안보는 세력균형에 의해 유지
- 세력균형이란 군사력의 배분이 엇비슷하게 이루어져서 어떤 국가도 다른 국가를 공격하기 어려운 상황을 말함. 세력균형에 의해 전쟁이 억지된 냉전 상황을 평화적이라고 말하기는 어려움. 안정적이었을 뿐임.
- 탈냉전 시대의 유럽은 세력균형 체제가 아니라 공동안보 체제를 통해 전쟁의 위협을 소멸시키는 데에 성공하였음.
- 동북아는 아직도 세력균형에 의한 안보대결 구도를 가지고 있음. 크고 작은 두 개의 양자주의가 지배하고 있는 것임. 작은 양자주의란 한미, 한일, 북중, 북러 간에 체결된 양자적 군사협력을 말하고, 큰 양자주의란 대륙의 중국, 러시아, 북한 그리고 해양의 한국, 일본, 미국 간의 대결을 말하는

것임.

○ 탈냉전 시대의 동북아 지역질서가 양자적 성격을 띠는 이유

- 다자안보협력에 대한 강대국의 적극적인 지지가 결여되어 있기 때문임.

- 미국은 워싱턴을 중심축으로 형성되어 있는 양자적 동맹구조가 자국에게 유리하다고 생각함. 그러므로 미국의 중심적 위치가 주는 우월적 지위에 변화를 초래할 다자주의를 도입에 반대함.

- 중국은 다자간 협의체의 형성이 티벳문제와 대만문제에 대한 외부의 개입을 초래할 것을 우려함. 또한 주변국과의 분쟁을 양자 간에 해결하는 것이 힘의 우위를 이용할 수 있는 유리한 방식이라고 생각함.

- 이에 반해 러시아는 다자협력을 동북아 지역질서에 끼어들 수 있는 기회로 생각하고, 일본은 군사대국화에 대한 우려를 불식할 수 있다는 점에서 다자협력을 선호함. 하지만 러시아와 일본은 리더십의 부족으로 동북아 지역에서 다자적 협력을 구현하는 데에 어려움을 겪고 있음.

○ 동북아지역은 교역에서도 양자주의가 지배하고 있음.

- 한·중·일 3국 간의 교역은 매우 긴밀하지만, 이들 국가 간의 다자적 경제통합 노력은 매우 미흡함. 즉 한·중·일 간의 교역과 투자는 날로 늘어나지만 이들 국가 간의 경제교류를 저해하는 관세 및 비관세 장벽은 제거되지 않고 있는 것임.

- 또한 3국이 각각 역외국가와는 자유무역협정(FTA)을 체결하지만 서로 간에 FTA를 체결하는 데에는 매우 조심스러워함.

6. 동북아 다자질서 구축의 가능성

○ 다자적 평화체제는 국제 공공재이며, 국제사회에서 공공재를 마련할 수 있는 조건은 무엇인가?

- 세 가지의 가능한 조건이 있을 수 있음. 첫째는 참여자의 수가 소수인 경우임. 두 번째는 참여자 중에서 한 국가가 압도적인 군사력과 경제력을 보유하고 평화유지에 필요한 비용을 거의 전담하는 경우임. 세 번째는 공공재의 공급이 매우 긴급한 경우임.
- 이러한 관점에서 볼 때, 동북아의 경우 국제공공재로서 다자적 평화체제가 만들어질 수 있는 두 가지 조건은 충족될 수 있다고 봄.
- 첫째, 동북아 지역은 참여국가의 수가 적음. 둘째, 북한의 핵개발이라는 긴급해결 이슈를 가지고 있음.
- 북한 핵문제는 한반도만의 문제가 아니라 지역평화의 문제가 되었고, 다자안보의 가능성을 높이고 있음. 이러한 관점에서 동북아 지역에서 다자적 평화체제를 구축하기 위해서는 중국과 북한을 끌어들이는 것이 무엇보다도 중요하다고 할 수 있음.

○ 동아시아 안보에서 중국변수
- 중국은 동아시아 지역에서 주변국들을 위협하는 존재는 아니지만 위압적인 존재임에는 틀림없음.
- 나폴레옹은 "중국은 잠자는 용이며, 중국이 깨어나면 세계가 소란스러울 것이다"라고 말했음. 나폴레옹의 예언이 200년 만에 적중하고 있음. 중국이 지역안보에 위험요인으로 작용하는 이유는 '민주화 없는 경제대국화' 때문임.
- 2차 대전을 일으킨 독일과 일본이 그러한 위험성을 잘 드러내 주었음. 민주화되지 않은 경제대국은 지역평화뿐만 아니라 세계평화에 위협요인이 되었음.
- 동아시아에서의 중국 변수는 유럽에서의 러시아 변수와 유사함. 러시아는 유럽의 안보에 항상 중요한 요인으로 작용하였음. 유럽에게 러시아는 파트너이면서 동시에 경쟁자임. 유럽은 러시아의 에너지 공급에 크게 의존하고 있으면서 동시에 그루지야 전쟁이 보여 주는 바와 같이 안보문제에

서 종종 갈등을 빚고 있음.

- 중국 또한 한국에게 파트너이면서 동시에 경쟁자임. 중국은 한국의 제1교 역국이지만 북한을 경제적으로나 외교적으로 후원하고 있음.

○ 동아시아 다자협력체 구축에서 중국의 참여 가능성

- 중국을 다자적 협력체로 끌어들이기 위해서 우리는 중국이 동북아 안보상 황을 체스판으로 보지 않도록 해야 함. 그리고 북한의 붕괴가 중국의 운명 에 부정적으로 작용하지 않는다는 것을 보여 주어야 함.

- 중국의 체제는 북한보다 한국에 더 가까워지고 있음. 중국은 시장경제를 도입하였고, 경제체제를 크게 바꾸었음. 양국 간의 경제적 교류협력 관계 도 중국과 북한관계에 비하면 훨씬 더 긴밀함. 그러므로 우리는 중국의 안 보관을 바꾸는 데에 노력을 기울여야 할 것임. 즉 중국의 한국에 대한 경 제인식이 변화한 것처럼 중국의 안보인식도 바뀔 수 있도록 노력해야 한 다는 것임.

- 냉전의 종식 이후 미국의 일극질서가 형성되면서 중국은 다극질서를 추구 하게 되었고, 동아시아 안보질서를 다극적 관점에서 재편하기를 원하고 있음.

- 신현실주의적 관점에서 보면 국제체제의 구조는 국가의 행위를 결정하는 중요한 요인임. 시장으로 비유하자면, 시장구조가 기업의 행위를 결정함. 즉 시장이 독점, 과점, 혹은 경쟁적 구조인가에 따라서 기업은 독점기업, 과점기업, 경쟁기업의 경제행위를 하게 됨.

- 동일한 논리에 따라 미국이 유일 초강대국일 때는 마치 독점기업처럼 일 방주의적 해결방식을 사용하게 되고, 다극적 구조에서는 다른 국가들과 국제문제를 협력적으로 해결하는 경향을 보이게 되는 것임. 이런 관점에 서 중국은 동북아 국제체제를 미국 독점적 형태에서 최소한 미국과 중국 의 과점적 형태로 변경시키고자 하는 것임. 따라서 중국의 다극화 추구심 리를 잘 활용하면 동북아지역에 다자적 안보질서를 형성할 수 있을 것임.

○ 동아시아 다자협력체 구축에서 북한의 참여 가능성

- 동북아 지역에서 다자주의가 성공하려면 북한의 참여가 중요하고, 이를 위해선 북한이 다자주의의 수혜자가 되어야 함. 북한은 무엇보다도 경제적 혜택을 원함.

- 북한은 1970년 중반에 외국 차관을 갚지 못한 이후 국가 채무불이행 상태에 있음. 그 결과 국제통화기금, 세계은행, 아시아개발기금 등의 국제기구 가입이 불가능하게 되었고, 그에 따라 각종 재정적인 지원을 받을 수 있는 기회를 봉쇄당하고 있음.

- 동북아 다자기구가 만들어지고 북한이 참여하게 되면, 북한으로서는 국제사회의 인정을 받게 되는 발판이 되는 것임.

- 다자협력은 상호 이익에 기초할 때 성공할 수 있음. 그러므로 경제이익과 안보이익이 결합된 다자적 상호주의 접근법을 채택하여 북한은 경제이익을 남한은 안보이익을 얻을 수 있는 협력모델을 마련해야 할 것임.

- 동북아 공동체는 다자간 조약에 의해 제도화되어야 함. 유럽의 경우 OSCE는 CSCE에서 출발하였음. EU는 ECSC에서 출발하였음. 동북아의 경우에도 처음부터 완성된 제도가 아니라 만들어 나가는 제도를 염두에 두어야 함.

○ 한·중·일이 먼저 선도적으로 경제 부문에서 다자적 협력을 하고 동북아 자유교역지대를 형성하는 것이 요구됨.

- 21세기에 접어들어 동북아의 경제력은 크게 증가하여 유럽과 북미에 이어 세계 3위의 경제권을 형성하고 있음. 한·중·일 3국은 15억의 소비자, 세계 생산량의 19%, 세계외환보유고의 40%를 차지하고 있음.

- 현재 한·중·일은 서로 다른 FTA 전략을 추구하고 있음. 중국은 경제발전에 도움이 되는 우호적 주변 환경의 조성을 위해 주로 이웃국가들과 FTA를 체결하여 중화경제권을 형성하고 있음.

- 일본은 글로벌 생산라인의 구축을 위해 FTA를 활용하고 있음. 20세기 초반에 대동아공영권을 꿈꾸었던 일본은 동남아 등 개도국 간에 원자재와

상품의 자유로운 이동이 가능하게 만드는 것을 이 세기의 새로운 목표로 삼고 있음.

- 대외교역 의존도가 매우 높은 한국은 미국과 유럽연합 등 거대 판매시장의 확보를 목표로 하고 있음.

- 이렇게 서로 다른 독자적인 전략 때문에 한·중·일 3국은 동북아 자유무역지대를 형성하기보다는 역외지역 국가와의 FTA 체결에 더 적극적이었음. 하지만 이러한 개별 행보는 결국 상호 간의 FTA 체결로 귀결할 수밖에 없음.

⁘ 7. 정책제언

○ 이상의 분석에서와 같이 한반도가 동북아 지역협력의 필요조건이 되고 있음. 동북아 지역협력은 우선적으로 한·중·일 3국이 시작하여야 함. 유럽 통합의 경우 독일, 프랑스, 이탈리아, 베네룩스3국 등 6개국이 시작하였고, 통합의 성공모델을 마련한 후 수차례에 걸쳐 지역적으로 확대하였음.

○ 매년 한·중·일 3국 정상회담이 제주도에서 개최되고 있음. 한국은 유럽의 벨기에이며 제주도가 유럽의 브뤼셀이 될 수 있음. 이러한 맥락에서 제주도에 동북아 지역협력을 위한 기구 설치를 적극 추진할 필요가 있음.

○ 국제회의도시가 되기 위해서는 국제회의를 위한 인프라뿐만 아니라 도시 자체가 매력적이어야 함. 제주도에 동북아 다자회의를 집중적으로 개최함으로써 한국이 동북아 지역협력의 중심국이 될 수 있도록 하는 장기적인 노력이 필요함.

러시아 극동지역의 전력공급체계와
남 · 북 · 러 전력계통 연계

성 원 용(인천대학교 교수)

현재 세계적으로 최대부하 감소, 발전설비의 경제적 이용, 부지난 해소 등을 기대하며 다양한 형태의 전력부문 협력이 추진되고 있으며, 동북아에서도 이러한 추세에 맞추어 역내 인접 국가들 간 전력계통 연계를 통한 전력협력을 강화해 나가고 있다.

러시아는 동북아 전력계통 연계와 관련하여 '러시아 블라디보스토크—북한 청진' 간 전력계통 연계(1단계) 및 '러시아—남한' 간 전력계통 연계(2단계)로 구분하여 단계별 추진 전략을 구사하고 있다. 제1단계 사업은 총 380km(블라디보스토크—청진) 거리에 송전 규모 50만kW, 송전 방식 220kV/500kV, AC의 송전망을 건설하는 계획이며, 제2단계 사업은 러시아의 발전설비 확장 계획에 따라 남한까지 ±500kV 초고압직류송전 방식을 통해 500만kW를 공급할 계획이다. 한국은 남·북·러 전력계통 연계가 향후 북핵문제 해결 후 러시아와 공조할 수 있는 에너지협력의 대상이라는 판단 하에 양측의 실무기관을 지정하여 사업타당성 연구를 진행하고 있다.

남·북·러 전력계통 연계는 에너지이용의 효율화라는 직접적인 이득 외에도 대북 전력지원의 경제적 효율성을 제고하고, 한·러 에너지협력을 '실천'의 단계로 끌어올리는 전환점을 마련할 것이며, 북한의 개혁·개방을 유도함과 동시에 동북아의 지역협력 구도를 다자협력으로 진전시키는 중요한 계기를 마련할 것이다.

한·러 전력계통 연계는 민감한 기술적·경제적·정치적인 문제들이 연관되어 있기 때문에 치밀한 사업타당성 검토가 요구된다. 그러나 북한 핵문제와 북한 영토 통과 시 발생할지도 모르는 안보상의 우려를 내세워 남·북·러 전력계통 연계를 무작정 연기시키는 태도는 바람직하지 않다. 오히려 북한의 개혁·개방 기조를 유인하고 갈등요소를 제거하는 정책수단으로 적극적으로 활용하는 역발상의 접근이 필요하다.

⠿ 1. 서론

○ 현재 전 세계적으로 최대부하 감소, 발전설비의 경제적 이용, 부지난 해소 등을 기대하며 다양한 형태의 전력부문 협력이 추진되고 있음.

- 유럽 각국들은 전력부문 협력을 통한 편익을 극대화하기 위해 단일 전력 시장을 구축하려는 계획을 추진하고 있음.

○ 최근 동북아 지역에서도 이러한 세계적인 추세에 맞추어 전력부문 협력을 본격적으로 논의하기 시작했으며, 일부 국가들 간 양자 협의를 바탕으로 전력망 연계를 통한 전력협력을 강화해 나가고 있음.

- 중·러 간에는 현재 블라고베쉔스크 지역에서 중국의 헤이헤시로 소량의 전력 공급이 이루어지고 있으며, 2006년 3월 중·러 정상회담에서 양국은 '중·러 전력교역 확대 타당성 연구 협정'을 체결하고 향후 3단계에 걸쳐 전력부문의 협력을 강화하기로 함.

- 러·북 사이에는 이미 2001년에 블라디보스토크 - 청진 간 380km 구간에 송전선 시설을 설치하여 연간 30~50만kW의 전력을 북한에 송전한다는 계획에 대해 MOU가 체결되었음.

○ 현재 러시아는 전력부문에서 여러 방식으로 대한반도 전력망 연계를 계획 하고 있는데, 하나는 '북·러 연합 프로젝트'이고, 다른 하나는 '한·러 연 합 프로젝트'임.

- 러시아는 기본적으로 북한에 대한 전력공급을 실현하는 '북·러 연합 프 로젝트'가 완성된다면, 장기적으로 북한의 영토를 거쳐 한국에 이르는 다 국 간 전력연계를 추진한다는 복안을 갖고 있음.

- 한국과 러시아 양국 정상은 2005년 APEC 정상회담 시 러시아⇔북한⇔ 한국으로 지상 전력노선을 연결하는 대안을 언급하였음.

○ 한국도 장기적으로 통일 이후 남북한 통합전력망 구축을 목표로 단계별로 합리적인 남북한 전력 협력 방안을 구상하고 있으며, 이러한 차원에서 러시아와 공동으로 대북 송전망 건설 및 남·북·러 전력계통 연계 가능성을 모색하고 있음.

○ 현재 동북아 지역에서 전력계통 연계를 통한 지역협력 가능성에 대한 논의는 초보적 단계에 있으며, 역내 국가들의 첨예한 이해관계의 차이, 북핵문제와 같은 정치적 갈등 구조, 그리고 현실적 제약요인 등으로 전력협력 구상이 본격적인 실행 단계에 진입하지는 못하고 있음.

○ 향후 북핵문제의 평화적인 해결 방안이 가시화되는 시점에 이르면 남북한 전력 협력과 한·러 에너지협력의 일환으로 남·북·러 전력계통 연계가 본격적으로 논의될 것이며, 이 사업의 실행은 역내 다양한 양자, 다자간 전력부문 협력을 가속화하는 촉매제가 될 것으로 예상됨.

2. 남·북·러 전력계통 연계의 배경 및 현황

○ 최근 논의가 활성화되고 있는 동북아 전력협력이란 동북아 6개국(남북한, 일본, 러시아, 중국, 몽골) 간의 상호 공동이익 창출을 위해 전력계통 연계, 전원 공동 개발 및 공동 활용, 발전연료 공유(에너지자원 공동 활용), 송배전설비협력(설비 및 유지보수 지원) 등과 같은 국가 간의 전력분야 협력을 통칭함.

○ 여기에서 동북아 전력계통 연계란 역내 국가들의 계절별 전력부하의 차이와 러시아 극동지역 잉여 전력설비 활용을 통해 전력에너지를 상호 융통하고자 하는 구상임.

○ 통상적으로 국가 간 전력계통 연계는 계통 효율성을 제고하려는 소극적
  계통연계와 자원개발 및 전원투자비 절감을 목적으로 하는 적극적 계통연
  계로 크게 구분할 수 있는데, 동북아 전력계통 연계는 후자에 해당됨.

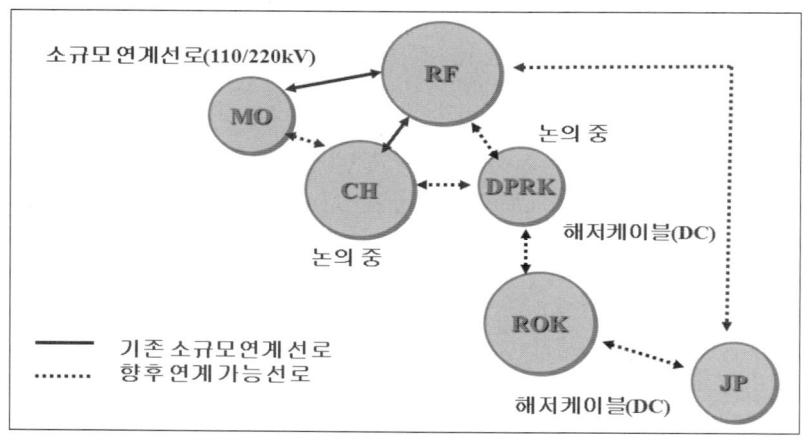

[그림 1] 동북아 전력계통 연계 구상

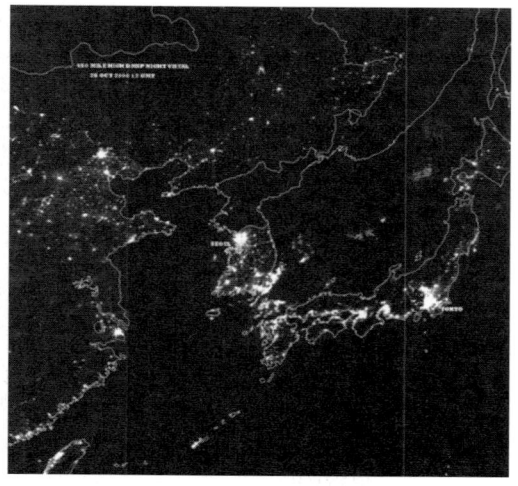

[그림 2] 동북아의 전력상황(야간 위성촬영)

○ 현재 동북아 역내 국가들 중 전력계통 연계에 대해서는 각국별로 입장을 조금씩 달리하고 있으며, 가장 적극적인 국가는 원자력, 수력, 화력 등 에너지자원이 풍부하여 자국의 풍부한 잉여전력 수출을 통해 경제 활성화를 도모하려는 러시아임.

- 북한은 전력난 해소를 위해 러시아로부터의 전력 공급을 강력하게 희망하고 있으며, 남한은 남북한 전력분야 협력의 차원에서 상대적으로 동 사안에 대해 적극적으로 접근하고 있음.

- 중국은 전력부족으로 러시아와의 계통연계에는 적극적이나, 한국과의 전력협력에는 소극적인 태도를 견지하고 있음.

○ 2001년 10월 북한이 러시아에 대해 전력공급 가능성을 문의한 뒤에 러시아의 독점적 국영전력회사인 '통합전력시스템(Unified Electric System, UES)'의 자회사인 '보스토크에네르고(Vostokenergo)'가 북한의 전기·석탄공업성과 7차례의 협의를 거쳐, 북·러 간 전력계통 연계 예비타당성 조사를 하면서 사업이 보다 구체화되었음.[8]

- 러시아는 동북아 전력계통 연계 사업을 극동지역 전력부문의 구조조정과 발전능력 확충, 시베리아극동지역 개발 및 아태지역 편입 등 국가 개발전략의 일환으로 접근하여 그 어떤 사업보다도 이 사업에 우선순위를 부여했으며, 북한은 전력난 타개의 일환으로서 '러시아 극동 – 북한 청진' 간 계통(50Hz AC 연계) 연계를 논의하여 왔음.

○ 2002년 4월 북한과 러시아 간 '전력계통 연계 및 전력공급을 위한 북·러 간 협약'을 체결함.

---

1) 러시아 통합에너지시스템이 실행한 예비조사에 따르면, 전력가격이 점차적으로 kWh당 US $0.05로 인상되고 전력량이 약 2,500~3,000MWh에 달한다면, 이 프로젝트는 충분히 경제성이 있으며 발전소 신설에 비해 경쟁상의 우위가 있는 것으로 나타났다.

○ 러시아는 중국에 대해서는 지난 수년간 소량의 전력을 러시아의 블라고베
 쉔스크에서 중국의 헤이헤시로 공급하고 있는데9) 중국에 이어 향후 남북
 한에 전력을 수출할 수 있기를 희망하고 있음.

- 2005년 11월에 채택된「한·러 행동계획」에서 한국과 러시아는 송전선 건
 설을 포함하여 남·북·러 전력계통망 공동연구에 대한 이해관계를 언급
 하였음.10)

- 2009년 8월 7일 한·러 에너지장관회담에서 양국은「한·러 에너지협력
 액션플랜」을 채택하였는바, 전력부문에서 한·러 전력계통 연계 타당성
 연구, 발전소·송전망 건설 협력 등의 과제를 제시했음.11)

○ 러시아는 동북아 전력계통 연계와 관련하여 '러시아 블라디보스토크-북
 한 청진' 간 전력계통 연계(1단계) 및 '러시아 남한' 간 전력계통 연계(2단
 계)로 구분하여 단계별 추진 전략을 구사하고 있음.

○ 제 1단계 사업12)
- 총 380km(블라디보스토크-청진) 거리에 송전 규모 50만kW, 송전 방식
 220kV / 500kV, AC의 송전망 건설 계획.
- 동 계획에 따르면 송전선의 러시아 내 구간은 블라디보스토크에서 크라스
 키노까지 250km이고, 북한 구간은 크라스키노부터 청진까지 130km임.

2) 2005년의 경우에 약 5억 kWh가 중국으로 수출되었다. P. A. 까로프코, "러시아 극동지역의 전력 개발과 한러협력
 전망,"「KIEP 세계경제」, 2006. 7/8호, p.144. 2006년 11월 9일 열린 제3회 중-러 투자무역촉진회에서 러시아
 극동 지역의 전력을 중국으로 공급하는 방안에 합의가 이뤄졌다. 러시아의 UES와 중국 국영전력사(State Electric
 Grid Corporation of China)는 2008~2010년간 초기단계에는 연 36억~43억 kWh의 전력을 공급하고, 국경지역에
 서 러시아 석탄을 사용하는 화력발전소 건설(10GW 용량)에 5년간 100억$를 투자하여 향후 전력 공급 규모를 장
 기적으로 연 600억kWh로 14배 늘려 나가기로 했다. "Energy tops agenda as Russian premier meet Chinese
 leaders," RIA Novosti, 2006.11.10. 2006년 기준으로 중국의 전국 전력소비량이 약 2조 2000억 kWh에 달하는 점
 을 감안하면 약 2.7%의 전력을 러시아에서 공급 받는다는 계획이다.「중앙일보」, 2006.11.10. 2009년에 러시아는
 중국에 3.46억 kWh의 전력을 수출했다.
3) 국정브리핑, 2005년 11월 19일.
4) 지식경제부, "「한러 에너지협력 액션플랜」서명식 개최,"「보도참고자료」, 2009. 8.7.
5) Экономическое сотрудничество Дальнего Востока России и стран Азиатско-Тихоокеанского
 региона, Хабаровск: РИОТИП, 2007, pp.110-111.

[표 1] 블라디보스토크 – 청진 500kV 교류 연계망 개요

송전 전력량	15 ～ 25억kWh
송전 전력	30 ～ 50만kW
주파수	50Hz
전압	220 · 500kV AC
연계 선로 러시아 영내 길이	250km
연계 선로 북한 영내 길이	130km
건설 비용	1억 6천만 ～ 1억 8천만 달러
건설 기간	3 ～ 4년
투자비 회수 기간	8 ～ 10년

- 잠정적인 평가에 따르면, 이러한 송전선은 설계 단계부터 완공까지 3～4
  년이 소요될 것으로 예측되며, 송전선 건설비용은 조사비 및 전력선 설계
  비를 포함하여 약 1억 6,000만～1억 8,000만 달러에 이를 것으로 추정되
  고, 투자비 회수기간은 대략 8～10년이 될 것으로 전망됨.

- 동 사업과 관련하여 청진 지역을 북한계통에서 분리한 후 러시아계통에
  편입시킨다는 구상은 기술적으로는 큰 문제가 없을 것으로 판단되지만,
  사업실현을 위한 재원조달 문제로 난관에 봉착하고 있음.

- 2006년 이후 북한은 러시아 측에 전력 공급 대가로 광산 개발권을 제안하
  였으나, 사업성에 대한 견해 차이로 현재까지 지지부진한 상태임.

- 북한과 러시아는 본 사업에 대한 한국 측의 참여를 희망하고 있으며, 러시
  아는 한국에게 투자자금 부담을 요청한 상태이나 북핵문제로 논의가 진척
  되지 않고 있는 상태임.

- 국내의 일부 전력 전문가들은 이 사업을 임박한 과제가 아닌, 북한 전력
  인프라 구축을 위한 중장기 과제로 설정하고 있으며, 또 다른 일부에서는
  남북한 당사자가 아닌, 주파수가 다른 러시아 전력의 수입이라는 관점에
  서 동 사업을 재고할 필요가 있음을 주장하기도 함.

○ 제 2단계 사업

- 송전규모는 러시아의 발전설비 확장 계획에 따라 남한까지 공급(500만kW).

- 송전 방식은 북한에 대해서는 500kV 교류송전, 남한에 대해서는 ±500kV 초고압직류송전 등 두 가지 송전방식을 동시에 고려하고 있으며, 송전 규모는 500만kW.

- 한국은 이 사업이 북한의 동해안 지역 전력문제 해결에 있어 경제성이 있다고 잠정 평가하고, 향후 북핵문제 해결 후 러시아와 공조할 수 있는 에너지협력사업의 일환으로 검토 중에 있음.

○ 한 · 러 전력계통 연계 추진 현황 및 향후 계획

- 양국은 한 · 러 전력계통 연계를 위해 양측의 실무기관(한: KEPCO, 러: Inter RAO)을 지정하여 사업타당성 연구를 추진했으며, 2009년 6월 한 · 러 계통연계 사업타당성 연구 추진 및 협력을 위한 MOU를 체결하고, 현재 사업타당성 연구를 수행 중에 있음.

- 총 24개월에 이르는 한 · 러 전력계통 연계 사업타당성 연구는 2011년 5월 종료될 예정이며, 그 연구결과가 정부에 보고되어 사업의 실행 여부를 최종적으로 결정할 것임.

- 국내의 일부 에너지전문가들은 러시아 측이 제시한 북 · 러 전력계통 연계 사업 규모에 의문을 제기하고 있으며, 남 · 북 · 러 전력계통 연계의 본격적인 사업 실행에 앞서 재원조달 및 투자액 회수 문제 등을 우선적으로 검토할 것을 제안하고 있음.

[표 2] 한 – 러 정부 및 실무기관 간 전력계통 연계 관련 협의

일자	내용
2006. 10.	제7차 자원·에너지협력위(양측 실무기관 KEPCO–Inter RAO 지정)
2007. 12.	제8차 자원·에너지협력위(러 측, 계통연계 추진 적극 제안)
2008. 10.	한·러 정부·실무기관 담당대표 간 회의 개최(사업타당성 연구 추진)
2009. 06.	한·러 전력계통 연계 사업타당성 연구 추진 및 협력을 위한 MOU 체결
2009. 07.	사업타당성 연구 착수

3. 러시아 극동지역의 전력체계

가. 극동지역 전력체계의 문제점

○ 러시아 극동지역의 전력체계는 설비의 노후화(70%) 등으로 에너지효율 및 신뢰도가 하락함.
- 2006년 '보스토크에네르고' 부사장 P. A. 까로프꼬는 2010년이면 극동지역 내 화력발전소 시설의 23% 이상이, 2015년이면 약 27%가 경제적 수명을 다할 것으로 전망한 바 있음.

○ 고비용 전력생산비와 일부 극동 남부지역(사할린, 연해주 등)의 발전능력이 부족함.
- 러시아 극동지역의 전력체계는 국지적으로 일정한 에너지구역에 제한된 독립에너지시스템과 단일한 통합네트워크로 연결된 동부 통합에너지시스템으로 구분됨.
- 전력공급의 관점에서 주요 발전소들이 동부 통합에너지시스템의 서쪽에 위치한 반면에 소비 중심지는 연해주 남쪽과 동부 통합에너지시스템의 동쪽에 위치함으로써 지역 간 생산·소비 불균형에 따른 에너지 비효율 발생.

○ 새로운 에너지 소비시장과의 연계에 있어 기술적 장애요인이 존재하고,
연해주 남부지역에서는 통합전력체계의 안정을 위협하는 조건(n−1) 위반
사례가 자주 발생함.
− 일정한 요소의 폐기가 전체 통합전력체계의 기능을 중지시키는 사태를 초래.

○ 전체적으로 극동지역 내 전력수급 상태는 비교적 안정적인 수준에 있지
만, 향후 공업생산의 발전 및 유망 개발 프로젝트의 실현을 가정한다면 역
내 전력소비의 현저한 증가가 예상되며, 따라서 이를 뒷받침할 수 있는 전
력부문의 대규모 건설 및 투자가 요구됨.

나. 극동지역의 경제성장을 견인할 핵심 프로젝트

○ 글로벌 경제위기와는 무관하게 광업 및 가공업 분야에서 아래와 같은 인
프라 프로젝트의 실현이 극동지역의 발전을 견인할 것으로 기대되며, 따
라서 이를 성공적으로 완수하기 위해 상응하는 수준에서 전력 인프라 발
전 계획이 필요함.
− 연해주 블라디보스토크 루스키 섬에서 개최될 APEC 정상회의 건축물 건설.
− 사할린 프로젝트 I, II, III 개발.
− 아무르주, 유대인자치주, 연해주, 사하공화국에 걸친 동시베리아태평양 송
유관(ESPO−I, ESPO−II) 건설.
− 사하공화국 엘가탄전 개발.
− 사하공화국 세릴그다르 인회석 탄광 개발.
− 연해주 나호트카 항만 정유공장 건설.
− 아무르주 가린 철광석 탄광 개발.
− 마가단주 얀−코림 금광; 마트로소프 광산 개발.

○ 당면한 대규모 프로젝트들을 성공적으로 실행시키기 위해서는 극동지역

의 전력체계를 대대적으로 현대화하는 작업이 필요함.

○ 글로벌경제위기의 여파로 중요 제품 및 서비스의 생산 감소에 따른 에너
  지 소비 감소를 예측했으나 실제 전력 소비 감소는 소량에 그침.

- 극동지역의 에너지 소비구조에서 상대적으로 제조업보다는 주택공공부문
  의 비중이 크기 때문에 2009년 상반기 7개월간 에너지 소비는 3% 감소에
  그침.

- 일부지역에서는 오히려 에너지소비 증가 추세(아무르주 - 3.5%, 캄차트카
  주 - 0.5%, 추코트카주 - 2.8% 증가)가 나타남.

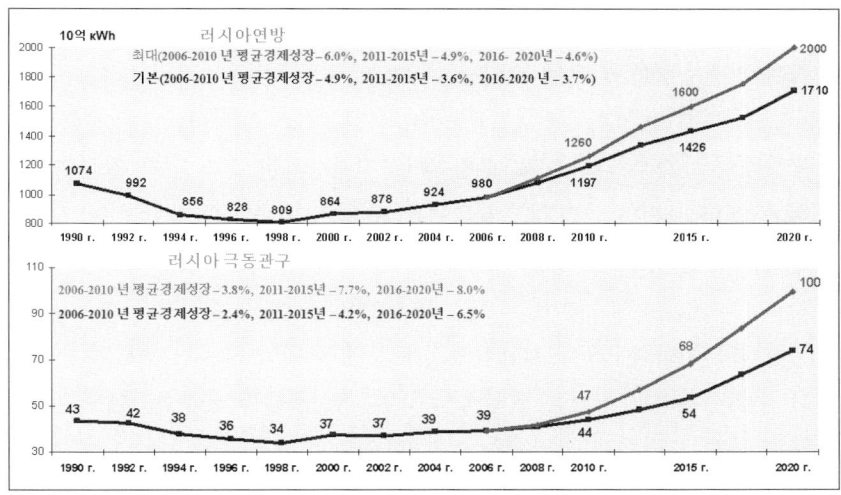

출처: Д. Э. Селютин(Полномочный представитель Председателя Правления ОАО РАО «ЕЭС Росс
  ии» по энергетике Дальнего Востока и Восточной Сибири), "Перспективы развития электр
  оэнергетики Дальнего Востока," Хабаровск, сентябрь 2007 г.

[그림 3] 러시아연방 및 극동관구의 2020년 전력생산 전망

○ 글로벌경제위기에도 불구하고 극동지역에서 설비투자가 증대함에 따라 중·장기적으로는 에너지 소비 증가 추세가 예상됨.

다. 극동지역 전력계통 연계[13]

○ 러시아는 현재 석유와 천연가스 이외에 극동지역의 잉여전력 수출을 통해 자국의 경제적 이익을 실현하고, 나아가 이를 극동지역 개발의 원동력으로 활용할 계획임.
- 러시아는 동부지역의 안정적인 전력공급을 위해 화석연료 의존도를 낮추고, 부레이스카야 수력발전소(Bureiskaya Hydro Station) 등을 비롯하여 북한과 국경지역에 인접한 극동 남부지역의 막대한 수력자원 잠재력을 활용하여 발전용량을 증대할 계획임.

○ 극동지역은 서부 러시아 및 우랄 중부 지역들과는 달리 인구 밀집지역이 적고, 전력 다소비 산업이 발달되어 있지 않기 때문에 전력수급 상의 심각한 문제점은 없는 상황임.

○ 극동지역의 전력수요가 제한적이기 때문에 막대한 자금이 투입되는 대규모 수력발전소의 건설은 필연적으로 인접한 북한과 중국은 물론 한국과 일본 등과의 전력계통 연계를 전제할 수밖에 없음.
- 현재 극동지역에서 수력발전시설의 대대적인 확충을 추진 중인 러시아의 통합전력시스템(UES)은 잉여전력을 인접한 국가에 공급하고자 국제협력을 강화하고 있음.
- 극동의 문제는 안정적인 수급에도 불구하고 기존의 화력발전소 설비가 노후화되어 에너지 비효율이 심각하다는 것이며, 이를 해결하기 위해서는

■
6) 이하의 내용은 주로 다음에 의존함. 에너지경제연구원, 『남북통일에 대비한 동북아 전력시장 모의분석 연구』, 2007, pp.71-72.

발전소 건설 및 전력계통에 대한 대대적인 투자가 시급함.
- 전통적으로 대규모 건설 및 투자에 소요되는 재원은 감가상각기금 및 차
  입금액과 함께 중앙투자기금이 징수하는 특별부과세를 통해 형성되었으
  나, 현재 전력부문의 가격조정이 경직된 탓에 독자적인 자금조달이 곤란
  한 상황이며, 이를 타개해 나가기 위해 전력부문에 투자자 유치를 확대하
  고 국제협력을 통해 현대화와 구조조정을 촉진시켜 나간다는 입장임.

○ 극동지역의 전력산업은 Inter RAO UES의 극동지사격인 Vostokenergo가 독
  점적 위치를 점하고 있음.
- Inter RAO UES는 러시아 최대 전력기업인 RAO UES가 산하 원자력발전
  회사인 Rosenergoatom와 각각 60%와 40%의 지분으로 참여하여 전력의 해
  외수출을 담당하고, 전력부문의 국제협력 사업을 추진하기 위하여 설립한
  자회사임.

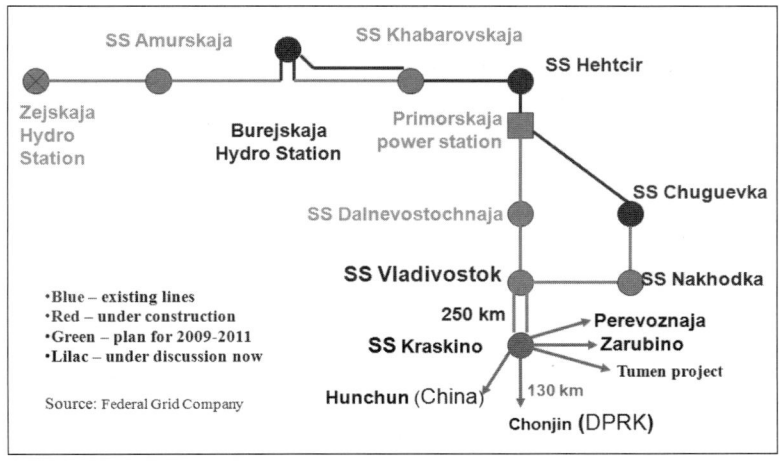

출처: Alexander Ognev and Ruslan Gulidov, "Russia—DPRK Electricity Cooperation: the role of INNER RAO
UES Company at Current Stage," DPRK Energy Experts Working Group Meeting, Beijing, March 8~9,
2008.

[그림 4] 러시아 극동지역의 500kV 송전망 구축 계획

○ 러시아 극동지역의 총 발전용량은 약 12GW로 여기에는 동부지역 통합에
  너지시스템 내 18개의 대규모 발전소들이 포함되어 있으며, 신규 발전소
  들이 지속적으로 건설되고 있음.

○ Vostokenergo 산하 수력발전소 가운데 규모별로 살펴보면, Bolshya Ussur강
  유역의 2개 발전소에 845MW, Zeya강 유역에 698MW, Niman강 유역에
  600MW의 설비가 있으며, 최근 대대적으로 발전소를 건설하고 있는
  Bureya강 유역에 2,000MW의 발전설비가 있음.

○ 러시아는 극동지역의 설비 확대 계획에 따라 500kV 고압송전선로 건설을
  추진하고 있으며, 현재 500kV 송전선로는 하바롭스크를 경유하여 추구에
  브카(Chuguevka)까지 연결되어 있고, 장차 나호트카를 경유하여 블라디보
  스토크까지 선로가 건설될 예정이며, 이후 크라스키노까지 연장하여 이 지
  역의 변전소를 기점으로 중국 및 북한을 경유한 한국까지 수출할 계획임.

[표 3] 러시아 극동의 동북아 전력망 연계 프로젝트 노선

	Trunk line - LEP-500kV	
	Bureya hydroelectric power plant, Zeya hydroelectric power plant - Urgal - Komsomolsk-on-Amur - Khabarovsk	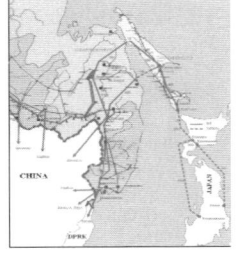
	Variants of electric power supply	
1	Krasnoyarsk Energo, Irkutsk Energo - Ulan Bator - Beijing - Dalayn - Anshan - Shengyan - Harbin	
2-1	*China-1 Project*: Blagoveshchensk - Cicikar - Harbin	
2-2	*Korea-1 Project*: Vladivostok - Pyongyang	
3-1	*China-2 Project*: Harbin - Dalyan - Beijing	
3-2	*Korea-2 Project*: Pyongyang - Seoul	
4	Khabarovsk - Vanino - Paranaisk - Korsakovo - Hokkaido isl.	

출처: Dmitry Izotov, "The Possibility and Prospects of Economic Collaboration between Russia and Republic of
Korea," 한국외국어대 러시아연구소 발표자료, 2009.10.9.

○ 극동지역의 500kV 고압송전선로 건설은 과거 상당한 수준에 이르렀던 송
전손실을 대폭 낮추고, 향후 중국 및 한반도 등에 대한 전력공급을 대비하
여 러시아 측이 야심차게 추진하고 있는 사업임.

4. 남 · 북 · 러 전력계통 연계의 의의

○ 남 · 북 · 러 전력계통 연계 구상은 크게 보아 다음과 같은 몇 가지 의미를
함축하고 있음.
- 남한 국경까지 고압송전선을 부설할 경우에 러시아의 전력을 남한까지도
수출할 수 있기 때문에 러시아의 남아도는 화력발전 시설을 안정시키는
효과를 기대.
- 전력수출은 러시아 극동지역에 추가수입원이 될 뿐만 아니라 시설가동의
최적화를 통한 이윤창출, 그리고 첨단기술과 유동성 높은 제품 공급업자
들에게 틈새시장을 제공하는 기회를 창출할 것이며, 나아가 외부투자 유치
를 통해 동부 통합에너지시스템과 전력소비시장의 주요 구조를 개편하고,
발전(發電) 구조의 부정적 요소를 제거하며, 계통연계 선로(線路)의 연장을
확장하고 낮은 소비자 밀도를 상쇄하는 등의 긍정적인 기회요인 제공.
- 한국은 여름철에 전력사용량이 최대치를 기록하고, 러시아의 경우에는 겨
울철에 전력사용량이 가장 많다는 것을 고려하면 상호 계절 간 전력융통
을 통해 양국 모두 전력사용의 효율성을 극대화할 수 있는 부가적인 효과
를 기대.[14]

---

7) 에너지경제연구원은 2002~2015년 기간 동안 계통연계가 이루어지지 않는 경우와 이루어지는 경우를 대비하여 전
력수입 혹은 전력수출을 전력거래 유형별로 시뮬레이션을 실시하였다. 2004년 동 기관의 자료에 따르면, 남 - 북
- 러 전력망 계통연계가 이루어지면 구매단가 1센트 / kWh로 러시아 극동지역으로부터 전력을 수입할 경우 현재
가치 기준으로 대략 72억 달러, 연간 5억 달러의 비용을 절감할 수 있을 것으로 추정된다. 이는 계통연계가 이루
어지지 않는 경우에 비해 6.6%의 비용절감 효과가 있다는 것을 의미한다. 이재영 외, 『러시아의 동부지역 개발전
략과 한국의 참여 확대방안: 에너지 부문을 중심으로』, 대외경제정책연구원, 2006, p.204 재인용.

○ 남·북·러 전력계통 연계는 대북 전력지원의 경제적 효율성을 제고하는
  대안으로서 큰 의미를 가짐.

- 한국정부는 2005년에 북한에게 핵 프로그램의 포기에 따른 대가로 200만
  kW의 전력 공급을 제안한 바 있으나 실행되지 못함.

- 이 계획은 한국정부가 추산한 초기 비용인 1조 5,000억 원의 비현실성에
  대한 논란이 일었고, 다른 한편으로는 북한의 전력 공급체계가 한국에 의
  존하게 된다는 점에서 정치적인 현실성에 대한 의구심을 불러일으켜 당시
  남북관계와 6자회담의 배경 속에서 결국 '제안'으로 끝나고 말았음.

- 현재는 러시아 극동지역의 발전비용이 한국의 발전비용보다 저렴하다는
  현실을 인정하여 남한이 단독으로 북한에 전력을 공급하는 것보다는 한국
  과 러시아가 공동으로 지원하는 방안을 모색 중임.

- 한국의 대북 전력 공급은 지리적으로 가까운 북한의 서쪽 지역(개성, 남포,
  평양 지역)에 한정하고, 북한의 동북쪽 지역(나진·선봉 및 청진 지역)에
  는 러시아의 전력을 공급하는 것이 경제성이 높을 뿐 아니라 북한 전역에
  고른 전력지원을 해 주는 효과가 있음.

- [표 4]에서 보는 바와 같이 러·북 국경지역부터 청진에 이르는 130km 구
  간에 러시아가 70만 kW의 전력을 공급하고, 개성 – 평양 구간에는 한국이
  150만 kW만을 공급한다면 한국이 2005년에 제안했던 대북 전력지원 규모
  (200만 kW)보다 공급량은 10%(20만 kW) 많아지면서 비용은 더 저렴해질
  가능성도 있음.[15]

8) 정여천, "러시아 극동지역과의 경제협력의 전략적 가치와 추진방향," 정여천 편, 『러시아 극동지역의 경제개발 전
   망과 한국의 선택』, 대외경제정책연구원, 2008, pp.366~367.

[표 4] 대북 전력지원의 비용 비교

(단위: 억 원)

		남측 단독 200만kW		남측 150만kW+ 러측 70만kW	
건설비		9,560		10,250	
10년간 운전비	시설유지비	92,330	4,780	89,290	5,230
	발전비		87,550		84,060
합계		101,890		99,540	

주: 건설비 및 시설유지비의 선로 단가는 한국의 기준을 적용하였으며, 발전 단가는 한국 기준(50원/kWh)과 러시아의
   기준(30원/kWh)을 적용
출처: 정여천, "러시아 극동지역과의 경제협력의 전략적 가치와 추진방향," 정여천 편, 『러시아 극동지역의 경제개발 전망
   과 한국의 선택』, 대외경제정책연구원, 2008, pp.366-367.

○ 남·북·러 전력망 연계는 논의의 단계에 머무른 한·러 에너지협력을
  '실천'의 단계로 전환하는 'Energy Silk Road' 사업의 일환이며, 한·러 간
  신뢰 회복 및 유대 강화를 바탕으로 현재는 레토릭에 불과한 '전략적 협력
  동반자관계'에 실질적 내용을 부여하는 사업임.

○ 오랜 기간 논의의 수준에 머무른 남·북·러 삼각협력을 가동함으로써,
  한·러 협력구도를 한 단계 진전시키고, 교통·물류, 에너지 등에서 다양
  한 접경지역 협력을 모색하는 계기를 가져올 것이며, 북한의 개혁·개방
  을 유도함과 동시에 동북아의 지역협력 구도를 다자협력으로 진전시키는
  계기를 마련할 것임.

5. 전망

○ 다국 간 전력계통 연계는 인접 국가 간 전력계통 연계 및 상호 전력거래로
  경제적 이익을 극대화하고, 전력공급의 신뢰도를 향상시키며, 전력구매비
  용을 절감할 뿐만 아니라 상호 전력수요가 정점 시 전력융통도 가능하게

하는 친환경 다기능 복합 사업임.

○ 러시아 극동에서 고압송전선을 통해 북한에 잉여전력을 공급하는 방안은 현재 북한이 직면한 전력난을 부분적으로 해소함으로써 북한의 경제 회생에 큰 기여를 할 것으로 기대됨.

○ 남·북·러 전력계통 연계는 북한 핵문제, 그리고 최근 천안함 사태 등으로 더 이상 당사국 간 논의가 진행되지 않고 있으며, 현재 한·러 양국 간에는 이의 사업타당성에 대한 예비조사가 진행 중에 있음.

○ 국내외 에너지전문가들은 정치적 불안정성만 제거된다면, 동북아 전력계통 연계 사업이 중·장기적으로 당사국들에게 상당한 경제적 편익을 제공할 것으로 전망하고 있음.

○ 남·북·러 전력계통 연계는 장기적으로 대북한 전력지원은 물론이고 남한 전력 사업에도 긍정적인 결과를 가져다줄 대안으로 평가되며, 향후 동북아 지역통합이 가속화되어 단일한 시장이 형성되고, 친환경 에너지에 대한 요구 조건이 강화되면 필연적으로 전개될 사업으로 판단됨.

○ 한·러 전력계통 연계는 기술적·경제적·정치적인 여러 문제들과 연관되기 때문에 사업타당성을 치밀하고 면밀하게 검토해야 하며, 향후 사업타당성 평가를 바탕으로 한·러 전력계통 연계가 조기에 실현된다면, 이것은 장기적으로 중국 및 일본까지 전력체계를 하나의 망으로 연결하는 동북아 전력계통 연계의 시발점이 될 수 있음.

○ 북한 핵문제와 북한 영토 통과 시 발생할지도 모르는 안보상의 문제가 언제나 남·북·러 삼각협력의 걸림돌로 작용하겠지만, 이 문제들 때문에

남·북·러 전력계통 연계 추진을 무작정 연기하는 태도는 결코 바람직하지 않으며, 오히려 지금은 이 사업을 통해 북한의 개혁·개방 기조를 이끌어 내고 갈등요소를 제거해가는 역발상의 사고와 접근이 필요함.

2010 JPI 정책포럼 시리즈

동아시아
평화와 협력을 위한 구상 Ⅰ

초판인쇄 | 2010년 12월 31일
초판발행 | 2010년 12월 31일

편 저 자 | 제주평화연구원
펴 낸 이 | 채종준
펴 낸 곳 | 한국학술정보㈜
주　　소 | 경기도 파주시 문발동 파주출판문화정보산업단지 513-5
전　　화 | 031) 908-3181(대표)
팩　　스 | 031) 908-3189
홈페이지 | http://ebook.kstudy.com
E-mail | 출판사업부　publish@kstudy.com
등　　록 | 제일산-115호(2000. 6. 19)

ISBN　　978-89-268-2914-1 94340 (Paper Book)
　　　　978-89-268-2915-8 98340 (e-Book)
　　　　978-89-268-3010-9 94340 (Paper Book Set)
　　　　978-89-268-3011-6 98340 (e-Book Set)